westermann

Autorinnen und Autoren: Sebastian Mauelshagen, Dirk Overbeck, Markus Schajek, Heike Flecken

Herausgeber: Dirk Overbeck

Unter Mitarbeit von: Rilo Steininger

Industriekaufleute

2. Ausbildungsjahr – nach Lernfeldern

Lernsituationen

1. Auflage

Bestellnummer 14692

Die in diesem Produkt gemachten Angaben zu Unternehmen (Namen, Internet- und E-Mail-Adressen, Handelsregistereintragungen, Bankverbindungen, Steuer-, Telefon- und Faxnummern und alle weiteren Angaben) sind i. d. R. fiktiv, d. h., sie stehen in keinem Zusammenhang mit einem real existierenden Unternehmen in der dargestellten oder einer ähnlichen Form. Dies gilt auch für alle Kunden, Lieferanten und sonstigen Geschäftspartner der Unternehmen wie z. B. Kreditinstitute, Versicherungsunternehmen und andere Dienstleistungsunternehmen. Ausschließlich zum Zwecke der Authentizität werden die Namen real existierender Unternehmen und z. B. im Fall von Kreditinstituten auch deren IBANs und BICs verwendet.

Zusatzmaterialien zu „Industriekaufleute, 2. Ausbildungsjahr – nach Lernfeldern, Lernsituationen"

Für Lehrerinnen und Lehrer

Lösungen zum Arbeitsheft: 978-3-427-14713-8
Lösungen zum Arbeitsheft Download: 978-3-427-14716-9

BiBox Einzellizenz für Lehrer/-innen (Dauerlizenz)
BiBox Klassenlizenz Premium für Lehrer/-innen und bis zu 35 Schüler/-innen (1 Schuljahr)
BiBox Kollegiumslizenz für Lehrer/-innen (Dauerlizenz)
BiBox Kollegiumslizenz für Lehrer/-innen (1 Schuljahr)

Für Schülerinnen und Schüler

BiBox Einzellizenz für Schüler/-innen (1 Schuljahr)
BiBox Einzellizenz für Schüler/-innen (4 Schuljahre)
BiBox Klassensatz PrintPlus (1 Schuljahr)

Druck und Bindung: Westermann Druck GmbH, Georg-Westermann-Allee 66, 38104 Braunschweig

ISBN 978-3-427-14692-6

Vorwort

Liebe Schülerinnen und Schüler,
liebe Kolleginnen und Kollegen,

die dreibändige Arbeitsbuchreihe mit Lernsituationen ergänzt unsere Lehrbuchreihe „Industriekaufleute". Wir möchten den Schülerinnen und Schülern die Stärkung berufsbezogener und berufsübergreifender Handlungskompetenz ermöglichen, damit sie zur Erfüllung der Aufgaben im Beruf sowie zur nachhaltigen Mitgestaltung der Arbeitswelt und der Gesellschaft in sozialer, ökonomischer, ökologischer und ethischer Verantwortung, insbesondere vor dem Hintergrund sich wandelnder Anforderungen, befähigt werden.[1]

Die Herausbildung einer umfassenden Handlungskompetenz erreichen wir durch 54 Lernsituationen, die unterschiedliche fachliche Aspekte thematisieren. Am Ende eines jeden Lernfeldes sorgt der Kompetenzcheck mit Aufgaben zur Wiederholung und Prüfungsvorbereitung dafür, dass eine gezielte Vorbereitung auf Klausuren und die Abschlussprüfung erleichtert wird.

Aufgrund der Verschiedenheit der Ausbildungsbetriebe haben wir die Arbeitsbuchreihe mit Lernsituationen an einem Modellunternehmen, der Sommerfeld Bürosysteme GmbH, ausgerichtet. Die Entscheidungen, die innerhalb der Sommerfeld Bürosysteme GmbH zu treffen sind, sollen mit denen der jeweiligen Ausbildungsbetriebe verglichen und Unterschiede sowie Gemeinsamkeiten herausgearbeitet werden können.

Die ergänzend zu dieser Arbeitsbuchreihe mit Lernsituationen erhältliche BiBox enthält eine didaktische Jahresplanung mit Dokumentationsblättern zu jeder Lernsituation sowie Kannlisten zur Selbsteinschätzung des Kompetenzerwerbs.

Sinnvoll ist der Einsatz der Arbeitsbuchreihe zusammen mit der dazugehörigen Lehrbuchreihe, damit die Herausbildung einer umfassenden Handlungskompetenz erleichtert wird und die Umsetzung eines handlungsorientierten Unterrichts, indem die Phasen von beruflichen Handlungen in Lernsituationen vollzogen werden, gelingen kann.

Im vorliegenden Band 2 sind Lernsituationen zu folgenden Lernfeldern enthalten:

Lernfeld 6: Leistungserstellung planen, steuern und kontrollieren
Lernfeld 7: Logistik- und Lagerprozesse koordinieren, umsetzen und überwachen
Lernfeld 8: Kosten- und Leistungsrechnung zur Vorbereitung unternehmerischer Entscheidungen durchführen
Lernfeld 9: Marketingkonzepte planen und umsetzen

Wir wünschen Ihnen viel Spaß und viel Erfolg bei der Nutzung dieses Lehrbuches!

Das Autorenteam

1 Vgl. Rahmenlehrplan für den Ausbildungsberuf Industriekaufmann und Industriekauffrau (Beschluss der Kultusministerkonferenz vom 15.12.2023), Quelle: Rahmenlehrplan (abgerufen am 24.03.2024)

Inhaltsverzeichnis

LERNFELD 6

Leistungserstellung planen, steuern und kontrollieren

LERNFELD 7

Logistik- und Lagerprozesse koordinieren, umsetzen und überwachen

LERNFELD 8

Kosten- und Leistungsrechnung zur Vorbereitung unternehmerischer Entscheidungen durchführen

LERNFELD 9

Marketingkonzepte planen und umsetzen

LERNFELD 6

Leistungserstellung planen, steuern und kontrollieren

Lernsituation 1: Die Abhängigkeit des Leistungsprogramms vom Absatz und den Zielen der Unternehmung darstellen

Ausgangssituation: Emilia und Leon erstellen einen Produktionsplan

Im Rahmen ihrer Berufsausbildung können sich die Auszubildenden Emilia Schaub und Leon Heller in den kommenden Tagen ein Bild von der Produktion der Sommerfeld Bürosysteme GmbH verschaffen. Dazu führt sie Herr Weselberg, Leiter der Produktion, durch die Produktionshallen. „In der nächsten Halle kann ich Ihnen einige unserer erfolgreichsten Produkte zeigen. Hier werden die Produkte Cana, Tubis und Basis aus unserer Produktgruppe 1 (Warten und Empfang) hergestellt. Verschiedene Stammkunden, u.a. Flughafengesellschaften oder öffentliche Einrichtungen, bestellen im Voraus regelmäßig größere Stückzahlen aus dieser Produktgruppe. Darauf müssen wir in der Produktion natürlich vorbereitet sein", so Herr Weselberg.

Nachdem sie den Rundgang beendet haben, legt Herr Weselberg den beiden eine Auftragsübersicht für das kommende Geschäftsjahr vor. „Hieran können Sie erkennen, was ich meine."

Produktgruppe 1: Warten und Empfang				
Produkte \ Kunden	A	B	C	D
Cana Polsterbank Liege	1 500 Stück (6. KW) 1 000 Stück (12. KW)	500 Stück (4. KW) 1 000 Stück (14. KW)		2 500 Stück (16. KW) 2 000 Stück (25. KW)
Tubis Polsterbank	800 Stück (6. KW)	300 Stück (14. KW)		1 300 Stück (16. KW)
Basis Polsterbank mit Ablageplatten		1 100 Stück (36. KW)	900 Stück (11. KW) 1 500 Stück (46. KW)	200 Stück (44. KW) 300 Stück (48. KW)
Basis Polstersessel, Tragarm verchromt		2 000 Stück (36. KW) 1 000 Stück (40. KW)	1 200 Stück (8. KW) 1 200 Stück (34. KW)	1 600 Stück (29. KW) 1 100 Stück (36. KW)

„Mithilfe dieser Auftragsdaten können wir eine vorläufige Produktionsprogrammplanung für das Jahr 20.. durchführen. Dabei verschaffen wir uns zunächst einen Überblick, wie sich die einzelnen Aufträge über das Jahr verteilen. Hier, schauen Sie sich unser Planungsraster einmal an und verteilen Sie die bereits bekannten Aufträge entsprechend."

ARBEITSAUFTRÄGE

1 Vervollständigen Sie das nachfolgende Planungsraster und ermitteln Sie jeweils die Summe der Vorbestellungen für die einzelnen Produkte.

Planungsraster

Termine \ Produkte	Cana Polsterbank	Tubis Polsterbank	Basis Polsterbank	Basis Polstersessel
1. Quartal 20.. (bis KW 13)				
2. Quartal 20.. (bis KW 26)				
3. Quartal 20.. (bis KW 39)				
4. Quartal 20.. (bis KW 52)				
Summe				

2 Erläutern Sie, welche Aussagekraft das Planungsraster hinsichtlich der Planung des Produktionsprogramms hat.

3 Im abgelaufenen Geschäftsjahr wurden von den Produkten „Cana Polsterbank" insgesamt 10000 Stück und „Tubis Polsterbank" insgesamt 4400 Stück verkauft. Tatsächlich hergestellt wurden aber 12500 Cana und 4800 Tubis Polsterbänke. Welche Begründungen können Sie für diese Abweichungen anführen?

4 Einzelne Produkte, die von der Sommerfeld Bürosysteme GmbH verkauft werden, tauchen im Produktionsprogramm des Unternehmens nicht auf. Warum nicht?

Lernsituation 2: Kapazität und Beschäftigung planen

Ausgangssituation: Investition in die Zukunft – Leon vergleicht die Kosten

Nachdem Leon Heller erste Erfahrungen in der Produktionsplanung der Sommerfeld Bürosysteme GmbH sammeln konnte, ist er heute mit Herrn Weselberg, Leiter der Produktion, unterwegs. Dieser zeigt ihm eine Biegemaschine (BHA1), mit der die Seitenteile und Fußgestelle aus Stahl und Aluminium gefertigt werden. „Auch das Gestell für unsere Polsterbank Cana wird auf dieser Maschine in Form gebracht", erklärt Herr Weselberg.

Die allgemein positive Auftragslage hat dazu beigetragen, dass es im Rahmen der Produktionsplanung bei der Biegemaschine häufiger zu Engpässen kommt. Im abgelaufenen Geschäftsjahr wurden in acht Monaten jeweils ca. 180000 Teile für verschiedene Produkte aus den vier Produktgruppen der Sommerfeld Bürosysteme GmbH in Auftrag gegeben. In den übrigen Monaten wurden durchschnittlich 100000 Teile verformt.

Bislang hat das Unternehmen eine halbautomatische Biegemaschine (BHA1) eingesetzt, die von zwei angelernten Arbeitskräften mit Material versorgt und bedient wird. Die Maschine ist bereits seit acht Jahren in Betrieb (prognostizierte Nutzungsdauer: zwölf Jahre). Während die Sommerfeld Bürosysteme GmbH in anderen Produktionsbereichen verstärkt vollautomatische Anlagen einsetzt, wird hier der überwiegende Teil der Arbeit manuell verrichtet.

Herr Weselberg ist schon länger der Meinung, dass in nächster Zeit eine Umstellung auf eine vollautomatische CNC-Biegemaschine (BCV1) erfolgen sollte. Die Maschine hätte den Vorteil, dass eine Arbeitskraft über ein Steuerungsprogramm die Arbeitsschritte der Maschine überwachen könnte. Danach würden das Abmessen der Materiallänge, das Stanzen des Rohlings, das Biegen des jeweiligen Winkels und die Entnahme der fertigen Teile aus der Maschine vollautomatisch erfolgen.

Herr Weselberg legt Leon die nachfolgenden Daten vor, die er von Frau Esser aus dem Controlling erhalten hat:

	halbautomatische Biegemaschine BHA1	vollautomatische CNC-Biegemaschine BCV1
Max. Kapazität (monatl.)	170 000 Teile	220 000 Teile
Gesamtkosten bei		
monatl. 20 000 Teilen	16 000,00 €	22 600,00 €
monatl. 50 000 Teilen	23 500,00 €	28 000,00 €
monatl. 100 000 Teilen	36 000,00 €	37 000,00 €

ARBEITSAUFTRÄGE

1 Herr Weselberg möchte die Kosten beider Maschinen vergleichen. Ermitteln Sie mithilfe der vorliegenden Daten die Kapazität (in Teilen), bei der bei beiden Biegemaschinen die Kosten gleich hoch sind.

2 Problematisch ist insbesondere, dass die Auslastung der bisherigen Biegemaschine in vielen Monaten über die maximale Kapazität von 170 000 Teilen hinausgeht. Berechnen Sie deshalb die Kosten je Teil, wenn 170 000 Teile auf der Maschinen BHA1 bzw. BCV1 bearbeitet werden.

3 Herr Weselberg fragt sich, ob die deutlich höheren Fixkosten von Biegemaschine BCV1 gerechtfertigt sind. Nennen Sie mögliche Gründe für die höheren Fixkosten.

4 Auch im laufenden Geschäftsjahr rechnet Herr Weselberg wieder mit einer ähnlichen Auslastung (acht Monate mit 180 000 Teilen monatlich und vier Monate mit durchschnittlich 100 000 Teilen) der Biegemaschine BHA1.
a) Welche Konsequenzen ergeben sich daraus für die Auftragsabwicklung in den Monaten mit einer Belastung von 180 000 Teilen?
b) Ermitteln Sie den durchschnittlichen Beschäftigungsgrad der aktuell eingesetzten halbautomatischen Biegemaschinen BHA1 für das abgelaufene Geschäftsjahr.

5 Herr Weselberg ist noch nicht überzeugt, ob die Anschaffung der vollautomatischen CNC-Biegemaschine BCV1 wirklich sinnvoll ist. Er bittet Leon Heller, eine Gegenüberstellung von Pro- und Kontra-Argumenten vorzunehmen und diese in der nachfolgenden Tabelle festzuhalten. Helfen Sie Leon bei dieser Aufgabe.

Pro-Argumente	Kontra-Argumente

Lernsituation 3: Produktionsprogrammbreite und Fertigungstiefe unterscheiden

Ausgangssituation: Die Sommerfeld Bürosysteme GmbH geht mit dem Trend – Eine neue Produktgruppe wird geplant – Welche Produkte nehmen wir auf und was produzieren wir selbst?

Die Entwicklungen in der Arbeitswelt haben in den letzten Jahren eine deutliche Zunahme der Arbeit im Homeoffice gezeigt. Ein wachsender Teil der Unternehmen ermöglicht es seinen Beschäftigten ganz oder teilweise von zu Hause zu arbeiten. Durch diese Veränderung fallen zum Teil feste Arbeitsplätze in den Unternehmen weg und werden durch Desk Sharing, einer flexiblen Form der Arbeitsplatzteilung, ersetzt. Gleichzeitig unterstützen viele Unternehmen ihre Beschäftigten finanziell bei der Einrichtung von Homeoffice-Arbeitsplätzen.

Dieser Trend soll auch bei der Sommerfeld Bürosysteme GmbH aufgegriffen werden, indem eine neue Produktgruppe „Flexibles Office" in Planung gehen soll. Sandra Braun aus dem Marketingteam der Sommerfeld Bürosysteme GmbH ist fest davon überzeugt, dass das Unternehmen sich schnell auf diesem Zukunftsmarkt etablieren kann. „Wir brauchen neue Produkte, die dem Trend Rechnung tragen und Lösungen für flexible Bürotätigkeiten, egal ob im Unternehmen oder zuhause, liefern." „Da bin ich ganz ihrer Meinung, Frau Braun. Aber wo wollen wir ansetzen? Welche Produkte wollen wir in der neuen Produktgruppe anbieten?", gibt Hartmut Sommer, Geschäftsführer für Vertrieb und Marketing zu bedenken.

Leon Heller, der momentan in der Marketingabteilung eingesetzt ist, hat das Gespräch verfolgt und möchte sich gerne an der Planungsarbeit beteiligen und Sandra Braun unterstützen. Die beiden starten mit einem Brainstorming.

ARBEITSAUFTRÄGE

1 Recherchieren Sie im Internet über die Veränderungen in der Arbeitswelt und erstellen Sie eine Liste möglicher Trends, die sich im Homeoffice oder beim Desk Sharing ergeben haben.

2 Erstellen Sie einen ersten Entwurf für mögliche Produkte, die in der neuen Produktgruppe „Flexibles Office" aufgenommen werden könnten.

3 Skizzieren Sie drei Vorschläge, wie das Produktionsprogramm in der neuen Produktgruppe aussehen könnte, wenn
   a) die Sommerfeld Bürosysteme GmbH zunächst vorsichtig mit einer geringen Produktionsprogrammbreite und -tiefe beginnen möchte.
   b) eine hohe Produktionsprogrammbreite, aber eine geringe Produktionsprogrammtiefe angestrebt werden soll.
   c) die Sommerfeld Bürosysteme GmbH sehr offensiv in den Markt eintreten und deshalb eine hohe Produktionsprogrammbreite und -tiefe anbieten möchte.

4 Einzelne Produkte gehören nicht zum Produktionsprogramm der Sommerfeld Bürosysteme GmbH, müssen aber in die neue Produktgruppe aufgenommen werden, um das Angebot zu vervollständigen. Nennen Sie drei Argumente für den Fremdbezug von Produkten (Handelsware).

5 Neben ganzen Produkten werden auch Einzelteile und Baugruppen für verschiedene Produkte fremdbezogen. Beschreiben Sie, welche Auswirkungen die Entscheidung für eine Erhöhung des Fremdbezuges auf die Fertigungstiefe der Sommerfeld Bürosysteme GmbH hat.

Lernsituation 4: Fertigungsverfahren und Organisationsformen der Fertigung unterscheiden

Ausgangssituation: Umstrukturierungen in der Fertigungsorganisation planen und durchführen

Das Produktionsprogramm der Sommerfeld Bürosysteme GmbH umfasst die Produktgruppen „Warten und Empfang“, „Am Schreibtisch“, „Konferenz“ und „Pause, Speisen, Aufenthalt“. Steigende Kosten und rückläufige Absatzzahlen bei einzelnen Produkten aus den vier Produktgruppen haben dazu geführt, dass das Unternehmen über umfangreiche Umstrukturierungsmaßnahmen innerhalb der Produktion nachdenkt.

Die nachfolgende Übersicht zeigt die davon betroffenen Produkte aus den vier Produktgruppen:

Produktgruppe 1: Warten und Empfang Tubis Hockerbank (Bestell-Nr. 764/10) Tubis Polsterbank (763/62) Basis Polsterbank (772/9)t Basis Polstersessel (771/0)	**Produktgruppe 2: Am Schreibtisch** Picto Besucherstuhl (203/3) Picto Drehstuhl ohne Armlehnen (205/3) Picto Drehstuhl mit Armlehnen (206/8) Picto Freischwinger (207/3)
Produktgruppe 3: Konferenz Confair Armlehnenstuhl stapelbar (444/4) Confair Schreibpult stapelbar (444/1) Confair Flipchart faltbar (442/1) Confair Pinnwand (443/1)	**Produktgruppe 4: Pause, Speisen, Aufenthalt** Kendo Stehsitz (332/3) Kendo Stuhl stapelbar (333/3) Kendo Tisch quadratisch (330/11) Kendo Tisch rechteckig (330/15)

Die *Tubis Polsterbank* wird als Premiumprodukt der Sommerfeld Bürosysteme GmbH überwiegend als Sonderanfertigung nach Kundenwunsch angeboten, sodass hier noch die Werkstattfertigung vorherrscht. Die Produkte der Serien *Basis, Picto* und *Kendo* werden in unterschiedlichen Ausführungen angeboten und unterscheiden sich hinsichtlich Holzart, Farbe und Polster. In diesem Produktionsbereich ist die Fertigung nach dem Prinzip der Fließfertigung organisiert. Die Produkte *Confair Flipchart faltbar* und *Pinnwand* werden von externen Lieferanten eingekauft und zur Abrundung des Sortiments als Handelswaren vertrieben.

Die Abteilungsleiter der Produktion (Herr Weselberg) und der Beschaffung (Herr Lanzetti) denken zurzeit darüber nach, welche Umstrukturierungsmaßnahmen geeignet sein könnten, um der negativen Entwicklung entgegenzuwirken. Dabei sollen sowohl fertigungstechnische Überlegungen als auch Beschaffungsüberlegungen angestellt werden. Emilia Schaub und Leon Heller haben den Auftrag erhalten bei verschiedenen Alternativen zu prüfen, ob die geplanten Umstrukturierungsmaßnahmen umgesetzt werden sollten. Unterstützen Sie die beiden bei diesem Vorhaben!

ARBEITSAUFTRÄGE

1 Leon und Emilia wollen sich zunächst einen Überblick über die verschiedenen Organisationsformen der Fertigung verschaffen. Neben der Werkstatt- und Fließfertigung könnten auch die Reihen- und Gruppenfertigungen mögliche Alternativen für die zukünftige Fertigungsorganisation der Sommerfeld Bürosysteme GmbH darstellen. Erläutern Sie die **wesentlichen fertigungstechnischen Merkmale** dieser **vier Organisationsformen**.

2 Ergänzen Sie in der nachfolgenden Übersicht jeweils einen **wesentlichen** Vorteil der in Aufgabe 1 beschriebenen Organisationsformen.

Vorteil der Werkstattfertigung	Vorteil der Fließfertigung
Vorteil der Reihenfertigung	**Vorteil der Gruppenfertigung**

3 Die bislang fremdbezogene *Confair Pinnwand* könnte zukünftig auch in Eigenfertigung hergestellt werden. Dazu liegen Ihnen folgende Daten vor:

a) monatliche Absatzmenge: 1 000 Stück
b) Listenpreis des Lieferanten: 219,90 € (abzüglich 10 % Rabatt; zuzüglich 2,45 € Versandkosten je Stück)
c) Anschaffungskosten für eine neue Fertigungsanlage: 4 680 000,00 € (Nutzungsdauer: 12 Jahre)
d) zusätzliche Fixkosten: 48 450,00 €
e) Material- und Lohnkosten je Stück: 93,65 €

Führen Sie einen Kostenvergleich für die monatlich benötigte Absatzmenge durch und ermitteln Sie außerdem die Menge, bei der die Kosten gleich hoch sind!

Rechnerischer Kostenvergleich:

4 Beschreiben Sie mögliche Argumente, die Sie bei der Entscheidung zwischen Eigenfertigung und Fremdbezug **neben den Kosten** berücksichtigen sollten.

In den letzten Monaten ist es bei der Fertigung des Picto Freischwingers (207/3) zu Qualitätsproblemen gekommen. Deshalb überlegt das Unternehmen die Fertigungsorganisation zu verändern und anstelle der Fließfertigung zukünftig das Prinzip der Gruppenfertigung einzusetzen. Hierbei soll zunächst auch ein Kostenvergleich vorgenommen werden.

Bislang verursachte die Fertigung von monatlich 1 500 Freischwingern Fixkosten in Höhe von 50 250,00 € je Monat. Die gesamten variablen Kosten betrugen insgesamt 210 000,00 € monatlich. Der Verkaufspreis je Freischwinger liegt zurzeit bei 293,50 €. Nach Umstellung der Produktion auf Gruppenfertigung können nur noch 1 350 Freischwinger monatlich gefertigt werden. Die fixen Kosten betragen dann 38 745,00 € je Monat und die variablen Kosten 243 000,00 €. Der Verkaufserlös je Stück könnte jedoch um 20 Prozent gesteigert werden. Sowohl vor als auch nach der Umstellung der Produktion würde an der Kapazitätsgrenze produziert und sämtliche produzierten Freischwinger könnten auch abgesetzt werden.

5 Entscheiden Sie auf Grundlage der vorliegenden Daten, ob eine Umstellung der Produktion der Freischwinger auf Gruppenfertigung sinnvoll ist, indem Sie die erforderlichen Berechnungen in der nachfolgenden Tabelle ergänzen und anschließend einen begründeten Entscheidungsvorschlag abgeben.

	Fließfertigung (vorher)	Gruppenfertigung (nachher)
variable Stückkosten		
fixe Stückkosten		
Deckungsbeitrag je Stück		
Stückgewinn		
Gesamtgewinn (monatlich)		
Gewinnschwelle		
ENTSCHEIDUNGSVORSCHLAG		

6 Nachdem Emilia und Leon mit den Berechnungen fertig sind, diskutieren sie über grundsätzliche Vor- bzw. Nachteile der Gruppenfertigung im Vergleich zur Fließfertigung. Erläutern Sie welche Vor- bzw. Nachteile bei dieser Diskussion zur Sprache gekommen sind.

7 Nehmen Sie eine begründete Zuordnung vor, ob sich beim Fertigungsverfahren des Pico Freischwingers um Serien-, Sorten- oder Massenfertigung handelt.

Lernsituation 5: Technisierung der Fertigung unterscheiden

Ausgangsituation: Die Sommerfeld Bürosysteme GmbH – von der handwerklichen Sitzmöbelfabrik zum modernen Bürosystemmöbelhersteller

In den letzten Jahrzehnten hat sich die Arbeitswelt bei der Sommerfeld Bürosysteme GmbH massiv verändert. Während in den 1990er Jahren das Unternehmen noch überwiegend handwerklich geprägt war und neben Handarbeitsplätzen vor allem einfachere maschinelle Tätigkeiten ausgeführt wurden, so sind große Teile dieser Arbeitsplätze im Laufe der Jahre verschwunden. Heute ist die Fertigung in vielen Bereichen durch eine starke Automation geprägt (vgl. dazu Schulbuch: Industriekaufleute – Band 1, Seite 9–10).

Bei einem Rundgang durch die Fertigung machen sich Emilia Schaub und Leon Heller ein Bild von den verschiedenen Produktionsbereichen und Arbeitsplätzen bei der Sommerfeld Bürosysteme GmbH. „Vor einigen Jahren waren hier noch deutlich mehr Beschäftigte unterwegs. Heute sind

es überwiegend komplexe Produktionsanlagen, die komplette Arbeitsvorgänge erledigen", erklärt der Produktionsleiter Horst Weselberg, der die beiden begleitet.

„Schauen Sie mal hier. In diesem Bereich wird unsere *Stitz Stehstuhlstütze* bislang einzeln von Beschäftigten in Handarbeit verpackt, um sicherzustellen, dass es nicht zu Beschädigungen beim Transport kommt. Aktuell überlegen wir, ob diese Arbeit nicht auch von einer vollautomatischen Verpackungsanlage übernommen werden kann. Das Produkt wird stark nachgefragt, sodass wir hier viel Personal benötigen, um die zahlreichen Aufträge zu verpacken", informiert Herr Weselberg die beiden über aktuelle Überlegungen bei der Sommerfeld Bürosysteme GmbH.

ARBEITSAUFTRÄGE

1 Erläutern Sie den Unterschied zwischen Handarbeit, Mechanisierung und Automation. Nennen Sie anschließend Beispiele aus den Produktionsbereichen der Sommerfeld Bürosysteme GmbH.

	Beschreibung	Beispiele aus den Produktionsbereichen der Sommerfeld Bürosysteme GmbH
Handarbeit		
Mechanisierung		
Automation		

2 Beschreiben Sie die Entwicklung der variablen Stückkosten und fixen Gesamtkosten von der Handarbeit über die Mechanisierung bis zur Automation.

3 Für eine mögliche Umstellung des Verpackungsvorgangs bei der Stitz Stehstuhlstütze liegen Ihnen folgende Daten vor:

Verpackung in Handarbeit:
- Lohnkosten inkl. Lohnnebenkosten: 28,00 €/Stunde
- Fixkostenanteil: 500,00 €/Monat

Anschaffung und Nutzung einer vollautomatischen Verpackungsanlage:
- Variable Kosten: 0,50 €/Stück
- Fixkostenanteil: 24 500,00 €/Monat

Eine Arbeitskraft verpackt durchschnittlich 14 Stitz Stehstuhlstützen pro Stunde. Kapazitätsgrenze der vollautomatischen Verpackunganlage: 30 000 Verpackungsvorgänge pro Monat.

a) Die Sommerfeld Bürosysteme GmbH geht davon aus, dass in den kommenden 18 Monaten durchschnittlich ca. 12 000 Stitz Stehstuhlstützen pro Monat verkauft werden. Treffen Sie eine rechnerisch begründete Entscheidung, ob eine Umstellung und damit verbundene Anschaffung einer vollautomatischen Verpackungsanlage zu empfehlen ist.

b) Ermitteln Sie die kritische Verpackungsmenge, bei der die Kosten für beide Alternativen gleich sind.

c) Nennen Sie weitere Argumente, die für bzw. gegen die Anschaffung einer vollautomatischen Verpackungsanlage sprechen.

4 In der Geschichte der Sommerfeld Bürosysteme GmbH hat das Unternehmen verschiedene Epochen von Industrie 1.0 bis 4.0 miterlebt. Beschreiben Sie die vier industriellen Revolutionen und verdeutlichen Sie diese am Beispiel der Sommerfeld Bürosysteme GmbH.

	Beschreibung	Beispiele der Sommerfeld Bürosysteme GmbH
Industrie 1.0		

	Beschreibung	Beispiele der Sommerfeld Bürosysteme GmbH
Industrie 2.0		
Industrie 3.0		
Industrie 4.0		

Lernsituation 6: Optimale Losgröße ermitteln

Ausgangssituation I: Kostenüberlegungen bei der Fertigungsplanung berücksichtigen

„Hallo Herr Weselberg, wir brauchen bis Ende der Woche 500 Stück von unserem stapelbaren Stuhl Kendo, Ausführung: bordeauxrot. Die Dinger sind in den USA der absolute Renner. Wir können hier 20 % höhere Preise durchsetzen. Geht doch klar, oder?“

Mit einem kurzen, genervten „Ja, geht klar!“ beendet Herr Weselberg, Produktionsleiter der Sommerfeld Bürosysteme GmbH, das Gespräch mit dem Vertriebsleiter Amerika, Daniel Berger. Wieder wurde ihm ein Strich durch seine Fertigungsplanung gemacht, sodass er die geplanten Fertigungslose nicht einhalten kann. „Was das alles ein Geld kostet, immer diese Sonderaufträge einzuplanen!“, ärgert sich Herr Weselberg.

Seit die Sommerfeld Bürosysteme GmbH den nordamerikanischen Markt vor einiger Zeit erschlossen hat, kommen ständig neue Kunden hinzu und „stören“ durch Sonderaufträge den Fertigungsablauf. Die alten Produktionspläne können schon seit Längerem nicht mehr eingehalten werden. Fertigungslose müssen ständig unterbrochen oder mehrere Lose zusammengefasst werden, um Lieferengpässe zu vermeiden. Neben Herrn Weselberg ist auch der Lagerleiter, Emilio Lanzetti, nicht besonders glücklich mit den ständigen Planänderungen. Beide haben in der Vergangenheit schon mehrfach hitzige Diskussionen über die Größe der Fertigungslose geführt. Dabei haben sie auch den entsprechenden Auszug aus dem Produktionshandbuch zurate gezogen.

Produktionshandbuch
Sommerfeld Bürosysteme GmbH

Kapitel: Produktionsplanung
Thema: Optimale Losgröße

Aufgrund der bei der Sommerfeld Bürosysteme GmbH vorherrschenden Fertigungsart der Serienfertigung müssen die dabei vorliegenden jährlichen Fertigungsmengen in die Produktionsplanung aufgenommen werden. Dabei wird entschieden, ob die gesamte Menge auf einmal oder in Teilmengen produziert werden soll. Ein Fertigungslos ist dabei die Anzahl an Fertigungseinheiten, die in einem Fertigungsgang hergestellt wird, ohne dass die Fertigungsanlage umgerüstet werden muss. Die Entscheidung über die Größe eines Fertigungsloses hat Auswirkungen auf die anfallenden Rüst- und Lagerhaltungskosten. Die Bestimmung der optimalen Losgröße liefert eine Antwort auf die Frage, bei welcher Losgröße die anfallenden Kosten am geringsten sind.

Die Serienfertigung der Sommerfeld Bürosysteme GmbH macht es erforderlich, dass zwischen den verschiedenen Fertigungsaufträgen Rüstvorgänge durchgeführt werden, um die Anlage auf die Anforderungen des nachfolgenden Auftrags vorzubereiten. Die damit verbundenen Rüstkosten (Loswechselkosten) setzen sich aus Lohn-, Material- und Werkzeugkosten sowie Stillstandskosten für die Zeit, in der auf der Anlage nicht produziert werden kann, zusammen. Diese Kosten sind unabhängig von der Fertigungsmenge pro Los, fallen daher einmal je Fertigungslos an und werden als auflagenfixe Kosten bezeichnet.

Die Tatsache, dass unfertige und fertige Erzeugnisse häufig nicht sofort verkauft und an Kunden ausgeliefert werden können, sondern im Lager aufbewahrt werden, verursacht weitere Kosten. Die dabei anfallenden Lagerkosten setzen sich aus den Lagerhaltungskosten (z. B. für Miete, Strom, Lagereinrichtung, Personal) sowie Kapitalbindungskosten (Zinsen) für das im Lager gebundene Kapital zusammen. Mithilfe eines Lagerhaltungskostensatzes multipliziert mit dem durchschnittlichen Wert des Lagerbestandes(1) werden die Lagerhaltungskosten ermittelt. Die Zinskosten ergeben sich aus der Multiplikation eines kalkulatorischen Zinses mit dem durchschnittlichen Lagerbestandswert. Die Lagerkosten entwickeln sich bei der Ermittlung der optimalen Losgröße auflagenvariabel, d. h., diese steigen bzw. fallen mit wachsender bzw. rückläufiger Fertigungsmenge je Los.

Anmerkung:

(1) Zur Bestimmung des durchschnittlichen Lagerbestandswertes, muss zunächst der durchschnittliche Lagerbestand ermittelt werden. Dazu werden der Anfangs- und Endbestand einer Periode im Lager addiert und diese Summe durch zwei dividiert. Der durchschnittliche Lagerbestandswert ergibt sich durch Multiplikation des durchschnittlichen Lagerbestandes mit den Herstellkosten je Lagerobjekt. Bei kontinuierlichem Lagerabgang entspricht der durchschnittliche Lagerbestand der Hälfte des jeweiligen Fertigungsloses.

Leon Heller hat das Telefonat zwischen Herrn Weselberg und Herrn Berger verfolgt. Obwohl er den Unmut von Herrn Weselberg verstehen kann, ist Leon der Meinung, dass die kurzfristigen Kundenaufträge wichtiger sind als die Planungsprobleme der Fertigung. Weil er sich aber nicht sicher ist, welche Konsequenzen kurzfristige Änderungen für die Fertigung haben, will er sich mithilfe des Produktionshandbuchs selbst ein Bild davon machen.

ARBEITSAUFTRÄGE

Unterstützen Sie Leon.

1 Im Telefongespräch hat Leon den Begriff „Fertigungslos“ aufgeschnappt. Erläutern Sie, was man unter einem Fertigungslos versteht.

2 Bei den angesprochenen Diskussionen zwischen den Abteilungsleitern der Fertigung und des Lagers standen die Losgröße und die damit verbundenen Kosten im Vordergrund. Führen Sie mithilfe des Produktionshandbuchs eine Gegenüberstellung der Kosten durch und erläutern Sie anschließend, was man unter der optimalen Losgröße versteht.

3 Aus welchen Blickwinkeln betrachten Herr Weselberg bzw. Herr Lanzetti das Problem der optimalen Losgröße und welche Kosten stehen dabei jeweils im Fokus?

Ausgangssituation II: Leon ermittelt die optimale Losgröße

Die Sommerfeld Bürosysteme GmbH stellt den stapelbaren Stuhl Kendo bislang nur in den Standardausführungen schwarz, nachtgrün und marineblau her. Diese werden auf einer speziellen Maschine hergestellt. Die Ausführung in bordeauxrot ist speziell aufgrund der bestehenden Nachfrage für den amerikanischen Markt als Sonderausführung ins Produktionsprogramm aufgenommen worden. Die Bedarfe bzw. Absatzmengen für die Standardausführungen werden überwiegend von Großkunden, die auf dem europäischen Markt tätig sind, im Voraus für ein Jahr geordert und in relativ konstanten Mengen monatlich abgerufen. Die Gesamtproduktions- bzw. -absatzmenge für das laufende Jahr 20.. beläuft sich auf 32000 Stühle und verteilt sich wie folgt auf die drei Standardausführungen:

Stuhl Kendo (stapelbar)			
Ausführung:	schwarz	marineblau	nachtgrün
Absatzmenge (in Stück):	9000	12500	10500

Leon Heller hat die Informationen des Produktionshandbuchs interessiert gelesen und beschließt, exemplarisch die optimale Losgröße für die Ausführung „marineblau“ zu bestimmen, um zu prüfen, welche Losgröße für das Jahr 20.. optimal wäre.

Folgende Informationen stehen zur Bestimmung der optimalen Losgröße zur Verfügung:

- Für die Umstellung der Maschinen auf die Fertigung einer anderen Ausführung benötigt ein Maschineneinrichter 2 Std., um die Maschine zu reinigen, mit neuem Material zu bestücken und die Fertigung wieder neu anlaufen zu lassen. Der Lohnkostensatz dieses Maschineneinrichters beträgt 25,00 € pro Stunde.
- Herr Bast, Controlling, veranschlagt pro Stillstandsstunde der Maschine Leerkosten in Höhe von 450,00 €.
- Die Finanzbuchhalterin Sonja Nolden geht von einem kalkulatorischen Zins von 5 % aus, der für die Kapitalbindung der eingelagerten Güter anfällt.
- Von Herrn Lanzetti hat Leon Heller erfahren, dass ein Lagerhaltungskostensatz von 15 % auf jedes Lagergut zu veranschlagen ist.
- Die Herstellkosten belaufen sich bei allen drei Ausführungen des Stuhls auf 80,00 € pro Stück.

ARBEITSAUFTRÄGE

1 Nutzen Sie die Ihnen vorliegenden Informationen und die nachfolgende Tabelle (S. 21), um eine tabellarische Lösung für das Optimierungsproblem der optimalen Losgröße für Leon Heller zu ermitteln.

2 Nachdem Sie die rechnerischen Werte zur optimalen Losgröße vorliegen haben, benötigt Leon Heller noch eine grafische Darstellung zur Präsentation seiner Ergebnisse bei Herrn Weselberg. Verwenden Sie die nachfolgend abgebildete Vorlage, um die Kostenverläufe grafisch darzustellen.

3 In der Berufsschule hat Leon eine Formel zur Berechnung der optimalen Losgröße kennengelernt, die Andler-Formel. Berechnen Sie die optimale Losgröße mithilfe dieser Formel!

Grafik: Optimale Losgröße

Stuhl Kendo (stapelbar) – Ausführung marineblau

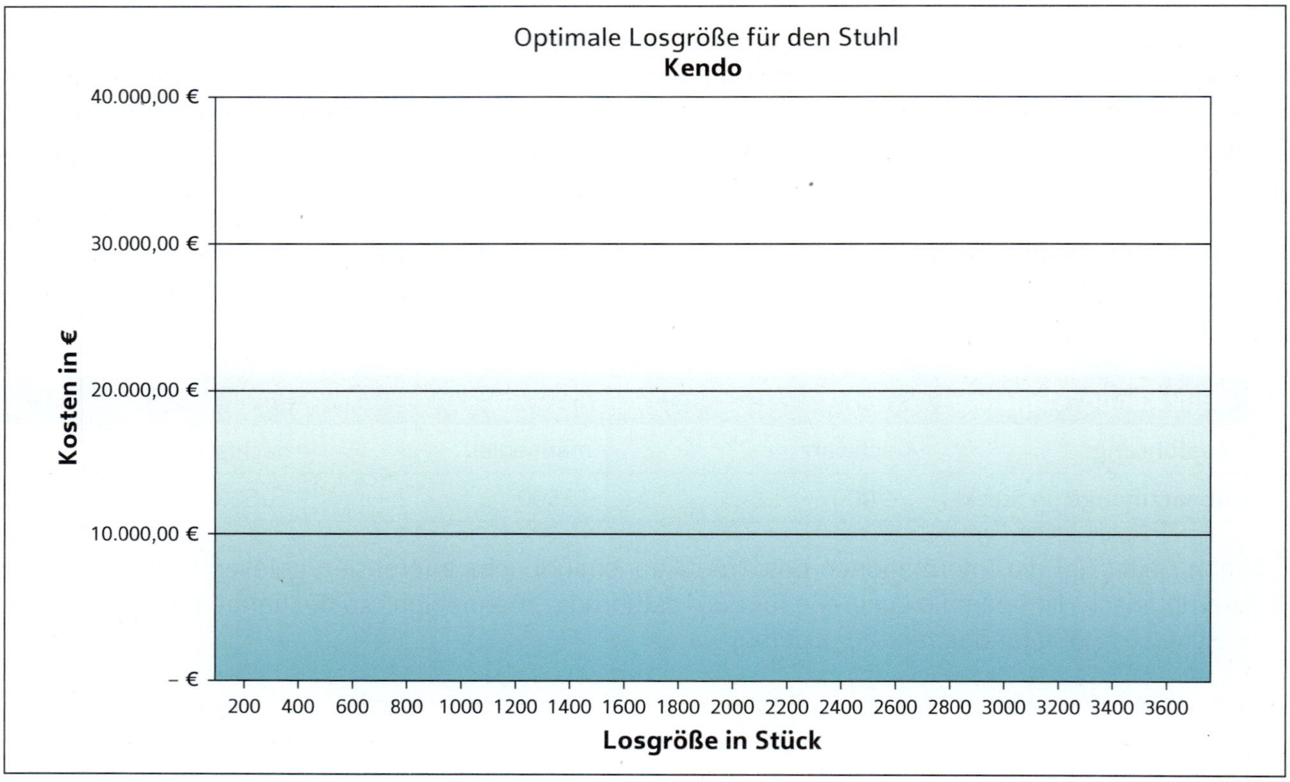

Tabelle: Optimale Losgröße
Stuhl Kendo (stapelbar) – Ausführung marineblau

Losgröße in Stück	Anzahl der Lose	Rüstkosten je Loswechsel in €	Rüstkosten gesamt in €	Durchschnittl. Lagerbestand in Stück	Durchschnittl. Lagerbestand in €	Lagerkosten in €	Gesamtkosten der Losgröße in €
	1						
	2						
	4						
	5						
	6						
	8						
	9						
	10						
	11						
	12						
	15						
	20						

Ausgangssituation III: Sonderaufträge stören die Fertigungsplanung und verursachen zusätzliche Kosten!

„Hab ich es mir doch gedacht!“, stellt Herr Weselberg fest. Früher hat er den Stuhl Kendo (stapelbar), Ausführung marineblau, immer in Fertigungslosen zwischen 1 200 und 1 300 Stück auf der Maschine laufen lassen, sodass etwa zehn Lose pro Jahr zu verzeichnen waren. Die ständigen Sonderaufträge haben dazu geführt, dass diese nahezu optimalen Losgrößen nur noch selten erreicht werden können. Neugierig geworden, ermittelt Herr Weselberg auch noch die optimale Losgröße für die Ausführungen schwarz und nachtgrün und kommt dabei zu folgendem Ergebnis:

Optimale Losgrößen für die Standardausführungen des Stuhl Kendo (stapelbar):

Ausführung	Absatzmenge in Stück	Losgröße in Stück	Anzahl der Lose	Rüstkosten gesamt in €	Lagerkosten gesamt in €	Gesamtkosten der Losgröße in €
marineblau	12 500	1 250	10	9 500,00	10 000,00	**19 500,00**
schwarz	9 000	1 000	9	8 550,00	8 000,00	**16 550,00**
nachtgrün	10 500	1 167	9	8 550,00	9 336,00	**17 886,00**

Auch für die beiden anderen Ausführungen stellt Herr Weselberg fest, dass die optimalen Losgrößen fast nie eingehalten werden konnten. „Das kann so nicht weitergehen!“, ärgert sich Herr Weselberg und beschließt, beim nächsten Meeting der Abteilungsleitungen mit der Geschäftsführung der Sommerfeld Bürosysteme GmbH dieses Problem zu thematisieren. Nach einem kurzen Gespräch mit Herrn Sommer, Geschäftsführer, wird das Problem in die Tagesordnung aufgenommen.

Zwei Tage vor dem anstehenden Meeting erhalten die Abteilungsleitungen folgende E-Mail:

Von: Geschäftsführung
An: alle Abteilungsleitungen

Betreff: Tagesordnung zum Abteilungsleitungsmeeting

Sehr geehrte Damen und Herren,

aufgrund Ihrer Anregungen wurden, neben den Themen der Unternehmensleitung, die folgenden Punkte in die Tagesordnung aufgenommen:

TOP 1: Die Unternehmensleitung informiert über die Entwicklungen bezüglich ...

.

TOP 3: Steigende Kosten in der Fertigung. Forderung der Produktionsleitung auf Einhaltung der ermittelten optimalen Losgrößen.

.

Das Meeting findet am kommenden Freitag, um 11 Uhr, im **Konferenzraum B 2** statt.

Da sich Leon Heller mittlerweile gut mit dem Problem der „richtigen“ Losgröße auskennt, hat ihm Herr Weselberg ein paar Informationen über die Perspektive der Produktionsleitung zu dem Thema zusammengestellt (Informationsmaterial 1–3). Damit sich Leon ein umfassendes Bild verschaffen kann, hat er auch Herrn Berger angesprochen, um die Sichtweise des Vertriebs besser verstehen zu können (Informationsmaterial 3–4).

Informationsmaterial der Produktionsleitung
Informationsmaterial 1:

Die Fertigungsplanung der Sommerfeld Bürosysteme GmbH hat Fertigungslose für das 1. Quartal 20.. geplant, die nahezu den ermittelten optimalen Losgrößen entsprechen. Die danach anfallenden geplanten Kosten können der folgenden Tabelle entnommen werden. Aufgrund zahlreicher Sonderaufträge mussten mehrfach Fertigungslose abgebrochen werden. Diese Fertigungsaufträge wurden anschließend zu deutlich größeren Fertigungslosen zusammengefasst, um Lieferengpässe zu verhindern. Die daraus resultierenden tatsächlichen Kosten können ebenfalls der Tabelle entnommen werden:

	Geplante Kosten (1. Quartal 20..)			Tatsächliche Kosten (1. Quartal 20..)		
Ausführung	**Rüstkosten gesamt in €**	**Lagerkosten gesamt in €**	**Gesamtkosten der Losgröße in €**	**Rüstkosten gesamt in €**	**Lagerkosten gesamt in €**	**Gesamtkosten der Losgröße in €**
marineblau	2520,00	2100,00	**4620,00**	5040,00	2320,00	**7360,00**
schwarz	1680,00	2950,00	**4630,00**	3360,00	1840,00	**5200,00**
nachtgrün	2520,00	2050,00	**4570,00**	5880,00	3070,00	**8950,00**
			13820,00			**21510,00**

In seiner Mittagspause liest Herr Weselberg regelmäßig den Wirtschaftsteil einer Tageszeitung. Dabei ist er auf die nachfolgenden Artikel aufmerksam geworden:

Informationsmaterial 2:

Wirtschaftskrise in den USA – Konsumausgaben der Privathaushalte sinken

Aufgrund der Wirtschaftskrise in den USA erwarten zahlreiche Volkswirte negative Auswirkungen für das nationale Wirtschaftswachstum. Es ist zu befürchten, dass insbesondere das Konsumverhalten der amerikanischen Privathaushalte negativ betroffen sein wird. Unternehmen, die ihre Produkte bislang erfolgreich in die USA exportieren konnten, werden mit einem härteren Wettbewerb um die sinkenden Konsumausgaben der Haushalte rechnen müssen. [...]

Informationsmaterial der Produktions- und Vertriebsleitung
Informationsmaterial 3:

Chinesische Wirtschaft boomt weiter!

Chinesische Unternehmen exportieren verstärkt ins europäische Ausland. Dabei drängen auch einige Hersteller von Büromöbeln auf den Markt. Diese Unternehmen produzieren ihre Produkte in großen Stückzahlen und können diese zu wettbewerbsfähigen Preise auf dem europäischen Markt anbieten. Dabei entspricht die Produktqualität zunehmend dem Niveau der europäischen Hersteller.
Am Markt etablierte europäische Unternehmen wollen diesem Trend entgegenwirken, indem sie neue Märkte erschließen und dadurch nicht zuletzt auch Verbesserungen in der eigenen Kostenstruktur erreichen. [...]

Informationsmaterial der Vertriebsleitung
Informationsmaterial 4:

Perspektiven auf dem amerikanischen Markt

Die Sommerfeld Bürosysteme GmbH konnte mit der Einführung des stapelbaren Stuhls Kendo erste Erfolge verzeichnen. Die Nachfrage nach Büromöbeln steigt und neben der bislang auf dem amerikanischen Markt eingeführten Sonderausführung (bordeauxrot), haben einige Kunden erste Aufträge für die Standardausführungen erteilt. Die Marketingabteilung erwartet aufgrund dieser Entwicklungen, dass sich das Unternehmen auf Basis der Produktgruppe 4 (Pause, Speisen, Aufenthalt) auf dem amerikanischen Markt etablieren kann. Mittelfristig sollen darüber hinaus weitere Produkte aus dem aktuellen Produktionsprogramm in die USA exportiert werden. Aufgrund dieser positiven Perspektiven hat sich der Vertrieb ehrgeizige Entwicklungsziele gesteckt.

Entwicklungszielsetzungen der Vertriebsabteilung

- Die Unternehmenszielsetzung, einen Marktanteil von zunächst mindestens 3% in den USA zu erreichen, wird aufgrund der steigenden Kunden- und Auftragszahlen erreicht werden, sodass die Vertriebsleitung einen Marktanteil von 5% anstrebt.
- Die Standardausführungen des Stuhls Kendo werden intensiv auf dem amerikanischen Markt vermarktet, um einerseits die Gesamtabsatzmenge zu steigern und andererseits von den höheren Preisen, die in den USA durchgesetzt werden können, zu profitieren.
- Im zweiten Halbjahr werden weitere Produkte auf dem amerikanischen Markt eingeführt.
- Insgesamt sollen durch diese Aktivitäten auf dem Zukunftsmarkt der Sommerfeld Bürosysteme GmbH,
  - eine Steigerung der Umsatzerlöse um 10% und
  - eine größere Absatzmenge zur Sicherstellung der Marktposition auf dem europäischen Stammmarkt erreicht werden, indem durch die wachsenden Produktionszahlen für den amerikanischen Markt insgesamt die Stückkosten reduziert werden.

Auch Daniel Berger, Vertriebsleiter Amerika, liest regelmäßig den Wirtschaftsteil der überregionalen Tageszeitung. Ihm ist dabei ebenfalls der Artikel zur chinesischen Wirtschaft aufgefallen, in dem er Folgendes markiert hat:

Informationsmaterial zu Vorbereitung auf das Meeting
Auszug aus der Unternehmensphilosophie

Unternehmensphilosophie der Sommerfeld Bürosysteme GmbH Kundenorientierung
Wir, die Sommerfeld Bürosysteme GmbH, sind ein innovatives und kundenorientiertes Unternehmen der Büromöbelbranche. Der Erfolg und die Zukunft des Unternehmens werden von der Zufriedenheit unserer Kunden bestimmt. Dauerhaft qualitativ hochwertige Erzeugnisse sind dabei die Basis für die Zufriedenheit unserer Kunden. Nur ein am Markt erfolgreiches und wirtschaftlich gesundes Unternehmen kann langfristig den Ansprüchen seiner Geschäftspartner gerecht werden. Dazu bedarf es einer kontinuierlichen Verbesserung der Leistungen bei gleichzeitiger Reduzierung der Kosten. Dieser Anspruch ist unsere Zielsetzung, daran werden wir von unseren Kunden gemessen. [...]

Zielsetzungen der Sommerfeld Bürosysteme GmbH für das Geschäftsjahr 20..:

- Wir wollen unseren Marktanteil auf dem europäischen Markt halten und unsere Position als Marktführer festigen.
- Wir müssen Maßnahmen zur Kostenreduzierung ergreifen, um dem wachsenden Wettbewerbsdruck auf dem europäischen Markt zu begegnen und um somit unsere Leistungen weiterhin zu wettbewerbsfähigen Preisen anbieten zu können.
- Der nordamerikanische Markt ist für uns ein bedeutsamer Zukunftsmarkt. Hier wollen wir uns am Markt etablieren.
- Insbesondere in den USA wollen wir uns einen Namen machen, unsere Umsatzerlöse steigern und einen Marktanteil von mindestens 5% erreichen.

ARBEITSAUFTRÄGE

1 Leon versucht sich in die Situation beider Abteilungsleiter zu versetzen und die wesentlichen Argumente beider Seiten gegenüberzustellen und dabei jeweils die Bedeutung der einzelnen Argumente aus der Sicht der Geschäftsführung einzuschätzen. Unterstützen Sie Leon bei diesem Vorhaben. Sammeln und beurteilen Sie die jeweiligen Argumente in der nachfolgenden Tabelle.

Argumente der Produktionsleitung	Argumente der Vertriebsleitung	Bedeutung der Argumente für die Unternehmensleitung (*) ++ + o – – –

(* ggf. mit Anmerkungen)

2 Richtig zufrieden ist Leon Heller noch nicht mit der Gegenüberstellung. Ihm fehlen weitere wesentliche Unternehmensdaten aber auch externe Informationsquellen, um eine bessere Beurteilung der Situation vornehmen zu können. Erstellen Sie eine Liste mit weiteren notwendigen Daten die Herr Heller noch in Erfahrung bringen sollte.

Lernsituation 7: Produktentstehung und -auflösung beschreiben

Ausgangssituation: Kundenwünsche bei der Produktentwicklung umsetzen

Bei einem Meeting der Abteilungsleitungen mit der Geschäftsführung hat Peter Kraus, Vertriebsleiter der Sommerfeld Bürosysteme GmbH, einen Diskussionsbeitrag auf die Tagesordnung setzen lassen. Sein Mitarbeiter Daniel Berger, Leiter Vertrieb Amerika, hat ihn kürzlich über eine Anfrage eines amerikanischen Neukunden informiert.

Bei dem Neukunden handelt es sich um eine Krankenhauskette, welche über 40 Kliniken an der amerikanischen Ostküste betreibt. Das Unternehmen hat in den vergangenen Monaten mehrere größere Aufträge platziert und die Wartezimmer von zwei kürzlich übernommen Krankenhäusern mit dem stapelbaren Stuhl Kendo ausgestattet. Die Klinikkette möchte aus Imagegründen den Wiedererkennungswert des Unternehmens steigern und deshalb einheitliche Wartebereiche schaffen, welche durch eine individuelle Note in Erinnerung bleiben. Deshalb sollen in jedem Wartebereich zwei Tische in gegenüberliegenden Raumecken aufgestellt werden, welche eine quadratische Grundfläche aufweisen, wobei die in den Raum zeigende Tischhälfte als Halbkreis gestaltet werden soll. Aus ökologischen Gründen soll der Tisch weitgehend aus Holz hergestellt werden, um aber auch die hygienischen Anforderungen eines Krankenhauses gewährleisten zu können, müssen sämtliche Oberflächen mit einer Schutzfolie versiegelt werden und die Tischkanten mit einer Kunststoffleiste abgedeckt werden. Auf der Tischplatte soll mithilfe von zwei senkrecht angebrachten Trennwänden eine Ablagemöglichkeit für Zeitschriften geschaffen werden, wobei die Klinikkette das Unternehmenslogo auf der Vorderwand anbringen möchte.

Nachdem sich die Abteilungsleitungen der Sommerfeld Bürosysteme GmbH über die Anfrage beraten haben, besteht Einigkeit darüber, dass es sich bei der Krankenhauskette um einen potenziellen zukünftigen Stammkunden handelt, sodass der mögliche Auftrag über 75 Tische Folgeaufträge erwarten lässt. Darüber hinaus können einzelne Komponenten des Tisches Kendo (quadratisch) übernommen werden, um die individuellen Kundenwünsche erfüllen zu können.

Aufgrund der Kundenanfrage hat Herr Kunze, Leiter der Produktentwicklung, die nachfolgende Erzeugnisstruktur für das Projekt „Tisch Kendo spezial“ erstellt:

Erzeugnisstruktur „Tisch Kendo spezial“

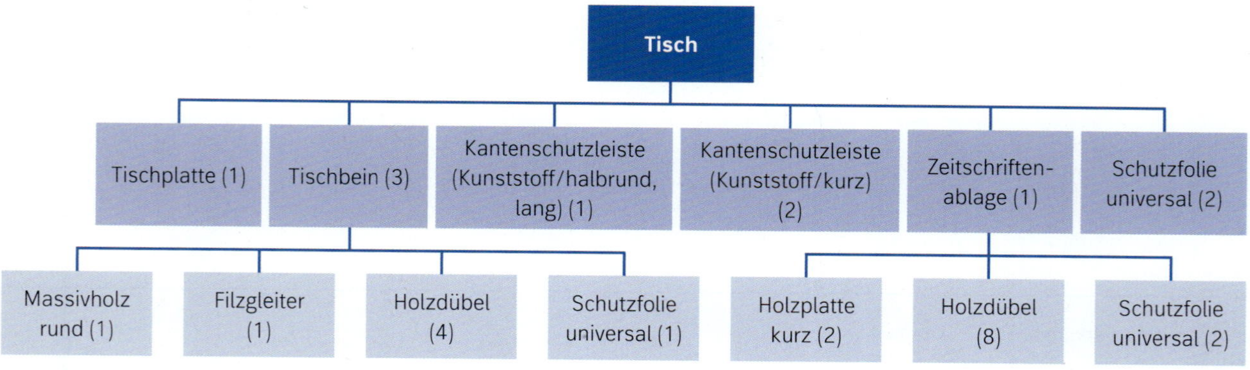

Legende: Bezeichnung (Menge)

Als Leon Heller in der Mittagspause von dem neuen Projekt hört, möchte er von Herrn Kunze gern Genaueres erfahren. Dieser bietet ihm an, in den kommenden Tagen in der Produktentwicklung mitzuarbeiten und ihn bei seiner Arbeit am Projekt „Tisch Kendo spezial“ zu unterstützen.

ARBEITSAUFTRÄGE

1 Herr Kunze ist der Meinung, dass sich Leon zunächst allgemein mit den Aufgaben der Produktentwicklung/Konstruktion beschäftigen muss, bevor er am neuen Projekt weiterarbeiten kann.

a) Überlegen Sie, welche Aufgaben die Produktentwicklung der Sommerfeld Bürosysteme GmbH übernimmt und auf wessen Initiative Herr Kunze und seine Kolleginnen und Kollegen tätig werden.

b) Erstellen Sie anschließend einen Phasenplan, aus dem die einzelnen Arbeitsschritte bei der Produktentwicklung/Konstruktion hervorgehen.

2 Nachdem sich Leon Heller einen Überblick über die Arbeit der Produktentwicklung verschafft hat, legt ihm Herr Kunze die Erzeugnisstruktur des Tisches Kendo spezial vor. Unterstützen Sie Leon Heller und vervollständigen Sie mithilfe der Erzeugnisstruktur die nachfolgend abgebildeten Stücklistenvarianten.

3 Welche Stückliste ist am ehesten geeignet, um die erforderlichen Mengeneinheiten für die einzelnen Materialien des Tisches ermitteln zu können? Ermitteln Sie die jeweilige Menge der erforderlichen Materialien, für den Fall, dass der Sommerfeld Bürosysteme GmbH die angefragte Auftragsmenge erteilt wird.

Strukturstückliste

Projekt:				
Fertigungsstufe			Bezeichnung	Menge*
1	2	3		

** (je eine Einheit der übergeordneten Baugruppe)*

Mengenübersichtsstückliste

Projekt:	
Bezeichnung	Menge

Baugruppenstückliste

Projekt:	
Gegenstand:	
Fertigungsstufe:	
Bezeichnung	Menge

Baugruppenstückliste	
Projekt:	
Gegenstand:	
Fertigungsstufe:	
Bezeichnung	Menge

Baugruppenstückliste	
Projekt:	
Gegenstand:	
Fertigungsstufe:	
Bezeichnung	Menge

Lernsituation 8: Produktionsplanung und -steuerung, Rahmenbedingungen und Verfahren kennenlernen

Ausgangssituation I: Leon Heller berechnet die Rüst- und Ausführungszeiten

Die Arbeiten am Projekt „Tisch Kendo spezial“, für eine nordamerikanische Krankenhauskette, werden in der Sommerfeld Bürosysteme GmbH immer konkreter. Für die Angebotserstellung benötigt Herr Berger, Vertrieb Amerika, einen möglichen Liefertermin. Um diesen bestimmen zu können, hat Tim Smith, der verantwortliche Projektplaner, mit der Erstellung eines Arbeitsplanes begonnen.

Bei einigen Arbeitsvorgängen kann er auf Rüst- und Ausführungszeiten zurückgreifen, die ihm bereits von anderen Produkten (u.a. Kendo Tisch quadratisch) bekannt sind. Für die vom Neukunden gewünschte Zeitschriftenablage muss Herr Smith die Zeiten neu ermitteln. Die Ablage soll aus zwei identischen Trennwänden hergestellt werden, welche mithilfe von Holzdübeln auf der Tischplatte fixiert werden. Dazu hat Herr Smith zusammen mit Herrn Kunze in der Entwicklungswerkstatt die Arbeitsvorgänge mehrfach durchgeführt. Danach werden folgende Zeiten für die Bearbeitung der Zeitschriftenablage vorgesehen:

Rüstzeiten	Grundzeit in Minuten
Arbeitsvorgang	
Zeichnung lesen	6
Sägeblatt wechseln	8
Säge ausrichten	4
Säge anlaufen lassen	2
Säge ausstellen	2
Säge reinigen	8

Ausführungszeit je Einheit	Grundzeit in Minuten
Arbeitsvorgang	
Holzplatte greifen/einlegen	1
Holzplatte auf Länge sägen	2
Holzplatte drehen	1
Holzplatte auf Breite sägen	2
Schutzfolie aufkleben	3
Löcher bohren	4
Holzdübel vormontieren	2

Die in der Werkstatt ermittelten Ausführungszeiten beziehen sich dabei jeweils auf eine Trennwand. Neben diesen Zeiten werden von Herrn Smith noch Verteil- und Erholungszeiten veranschlagt. Für die Rüstzeit kalkuliert er mit 30 % Verteilzeit und 20 % Erholungszeit; hinsichtlich der Ausführungszeit werden jeweils 15 % Verteil- und Erholungszeit berücksichtigt.

Leon Heller hat sich bislang noch nicht mit der Ermittlung von Rüst- und Ausführungszeiten beschäftigt. Er hat ein großes Interesse am Projekt „Tisch Kendo spezial“ und nutzt deshalb die Gelegenheit und unterstützt Herrn Smith bei seiner Arbeit.

ARBEITSAUFTRÄGE

1 Im Rahmen der Arbeitszeitstudien werden verschiedenen Zeitbegriffe unterschieden. Bevor Leon Heller mit der Ermittlung der Zeiten beginnt, möchte Herr Smith, dass sich Leon mit diesen Begriffen beschäftigt. Erläutern Sie jeweils in einem Satz die Begriffe „Rüstzeit“, „Ausführungszeit“, „Grundzeit“, „Verteilzeit“ und „Erholungszeit“ und nennen Sie jeweils ein zur Herstellung der Zeitschriftenablagen passendes Beispiel. Leon Heller nutzt dazu die nachfolgende Tabelle, um anschließend eine Lernhilfe für die Berufsschule zu haben.

Begriff:	Erklärung:	Beispiel:
Rüstzeit		
Ausführungszeit		
Grundzeit		
Verteilzeit		
Erholungszeit		

2 Ermitteln Sie die Rüstzeit und die Ausführungszeit, die für eine Zeitschriftenablage im Arbeitsplan veranschlagt wird.

3 Bei Auftragserteilung würden insgesamt 75 Zeitschriftenablagen hergestellt werden. Ermitteln Sie die Auftragszeit für die Herstellung der Ablagen.

Ausgangssituation II: Die Auftragszeit wird ermittelt

Mithilfe der ermittelten Zeit kann Tim Smith nun den Arbeitsplan vervollständigen. Dabei hat er zum Teil einzelne Arbeitsvorgänge zusammengefasst, um einen überschaubaren Arbeitsplan zu gewährleisten. Wie bei den Arbeitsvorgängen zur Herstellung der Zeitschriftenablagen (Arbeitsfolge 12–16) kann er ggf. auch die detaillierten Pläne zurate ziehen. Danach kommt er zu folgendem Ergebnis:

Arbeitsplan Nr.: 86.12....-01		Auftragsmenge: 75	Datum: ....20..		Blatt: 1 von 1	
Benennung: Projekt „Tisch Kendo spezial“			Zeichungsnr.: 15.08....4			
Werkstoff: Furnier Eiche		Abmessung/Modell-Nr. 847/7		Losgröße: 75 Stück		
Arbeitsfolge:	**Arbeitsvorgang**	**Arbeitsplatz**	**Werkzeug**	**Rüstzeit (in Min.)**	**Ausführungszeit (in Min.)**	**Lohngruppe**
1	Tischplatte auf Länge sägen	Sägemaschine 1		19,5	7,5	4
2	Tischplatte auf Breite sägen	Sägemaschine 2		19,5	7,5	4
3	Schutzfolie aufkleben	Arbeitsplatz 1		2	6	3
4	Verbindungslöcher bohren	Bohrmaschine	Schablone 64	3	10	3
5	Kantenschutzleisten aufkleben	Arbeitsplatz 2		2	2,4	3
6	Zwischenkontrolle (Arbeitsplatte)	Prüfplatz 1		2	3	4
7	Tischbeine zuschneiden	Sägemaschine 3		17	6	3
8	Schutzfolie aufkleben	Arbeitsplatz 2		2	4,5	3
9	Verbindungslöcher bohren	Bohrmaschine	Schablone 44	3	9	3
10	Holzdübel vormontieren	Montageplatz 1		1	4,5	2
11	Filzgleiter aufkleben	Arbeitsplatz 5		1	3	2
12	Holzplatten auf Länge sägen	Sägemaschine 1		19,5	7,5	4
13	Holzplatten auf Breite sägen	Sägemaschine 2		19,5	7,5	4
14	Schutzfolie aufkleben	Arbeitsplatz 1		2	8	3
15	Verbindungslöcher bohren	Bohrmaschine	Schablone 62	3	10	3
16	Holzdübel vormontieren	Montageplatz 2		1	6	2
17	Tischplatte mit Tischbeinen montieren	Montageplatz 3		15	9	3
18	Tischplatte mit Ablage montieren	Montageplatz 4		15	6	3
19	Endkontrolle	Prüfplatz 2		3	15	4

Die angegebenen Ausführungszeiten beziehen sich jeweils auf die erforderliche Menge, die zur Herstellung von **einem *Tisch Kendo spezial*** benötigt wird.

ARBEITSAUFTRÄGE

1 Nachdem Leon Heller den Arbeitsplan genauer betrachtet hat, kann er auch die in der Entwicklungswerkstatt ermittelten Zeiten für die Bearbeitung der Zeitschriftenablage wiederfinden. Herr Smith benötigt die Auftragszeit für die 75 Tische für den nordamerikanischen Kunden. Unterstützen Sie Leon Heller bei dieser Aufgabe und ermitteln Sie die Auftragszeit in Minuten und in Stunden.

2 Für die Ausarbeitung des Angebots sind auch die Lohnkosten von besonderer Bedeutung. Ermitteln Sie mithilfe der nachfolgenden Lohntabelle die gesamten Lohnkosten und die Lohnkosten je Tisch. Nutzen Sie dazu die nachfolgende Arbeitsvorlage.

Lohngruppe	in Prozent des Ecklohns	Akkordrichtsatz €/Stunde
1	94,50 %	
2	97,25 %	
3	**100 % (Ecklohn)**	**20,12**
4	105,60 %	
5	111,10 %	
6	127,80 %	

	Arbeitsvorgänge der Lohngruppe	Rüst- und Ausführungszeit der Arbeitsvorgänge	Akkordrichtsatz je Stunde	Lohnkosten der Lohngruppe
Lohngruppe 2				
Lohngruppe 3				

	Arbeitsvorgänge der Lohngruppe	Rüst- und Ausführungszeit der Arbeitsvorgänge	Akkordrichtsatz je Stunde	Lohnkosten der Lohngruppe
Lohngruppe 4				
Lohnkosten des Fertigungsauftrags:				
Lohnkosten je Tisch:				

Lernsituation 9: Die Netzplantechnik bei der Terminplanung anwenden

Ausgangssituation: Leon führt die Terminplanung durch

Mit den nun vorliegenden Lohnkosten hat Herr Berger gerade begonnen, das Angebot fertigzustellen, als ihn ein überraschender Anruf erreicht. Sein Ansprechpartner bei der nordamerikanischen Krankenhauskette informiert ihn darüber, dass das Unternehmen vom neuen Imagekonzept sehr überzeugt ist und deshalb auch einige der älteren Kliniken schnellstmöglich mit den neuen Tischen ausstatten möchte (vgl. Lernsituation 8).

Die Krankenhauskette erhofft sich von einem zusätzlichen größeren Auftrag einen günstigeren Stückpreis und möchte daher neben den bisher in Aussicht gestellten 75 Tischen ein weiteres Angebot über 200 Tische erhalten. Die Klinikleitung hat dabei darauf hingewiesen, dass die Auftragserteilung stark vom Liefertermin der 75 bzw. 200 Tische abhängig ist und möchte zunächst umgehend eine Aussage, wann die erste Lieferung erfolgen kann.

Erfreut, aber gleichzeitig auch etwas hektisch, setzt sich Herr Berger erneut mit dem zuständigen Projektplaner, Herr Smith, in Verbindung und bittet eine Terminplanung für einen Auftrag über 75 Tische durchzuführen, um seinem amerikanischen Kunden einen frühestmöglichen Liefertermin benennen zu können.

Durch die zeitintensiven Arbeiten am Projekt „Tisch Kendo spezial" sind bei Herrn Smith einige wichtige Aufgabe liegen geblieben, die er heute dringend nachholen muss. Daher bittet er Leon Heller, ihn nochmals zu unterstützen und für ihn die weitere Terminplanung vorzubereiten.

Die nachfolgende Vorgangsliste hat Herr Smith erstellt, um die Terminplanung vornehmen zu können:

Vorgangsnummer	Vorgangsbezeichnung	Zeitaufwand (in Tagen)	Vorgänger	Nachfolger
1	Auftragsplanung	1	–	
2	Bearbeitung der Tischplatten	4	1	
3	Zwischenkontrolle	1	2	
4	Bearbeitung der Tischbeine	4	1	
5	Bearbeitung der Zeitungsablagen	6	1	
6	Montage	2	3, 4, 5	
7	Endkontrolle	2	6	
8	Verpackung/Versandvorbereitung	2	7	
9	Transport	7	8	

ARBEITSAUFTRÄGE

Unterstützen Sie Leon Heller bei seiner Arbeit.

1 Etwas in Eile hat Herr Smith vergessen, die Nachfolger in der oben abgebildeten Vorgangsliste einzutragen. Vervollständigen Sie deshalb zunächst die Vorgangsliste.

2 Erstellen Sie mithilfe der Vorgangslisten einen Netzplan. Nutzen Sie zur Bearbeitung die Vorlage auf Seite 34. Ermitteln Sie anschließend die frühesten und spätesten Anfangs- und Endzeitpunkte, den kritischen Pfad und die Pufferzeiten.
Beachten Sie dabei, dass jeder Vorgang in einem Netzplan durch einen Vorgangsknoten dargestellt wird. Ein Vorgangsknoten ist wie folgt aufgebaut:

FAZ	FEZ	
Vorgang-Nr.	Tätigkeit	
Dauer	Gesamtpuffer	Freier Puffer
SAZ		SEZ

mit:

FAZ – Frühester Anfangszeitpunkt
FEZ – Frühester Endzeitpunkt
SAZ – Spätester Anfangszeitpunkt
SEZ – Spätester Endzeitpunkt

3 Bei der Bearbeitung der Tischplatten und der Tischbeine hat es in der Vergangenheit bei anderen Produkten häufiger Probleme gegeben. Welche Auswirkungen auf die Auftragszeit hätten solche Verzögerungen beim Projekt „Tisch Kendo spezial“, wenn
a) sich die Bearbeitung der Tischbeine um zwei Tage verzögern würde.
b) sich die Bearbeitung der Tischplatten um drei Tage verzögern würde.

4 Formulieren Sie Argumente, die für die Durchführung der Netzplananalyse bei der Terminplanung des Projekts „Tisch Kendo spezial“ sprechen.

5 Neben dem Netzplan soll das Projekt auch als Balkendiagramm dargestellt und anschließend in die Fertigungsplanung übertragen werden.
a) Erstellen Sie ein Balkendiagramm mithilfe der Vorlage auf Seite 35.
b) Führen Sie die Fertigungsplanung mithilfe der Vorlage auf Seite 36 durch, um den frühesten Auslieferungstermin mithilfe der Vorwärtsterminierung zu ermitteln.
c) Die Klinikkette hat den 29.07.20.. als spätesten Liefertermin benannt. Ermitteln Sie mithilfe der Rückwärtsterminierung den Termin, an dem die Sommerfeld Bürosysteme spätestens mit der Arbeit beginnen müsste. Nutzen Sie dazu die weitere Vorlage auf Seite 36.

Berücksichtigen Sie, dass der Transport per Seefracht abgewickelt wird, sodass der Transport auch am Wochenende terminiert werden kann. Die Anlieferung beim Kunden erfolgt am letzten Transporttag.

Netzplan

Balkendiagramm

Nr.	Vorgangsbezeichnung	Vorgangsdauer in Tagen																							
		1	2	3	4	5	6	7	8	9	10	11	12	13	14	15	16	17	18	19	20	21	22	23	24
1	Auftragsplanung																								
2	Bearbeitung der Tischplatten																								
3	Zwischenkontrolle																								
4	Bearbeitung der Tischbeine																								
5	Bearbeitung der Zeitungsablagen																								
6	Montage																								
7	Endkontrolle																								
8	Verpackung/ Versandvorbereitung																								
9	Transport																								

Vorwärtsterminierung

Nr.	Vorgangsbezeichnung	Fertigungs-/Auslieferungsplanung Juli 20..																														
		1	2	3	4	5	6	7	8	9	10	11	12	13	14	15	16	17	18	19	20	21	22	23	24	25	26	27	28	29	30	31
1	Auftragsplanung						W	W						W	W						W	W						W	W			
2	Bearbeitung der Tischplatten						W	W						W	W						W	W						W	W			
3	Zwischenkontrolle						W	W						W	W						W	W						W	W			
4	Bearbeitung der Tischbeine						W	W						W	W						W	W						W	W			
5	Bearbeitung der Zeitungsablagen						W	W						W	W						W	W						W	W			
6	Montage						W	W						W	W						W	W						W	W			
7	Endkontrolle						W	W						W	W						W	W						W	W			
8	Verpackung/ Versandvorbereitung						W	W						W	W						W	W						W	W			
9	Transport						W	W						W	W						W	W						W	W			

Rückwärtsterminierung

1	Auftragsplanung						W	W						W	W						W	W						W	W			
2	Bearbeitung der Tischplatten						W	W						W	W						W	W						W	W			
3	Zwischenkontrolle						W	W						W	W						W	W						W	W			
4	Bearbeitung der Tischbeine						W	W						W	W						W	W						W	W			
5	Bearbeitung der Zeitungsablagen						W	W						W	W						W	W						W	W			
6	Montage						W	W						W	W						W	W						W	W			
7	Endkontrolle						W	W						W	W						W	W						W	W			
8	Verpackung/ Versandvorbereitung						W	W						W	W						W	W						W	W			
9	Transport						W	W						W	W						W	W						W	W			

W = Wochenende
A = Termin der Anlieferung beim amerikanischen Kunden

Lernsituation 10: Fertigungssteuerung durchführen

Ausgangssituation: Emilia und Leon erstellen eine Maschinenbelegung und nehmen Optimierungen vor

Vor zwei Wochen haben sich Emilia und Leon mit der Fertigungsplanung der Sommerfeld Bürosysteme GmbH beschäftigt (vgl. Lernsituation 1). Heute haben die beiden die Gelegenheit mit Herrn Weselberg über ihre Arbeitsergebnisse zu sprechen. Dabei fallen diesem direkt einzelne Werte ins Auge. Herr Weselberg: „Sehen Sie hier, unsere Cana Polsterbank ist ein typisches Beispiel für unsere Planungsprobleme. Während insbesondere unsere Stammkunden zu Jahresbeginn und dann nur etwa bis zur Jahresmitte Aufträge platzieren, werden im zweiten Halbjahr kaum Aufträge erteilt. Das sind wichtige Informationen, die nicht immer einfach zu planen sind. Schauen wir uns z. B. die Lackierei an. Hier muss das Gestell für unsere Polsterbank zunächst in Lackierautomat LA2, bevor es nach einem Aufenthalt in der Trockenkammer T50 noch manuell nach Kundenwunsch farbig mit Spritzpistole LM4 lackiert und abschließend nochmal in T50 getrocknet wird. Das wäre alles kein Problem, wenn nicht unsere anderen Produkte auch die verschiedenen Anlagen belegen würden. Wenn Sie sich die aktuellen Aufträge anschauen, verstehen Sie sicher, was ich meine."

Neben einem kleinen Auftrag eines Neukunden über 150 Cana Polsterbänke liegen für die Lackiererei aktuell zwei weitere Aufträge für andere Produkte vor, die die verschiedene Lackieranlagen und die Trockenkammer belegen.

Auftrag Neukunde (N)	
Anlage	Dauer in Std.
LA2	32
T50	16
LM4	32
T50	16

Auftrag Bürofachhandel Karl Schneider GmbH (S)	
Anlage	Dauer in Std.
LM4	16
LA2	40
T50	16

Auftrag Büromöbel Müller GmbH (M)	
Anlage	Dauer in Std.
LM4	32
T50	16
LA2	24
T50	8

ARBEITSAUFTRÄGE

1 Planen Sie die vorliegenden Aufträge unter der Vorgabe, dass der Neukundenauftrag zum frühestmöglichen Zeitpunkt in die Auslieferung gehen soll, in das folgende Schema ein. Für Endmontage, Endkontrolle und Versandvorbereitung des Neukundenauftrags muss jeweils ein Arbeitstag (= 8 Arbeitsstunden) einkalkuliert werden. Nach wie vielen Arbeitstagen kann die Auslieferung des Neukundenauftrags vorgenommen werden?

Einplanung der Aufträge bei Bevorzugung des Neukundenauftrags:

Arbeitstage / Anlage	1	2	3	4	5	6	7	8	9	10	11	12	13	14	15	16
LA2																
LM4																
T50																

2 Für Herrn Weselberg ist das Ergebnis zwar nachvollziehbar, aber aus Kostengründen möchte er die drei Aufträge mit der kürzesten Durchlaufzeit einplanen. Optimieren Sie das Arbeitsergebnis aus Aufgabe 1 und erläutern Sie, welche weiteren Gründe gegen eine Bevorzugung des Neukunden sprechen könnten.

Optimale Einplanung der drei Aufträge:

Arbeitstage / Anlage	1	2	3	4	5	6	7	8	9	10	11	12	13	14	15	16
LA2																
LM4																
T50																

Lernsituation 11: Prozesse auf dem Weg zur Qualitätssicherung nachvollziehen

Ausgangssituation: Instandhaltungsmaßnahmen planen und durchführen

Die Sommerfeld Bürosysteme GmbH produziert seit einigen Monaten den Tisch Kendo spezial für eine amerikanische Klinikkette. Das Unternehmen hat damit begonnen, in sämtlichen zum Konzern gehörenden Krankenhäusern ein neues Imagekonzept umzusetzen, wodurch die Wartezimmer der einzelnen Häuser neu eingerichtet werden. Aus diesem Grund sind zahlreiche größere Bestellungen bei der Sommerfeld Bürosysteme GmbH eingegangen.

Die dadurch stark angestiegene Nachfrage hat dazu geführt, dass insbesondere im Fertigungsbereich der Sägemaschinen (M 1–3) erforderliche Instandhaltungsmaßnahmen vernachlässigt wurden.

Erste Reklamationen bezüglich fehlerhafter Produkte sind in der vergangenen Woche bei Herrn Berger im Vertrieb eingegangen und heute Morgen ist es erneut zu einem Maschinenstillstand gekommen. In Absprache mit der Unternehmensleitung ist deshalb kurzfristig entschieden worden, dass ab sofort sämtliche erforderlichen Instandhaltungsmaßnahmen wieder plangemäß durchgeführt werden.

Als Leon Heller von den Fertigungsproblemen erfährt, ist er interessiert, was sich hinter den vernachlässigten Instandhaltungsmaßnahmen verbirgt. Von Herrn Berger hat er erfahren, dass dabei die Instandhaltung nach DIN 31051 in Inspektion, Wartung und Instandsetzung unterteilt werden kann.

ARBEITSAUFTRÄGE

1 Unterstützen Sie Leon Heller und vervollständigen Sie die nachfolgende Tabelle, indem Sie zunächst eine allgemeine Erklärung der Begriffe vornehmen und anschließend jeweils zwei konkrete Beispiele für die oben genannten Sägemaschinen anbringen.

	Inspektion	Wartung	Instandsetzung
Erklärung			

	Inspektion	Wartung	Instandsetzung
Beispiele			

2 Überlegen Sie, welche weiteren Gründe für die Entscheidung der Unternehmensleitung der Sommerfeld Bürosysteme GmbH vorliegen, die erforderlichen Instandhaltungsmaßnahmen wieder durchzuführen.

3 Beurteilen Sie, ob die Sommerfeld Bürosysteme GmbH in dieser Situation richtig gehandelt hat?

4 Die Sommerfeld Bürosysteme GmbH unterhält eine eigene Instandhaltungsabteilung, die für die Instandhaltung des Maschinenparks zuständig ist. In der Vergangenheit hat das Unternehmen mehrfach Angebote über Wartungsverträge von selbstständigen Dienstleistungsunternehmen erhalten, hat diese aber abgelehnt. Lediglich mit einem Maschinenbauunternehmen besteht ein langjähriger Wartungsvertrag für die Anlagen des Herstellers. Überlegen Sie, welche Vorteile bzw. Nachteile mit den drei genannten Alternativen verbunden sind und beschreiben Sie jeweils mindestens zwei.

	Instandhaltung durch die eigene Instandhaltungsabteilung	Wartungsverträge mit dem Hersteller der Anlage	Wartungsverträge mit einem selbstständigen Dienstleistungsunternehmen
Vorteile:			
Nachteile:			

Lernsituation 12: Qualitätskontrolle und Qualitätssicherung durchführen

Ausgangssituation I: Qualität, nur eine Frage der Kosten?

Die planmäßige Durchführung der Instandhaltungsmaßnahmen und die Intensivierung der Qualitätskontrolle haben für die Sommerfeld Bürosysteme GmbH die gewünschte Wirkung gezeigt (vgl. Lernsituation 11), sodass die Kundenreklamationen deutlich reduziert werden konnten. Gleichzeitig sind aber die Prüfkosten durch zusätzlichen Personal- und Prüfmittelbedarf stark angestiegen.

Darüber hinaus hat das Unternehmen verschiedene Maßnahmen ergriffen, die das Entstehen von Fehlern vermeiden sollen. Damit verbundene Fehlervermeidungskosten und die oben angesprochenen Prüfkosten werden von der Unternehmensleitung kritisch betrachtet. Es soll geprüft werden, ob diese Kosten durch die Senkung der Fehlerkosten überhaupt überkompensiert werden.

Folgende Informationen zur Entwicklung der Fehlerkosten und der Fehlervermeidungs- bzw. Prüfkosten sind für die Fertigung des Tisches Kendo spezial gegeben:

Fehlerquote	Fehlerkosten	Fehlervermeidungs- und Prüfkosten	Qualitätskosten
0 %	0,00 €	4 000,00 €	
2 %	260,00 €	2 500,00 €	
4 %	520,00 €	1 500,00 €	
6 %	780,00 €	1 000,00 €	
8 %	1 040,00 €	760,00 €	
10 %	1 300,00 €	560,00 €	

ARBEITSAUFTRÄGE

1 Folgende Sachverhalte verursachen Qualitätskosten bei der Sommerfeld Bürosysteme GmbH. Ordnen Sie diese den Arten der Qualitätskosten zu:

Qualitätskosten → / Sachverhalte ↓	Fehlervermeidungskosten	Prüfkosten	Fehlerkosten/ Fehlerfolgekosten
Beim Angebotsvergleich ist die Qualität der Holzplatten ein besonders wichtiges Kriterium.			
Für die vom Werkzeugbau der Sommerfeld Bürosysteme GmbH hergestellten Anlagen muss ein Qualitätsgutachten erstellt werden.			
Aufgrund von Laboruntersuchungen wurde ein Fehler in der Zusammensetzung des Klebers der Schutzfolie entdeckt.			
Die Unternehmensleitung der Sommerfeld Bürosysteme GmbH setzt „Qualitätszirkel der Beschäftigten“ ein.			
Nach dem Zufallszahlen-Verfahren erfolgt eine Kontrolle der gefertigten Tische.			
Von 1 000 gefertigten Tischen des Fertigungsauftrags C 45/XI waren 56 Tische nicht in Ordnung.			

Qualitätskosten → Sachverhalte ↓	Fehler-vermeidungs-kosten	Prüfkosten	Fehlerkosten/ Fehlerfolge-kosten
Bei 24 Kundenreklamationen mussten kostenlose Reparaturen durchgeführt werden.			
Das Qualitätsmanagement der Sommerfeld Bürosysteme GmbH hat eine „Prüfplanung" für den Unternehmensbereich Fertigung entwickelt.			

2 Ermitteln Sie mithilfe der in der Ausgangssituation abgebildeten Tabelle die Qualitätskosten und die kostenminimale Fehlerquote und übertragen Sie Ihr Ergebnis in eine grafische Darstellung.

Ermittlung der kostenminimalen Fehlerquote:

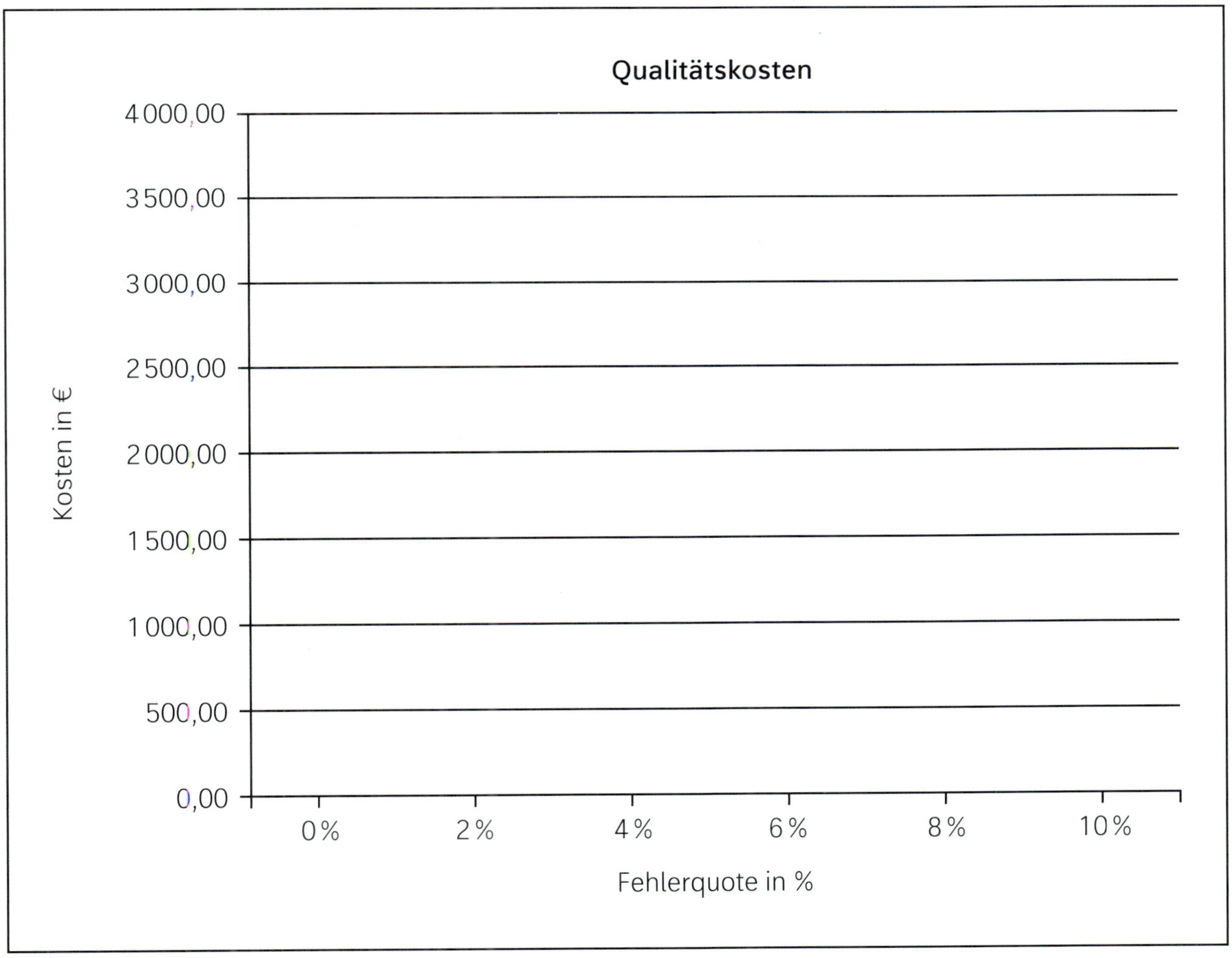

3 Die Sommerfeld Bürosysteme GmbH plant, sich zukünftig an der ermittelten „optimalen" Fehlerquote zu orientieren. Beurteilen Sie diese Planung. Welche Argumente können gegen dieses Vorhaben aufgeführt werden?

Ausgangssituation II: Qualitätsprobleme und die Folgen

Obwohl Werner Wolf, Qualitätsbeauftragter der Sommerfeld Bürosysteme GmbH, seine Bedenken bezüglich der Orientierung an der „optimalen" Fehlerquote geäußert hat, wurde diese Vorgabe in den Folgemonaten umgesetzt. Zufrieden konnte Frau Farthmann, die für die Produktion und Beschaffung verantwortliche Geschäftsführerin, feststellen, dass die Qualitätskosten daraufhin etwas reduziert werden konnten. Doch als ihr Emilia Schaub, Auszubildende bei der Sommerfeld Bürosysteme GmbH, am heutigen Morgen die aktuelle Ausgabe des Essener Morgenecho vorlegt, verschlägt es ihr beim Anblick der größten Schlagzeile des Regionalteils fast die Sprache.

Hygienebestimmungen nicht eingehalten

Amerikanische Klinikkette erwägt Klage gegen deutschen Büromöbelhersteller. Schutzfolien minderwertig und schlecht verarbeitet.

Essen/Boston Die Sommerfeld Bürosysteme GmbH, ein namhafter Hersteller von Büromöbeln mit Sitz in Essen, exportiert seit einigen Monaten erfolgreich Erzeugnisse aus der eigenen Produktgruppe „Pause, Speisen, Aufenthalt" in die USA. Dabei konnte das Unternehmen eine nordamerikanische Krankenhauskette als neuen Großkunden gewinnen.

Obwohl das Unternehmen auch auf dem deutschen Markt Krankenhäuser zu seinen Kunden zählt, handelt es sich bei dem speziell für den Wartebereich der Kliniken des amerikanischen Kunden entwickelten Tisch um Neuland für die Sommerfeld Bürosysteme GmbH. Die vom Kunden geforderte Schutzfolie zur Einhaltung der amerikanischen Hygienebestimmungen wurde (nach aktuellem Kenntnisstand der Redaktion) bislang nicht in der Fertigung der Bürosysteme GmbH eingesetzt. Genau diese Folien sorgen jetzt für Ärger.

In mehreren Fällen soll sich die Folie an den Tischen abgelöst haben, wodurch die Krankenhauskette gezwungen war, diese Tische bei der Sommerfeld Bürosysteme GmbH zu reklamieren. Diese Probleme konnten durch Ersatzlieferungen behoben werden. Weit schwerwiegender könnten die Folgen sein, wenn sich herausstellen sollte, dass die neuen Vorwürfe auf die fehlerhaften Produkte der Sommerfeld Bürosysteme GmbH zurückzuführen sind.

Nach Angaben der amerikanischen Krankenhauskette wurde in fünf voneinander unabhängigen Fällen Klage gegen die Klinik eingereicht. Dabei haben Patienten aus drei Kliniken Anschuldigungen wegen gefährlicher Körperverletzung bzw. Gesundheitsgefährdung erhoben. Die Patienten waren dabei in Kontakt mit dem Klebemittel der Folien gekommen und klagten danach über eine starke Hautrötung und hartnäckigen Juckreiz. Darüber hinaus hat sich ein kleines Mädchen eine tiefe Schnittwunde an der Hand zugezogen, diese musste anschließend in der Klinik behandelt werden. Nach Angaben des Unternehmens ist auch diese Verletzung auf die scharfkantige Folie zurückzuführen, welche sich auch in diesem Fall von der Tischplatte abgelöst hatte.

Die von verschiedenen renommierten Anwälten vertretenen Patienten fordern Schadenersatz für die Gesundheitsgefährdungen bzw. Körperverletzungen ihrer Mandanten. Sollten die Klagen erfolgreich verlaufen, ist davon auszugehen, dass die Klinikkette Regressansprüche gegen ihren deutschen Büromöbellieferanten geltend machen wird. Stellt sich dabei tatsächlich heraus, dass eine mangelhafte Verarbeitung der Schutzfolien für die entstandenen Schädigungen ursächlich war, sind die möglicherweise weitreichenden Folgen für die Bürosysteme Sommerfeld GmbH noch nicht absehbar.

Nachdem Frau Farthmann entsetzt den Zeitungsartikel gelesen hat, ist sie sichtlich nervös.

Frau Farthmann: „Frau Schaub, machen Sie bitte eine Kopie von dem Zeitungsartikel und bringen Sie diese bitte direkt zu Frau Berg oder zu Herrn Remmers."

Emilia Schaub: „Sehr gern, Frau Farthmann, aber sollten wir nicht erst Herrn Weselberg in der Fertigung über die Probleme informieren?"

Frau Farthmann: „Natürlich werde ich Herrn Weselberg umgehend informieren, aber jetzt ist es erst einmal wichtig, dass wir in der Öffentlichkeit eine Stellungnahmen abgeben. Deshalb müssen unsere für Public Relations verantwortlichen Mitarbeitenden sofort eine Pressemitteilung vorbereiten und diese gleichzeitig auf unserer Homepage veröffentlichen. Sorgen Sie bitte dafür, dass sich einer von beiden noch heute darum kümmert."

Emilia Schaub macht sich sofort auf den Weg und trifft Frau Berg glücklicherweise in ihrem Büro an. Als Emilia ihr den Zeitungsartikel vorlegt, reagiert diese leicht genervt: „Als ob ich sonst nichts zu tun hätte, als Pressemitteilungen herauszugeben. Unser neues Messeprospekt muss ich auch noch fertigstellen", so Frau Berg.

ARBEITSAUFTRÄGE

1 Helfen Sie Frau Berg und bereiten Sie eine Pressemitteilung vor, die den Standpunkt der Sommerfeld Bürosysteme GmbH möglichst positiv darstellt. Dabei ist es aber zwingend erforderlich keine unzutreffenden Angaben zu machen.

Pressemitteilung der

Sommerfeld Bürosysteme GmbH

Überschrift: ____

2 Benennen Sie Gründe, warum Frau Farthmann darauf drängt, dass sofort eine Pressemitteilung bezüglich des Zeitungsartikels veröffentlicht wird.

3 Die Vorkommnisse sollen sich zukünftig nicht wiederholen, deshalb will die Sommerfeld Bürosysteme GmbH die bislang verwendeten Verfahren der Qualitätskontrolle überprüfen und gegebenenfalls verbessern. Herr Wolf, Qualitätsbeauftragter, vertritt den Standpunkt: „Nur eine 100-Prozent-Kontrolle garantiert die Qualität unserer Erzeugnisse und somit Kundenzufriedenheit." Nehmen Sie kritisch Stellung zur Aussage von Herrn Wolf.

4 Die Sommerfeld Bürosysteme GmbH überlegt, wie die nachfolgenden Kontrollverfahren zur Qualitätskontrolle bei der Herstellung des Tisches Kendo spezial zum Einsatz kommen können. Benennen Sie Beispiele für die Anwendung der nachfolgenden Kontrollverfahren und begründen Sie jeweils Ihre Entscheidung.

Kontrollverfahren	Beispiel und Begründung
100-Prozent-Kontrolle	
Stichprobenkontrolle	
Eingangskontrolle	

Kontrollverfahren	Beispiel und Begründung
Zwischenkontrolle	
Endkontrolle	
Fremdkontrolle	
Variablenprüfung (Toleranzenkontrolle)	
Attributprüfung (Gut-schlecht-Prüfung)	

Lernsituation 13: Sicherung der Termineinhaltung gewährleisten

Ausgangsituation: Kurzfristige Zusatzaufträge in der Produktionsplanung berücksichtigen

Nach der Umsetzung umfangreicher Maßnahmen im Qualitätsmanagement hat sich die Sommerfeld Bürosysteme GmbH mittlerweile erfolgreich auf dem nordamerikanischen Markt positionieren können. Insbesondere die Produkte der Kendo-Serie kommen gut bei den amerikanischen Kunden an. Ein Versicherungskonzern und mehrere Großhandelsunternehmen haben im September 20.. größere Aufträge platziert. Besonders der *Kendo Stuhl stapelbar* wurde in großer Stückzahl geordert.

Daniel Berger, Leiter Vertrieb Nordamerika, ist begeistert von der positiven Entwicklung und hat die nachfolgenden Aufträge bereits angenommen.

Auftragsübersicht: Kendo Stuhl stapelbar			
Auftragsnr.	**Kunde**	**Bestellmenge**	**Liefertermin**
24-107	Smith Insurance Comp.	40 Stück	21. Nov. 20..
24-108	ATT Wholesale Inc.	120 Stück	28. Nov. 20..
24-109	Blackburn Sales Inc.	100 Stück	20. Nov. 20..

Am heutigen 4. Oktober erhält Horst Weselberg, Produktionsleiter bei der Sommerfeld Bürosysteme GmbH, die aktuellen Fertigungsaufträge. Entsetzt stellt er fest: „Wie sollen wir das denn hinbekommen, zusätzlich zu den bereits eingeplanten 60 Stück Kendo stapelbar noch weitere Aufträge zu produzieren, die in den kommenden Wochen ausgeliefert werden müssen."

Folgende Arbeiten sind zur Herstellung des Kendo Stuhl stapelbar umzusetzen:

Nr.	Bezeichnung	Ausführungszeit pro Stück in Zeitminuten
1	Gestell biegen	6
2	Bohrungen am Gestell	3
3	Lackierung Gestell	15
4	Zuschnitt Sitzplatte	12
5	Polsterung Sitzplatte	8
6	Montage	8
7	Qualitätskontrolle	4
8	Verpackung und Versandvorbereitung	4

Die Arbeitsvorgänge am Gestell und an der Sitzplatte können parallel durchgeführt werden. Zur Vorbereitung aller Arbeitsplätze sind 2 Stunden und 40 Minuten erforderlich (Rüstzeit).

Für die Anlieferung beim Kunden (inkl. Seetransport) werden 8 Tage benötigt. Der Transport wird auch am Wochenende durchgeführt. Das gesamte Auftragsvolumen der amerikanischen Kunden kann mit einem Überseecontainer transportiert werden.

Kalenderauszug:

Oktober

	Mo	Di	Mi	Do	Fr	Sa	So
40	30	1	2	3	4	5	6
41	7	8	9	10	11	12	13
42	14	15	16	17	18	19	20
43	21	22	23	24	25	26	27
44	28	29	30	31	1	2	3

November

	Mo	Di	Mi	Do	Fr	Sa	So
44	28	29	30	31	1	2	3
45	4	5	6	7	8	9	10
46	11	12	13	14	15	16	17
47	18	19	20	21	22	23	24
48	25	26	27	28	29	30	1

Dezember

	Mo	Di	Mi	Do	Fr	Sa	So
48	25	26	27	28	29	30	1
49	2	3	4	5	6	7	8
50	9	10	11	12	13	14	15
51	16	17	18	19	20	21	22
52	23	24	25	26	27	28	29
01	30	31	1	2	3	4	5

Der 31. Oktober ist **kein**, der 1. November ist **ein** bundesweiter Feiertag!

ARBEITSAUFTRÄGE

1 Auch wenn Herr Weselberg von den kurzfristigen Produktionsaufträgen alles andere als begeistert ist, kann er die Bedeutung der Aufträge für die Positionierung auf dem amerikanischen Markt nachvollziehen. Deshalb beginnt er sofort seine Produktionsplanung zu überarbeiten. Er stellt fest, dass die Produktion sämtlicher Aufträge, die für den Kendo Stuhl stapelbar vorliegen, frühstens am Donnerstag, den 10. Oktober 20.. beginnen kann. Um weitere Verzögerungen zu vermeiden, wird ab diesem Tag die komplette erforderliche Menge hergestellt.

a) Ermitteln Sie die Produktionsdauer in Tagen.

b) Ermitteln Sie, wann das Gesamtauftragsvolumen der amerikanischen Kunden frühestens in den USA eintrifft, wenn die Auslieferung am Tag nach der Fertigstellung des Produktionsauftrags beginnt.

2 Herr Weselberg ist genervt. „Habe ich es mir doch gedacht. Aufträge annehmen, ohne die Machbarkeit bezüglich der Termineinhaltung zu prüfen. Wie sollen wir das noch hinbekommen?"

Mit den amerikanischen Neukunden wurden Vertragsstrafen vereinbart, wenn es zu Lieferungsverzögerungen kommen sollte (1 € = 1,10 $):

- Smith Insurance Comp. 900,00 $/Arbeitstag
- ATT Wholesale Inc. 1 900,00 $/Arbeitstag
- Blackburn Sales Inc. 2 200,00 $/Arbeitstag

Herrn Weselberg bleibt nichts anderes übrig als Beschleunigungen der Fertigung in Betracht zu ziehen, um die Aufträge zu „retten". Folgende Zusatzkosten (u. a. durch Überstunden und zusätzlichen Maschinenverschleiß) müssen eingeplant werden:

- 1. bis 2. Arbeitstag + 1 100,00 €/Tag
- 3. bis 4. Arbeitstag + 2 400,00 €/Tag
- 5. Arbeitstag + 3 200,00 €/Tag

a) Überprüfen Sie, welche kostenrechnerischen Auswirkungen eine Beschleunigung der Fertigung um 5 Arbeitstage hätte.

b) Ermitteln Sie anschließend die kostenoptimale Beschleunigung der Fertigung und beurteilen Sie Ihr Ergebnis aus Sicht der Sommerfeld Bürosysteme GmbH.

3 Zukünftig sollen solche Probleme bei der Fertigungsplanung und der damit verbundenen Termineinhaltung vermieden werden.
a) Nennen Sie mögliche Ursachen von Terminverzögerungen.
b) Beschreiben Sie geeignete Maßnahmen zur Vermeidung von Terminverzögerungen.

Lernsituation 14: Maßnahmen zur kontinuierlichen Verbesserung von Fertigungsprozessen und Produkten berücksichtigen

Ausgangssituation I: Optimierungspotenziale erkennen und die Wettbewerbsfähigkeit verbessern

Nach vereinzelten Startschwierigkeiten in den ersten Jahren auf dem nordamerikanischen Markt hat sich die Sommerfeld Bürosysteme GmbH erfolgreich etablieren können und zählt mittlerweile neben einer Krankenhauskette auch einen Versicherungskonzern und einige Bürobedarfshändler zu seinen Kunden.

Obwohl das Unternehmen insgesamt gute Auftragszahlen auf dem amerikanischen Markt verzeichnet, konnten insbesondere im abgelaufenen Quartal mehrere abgegebene Angebote nicht zum Auftragsabschluss gebracht werden. Nach Aussage einzelner potenzieller Kunden waren lange Lieferzeiten und höhere Preise ausschlaggebend für die Entscheidung gegen den deutschen Büromöbelhersteller.

In einem eigens zu diesem Thema angesetzten Abteilungsleitungsmeeting sollen mögliche Maßnahmen erörtert werden, wie die Sommerfeld Bürosysteme GmbH auf den wachsenden Wettbewerbsdruck auf dem nordamerikanischen Markt reagieren kann.

Folgende Ansatzpunkte zur Verbesserung wurden im Protokoll festgehalten:

Sommerfeld Bürosysteme GmbH

Protokoll vom: **24.11.20..**
Thema: **Marktsituation USA/Optimierungspotenziale**

TOP 1:
Frau Farthmann schlägt vor, insbesondere bei den Erzeugnissen für den amerikanischen Markt eine Produktoptimierung durch eine gezielte Materialienauswahl zu erreichen. Dabei sollten insbesondere durch Normung, Typung und die Anwendung des Baukastensystems Kosteneinsparungen angestrebt werden.

TOP 2:
Herr Lanzetti, Abteilungsleiter Logistik und Beschaffung, sieht Einsparungspotenziale bei Baugruppen und Erzeugnissen, die bislang in kleinen und damit wenig lukrativen Fertigungslosen hergestellt wurden. Hierbei sollte eine Fremdfertigung in Betracht gezogen werden.

TOP 3:
Herr Feld, Geschäftsführer der Verwaltung, stellt eine Optimierung der Durchlaufzeiten als wesentliche Voraussetzung zur dauerhaften Wettbewerbsfähigkeit in den Vordergrund. Dabei sollten die Möglichkeiten des CIM in den Fokus der Überlegungen gestellt werden.

Emilia Schaub ist von Frau Farthmann damit beauftragt worden, das Sitzungsprotokoll im Protokollordner abzulegen und gleichzeitig eine Kopie an alle Abteilungsleitungen zu verteilen. Als Emilia die Themenbeiträge liest, fällt ihr besonders der Vorschlag von Frau Farthmann ins Auge. Bei Herrn Lanzetti angekommen, spricht Emilia ihn auf die angesprochene Normung, Typung und das Baukastensystem an. Herr Lanzetti ist erfreut über Emilias Interesse und legt ihr einige Listen mit Erzeugnissen und den dafür erforderlichen Materialien vor. „Hier, Frau Schaub, das sind die Produkte, die sich bislang am besten auf dem nordamerikanischen Markt verkaufen. Schauen Sie sich die einzelnen Materialien, Baugruppen und fertigen Erzeugnisse einmal genau an. Welche Möglichkeiten zur Normung und Typung halten Sie für sinnvoll und wo wäre ein Baukastensystem denkbar?“

Die erfolgreichsten Exporterzeugnisse für den nordamerikanischen Markt:
Erzeugnisstruktur „Tisch Kendo spezial“:

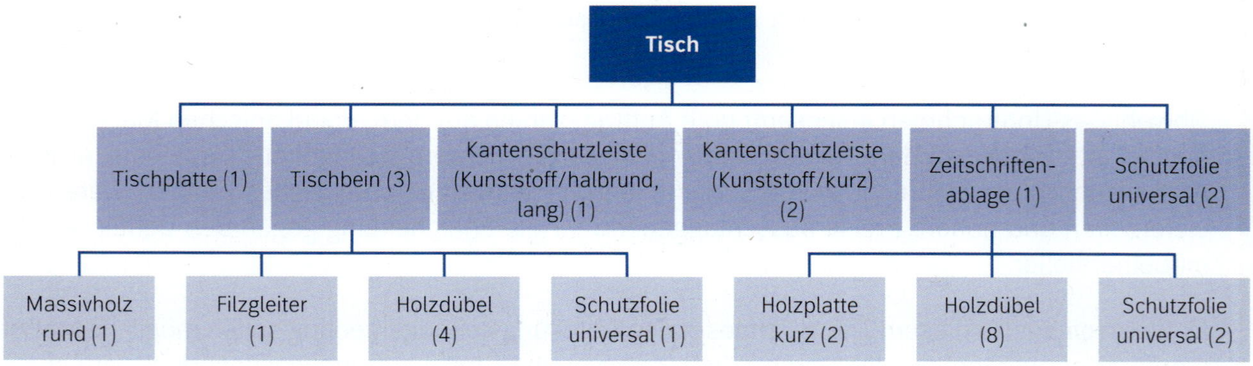

Erzeugnisstruktur „Tisch Kendo quadratisch“ und „Tisch Kendo rechteckig“:

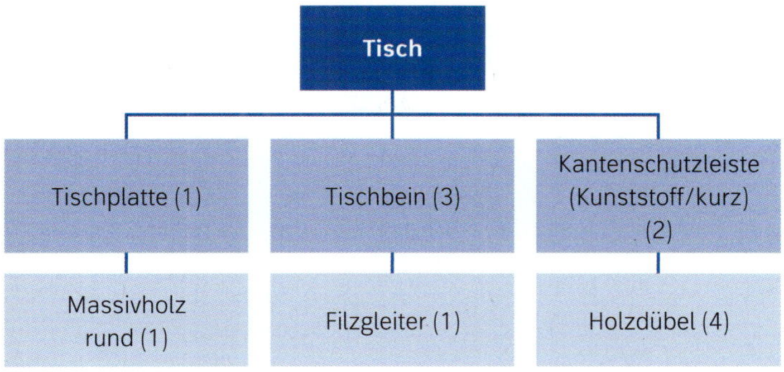

Erzeugnisstruktur „Stuhl Kendo stapelbar“

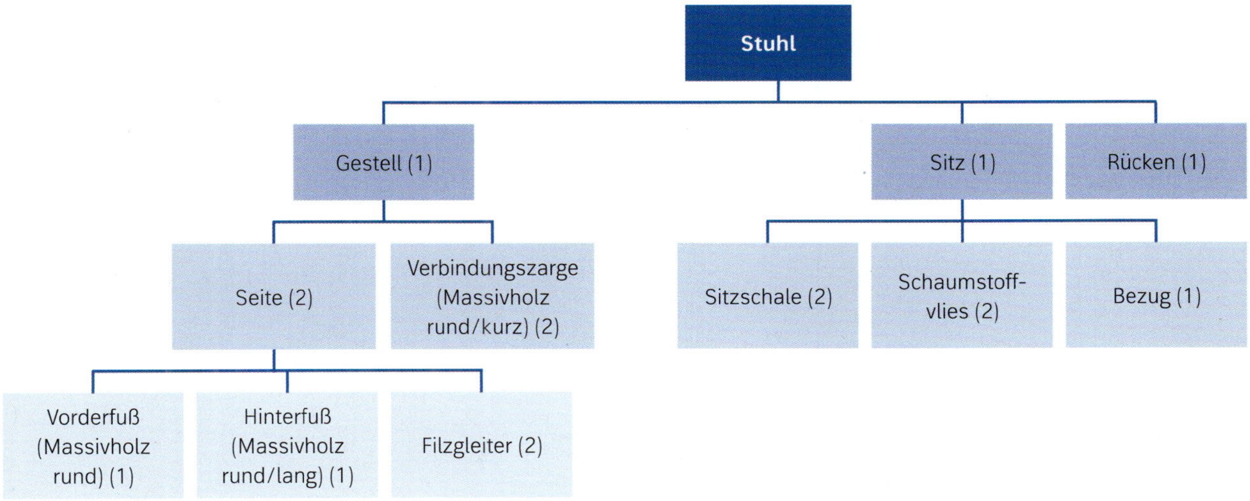

ARBEITSAUFTRAG

Entnehmen Sie den angegebenen Informationen über die Erzeugnisse mögliche Materialien, Baugruppen oder fertige Erzeugnisse, die besonders hinsichtlich Normung, Typung und dem Baukastensystem Kosteneinsparungspotenziale besitzen. Halten Sie Ihre Arbeitsergebnisse in der nachfolgenden Tabelle fest und begründen Sie Ihre Entscheidungen.

Produktoptimierung	Beispiel	Begründung
Normung		
Typung		
Baukastensystem		

Ausgangssituation II: Kosteneinsparungen durch Fremdbezug realisieren

Nachdem Emilia Schaub die Optimierungsmöglichkeiten mit Herrn Lanzetti besprochen hat, legt er ihr seine Überlegungen hinsichtlich seines Beitrags zum Abteilungsleitermeeting (TOP 2) vor. Herr Lanzetti möchte prüfen, ob es sinnvoll wäre, die aus zwei Sitzschalen, Schaumstoffvlies und Stoffbezug aufwendig hergestellten Sitzflächen des Stuhls Kendo stapelbar zukünftig von einem Lieferanten als komplette Baugruppe herstellen zu lassen. Die Materialkosten zur Herstellung eines Sitzes belaufen sich auf 5,75 €, es fallen Lohnkosten in Höhe von 7,70 € und anteilige Energiekosten 0,35 € an. Die anteiligen Abschreibungen für die zur Herstellung des Sitzes eingesetzten Fertigungsanlagen liegen bei 35 500,00 € pro Jahr. Im abgelaufenen Geschäftsjahr konnten 42 000 Stühle produziert und verkauft werden. Für das laufende Geschäftsjahr zeichnet sich eine leichte Verbesserung der Auftragslage ab; dabei wird eine Steigerung um 1 500 Stühle prognostiziert. Der Vertrieb der Sommerfeld Bürosysteme GmbH rechnet damit, dass die Nachfrage in der Produktgruppe 4 (Pause, Speise, Aufenthalt) mittelfristig auf dem momentan erreichten Niveau stagnieren könnte.

Herr Lanzetti hat bereits mit einem potenziellen Lieferanten für die Baugruppe „Sitzfläche" Kontakt aufgenommen. Das Unternehmen hat sich auf die Herstellung von Sitzflächen/-schalen spezialisiert und könnte diese ab einer jährlichen Abnahmemenge von 30 000 Stück zu einem Preis von 14,50 € je Sitz anbieten.

ARBEITSAUFTRÄGE

1. Überprüfen Sie rechnerisch, ob ein Fremdbezug der Sitzflächen dauerhaft kostengünstiger ist.

2. Ermitteln Sie den Kostenvorteil, der sich für die Sommerfeld Bürosysteme GmbH ergeben würden, wenn die Prognose des Vertriebs für die folgenden vier Jahre zutreffend wäre.

Rechnerische Überprüfung:

Ermittlung des Kostenvorteils:

Ausgangssituation III: CIM zur Verbesserung der Wettbewerbsfähigkeit anwenden

Erstaunt über die unterschiedlichen Möglichkeiten zur Rationalisierung und die damit verbundenen Kosteneinsparungen erinnert sich Emilia Schaub an den letzten Protokollpunkt des Abteilungsleitungsmeetings (TOP 3). Herr Feld fordert dabei eine Verkürzung der Durchlaufzeiten durch eine bessere Nutzung der Möglichkeiten des CIM. In der Berufsschule hat Emilia gelernt, dass CIM die Abkürzung für „Computer Integrated Manufacturing“ ist und dass damit ein einheitliches Konzept zur Zusammenfassung und Verknüpfung aller computerunterstützen Betriebs- und Unternehmensfunktionen angesprochen wird. „Wie soll uns das denn bei unseren Problemen auf dem amerikanischen Markt weiterhelfen?“, fragt sich Emilia.

ARBEITSAUFTRAG

Überlegen Sie, wie die in der nachfolgenden Tabelle genannten Anwendungsmöglichkeiten für den Computereinsatz in den verschiedenen Phasen der Produktentstehung zum Einsatz kommen und welche Bedeutung dies für eine Verbesserung der Absatzsituation auf dem amerikanischen Markt haben kann.

Anwendungsmöglichkeiten	Beschreibung der Anwendungsmöglichkeiten und Bedeutung für eine Verbesserung der Absatzsituation
CAD Computer Aided Design	
CAP Computer Aided Planning	
CAE Computer Aided Engineering	
CAM Computer Aided Manufacturing	
CAQ Computer Aided Quality Assurance	

Kompetenzcheck: Aufgaben zur Wiederholung und zur Prüfungsvorbereitung

Aufgabe 1

In einem Unternehmen der Lebensmittelindustrie werden Molkereiprodukte hergestellt. Auf einer Anlage können in einer Stunde maximal 180 Stück gefertigt werden, wobei zurzeit durchschnittlich 160 Stück produziert werden. Die Anlage läuft 320 Stunden im Monat. Die fixen Kosten der Anlage betragen im Monat 12 000,00 €. Die Materialkosten pro Stück belaufen sich auf 1,25 €; die Lohnkosten liegen bei 0,45 € je Stück und ein Erzeugnis wird für 2,20 € verkauft.

a) Ermitteln Sie den Beschäftigungsgrad der Fertigungsanlage.

b) Neben dem Beschäftigungsgrad können weitere Kapazitätsbegriffe unterschieden werden. Nennen Sie drei weitere Kapazitätsbegriffe und grenzen Sie diese von dem Beschäftigungsgrad ab.

c) Ermitteln Sie die variablen Kosten und die Gesamtkosten einer Monatsproduktion.

d) Berechnen Sie die gesamten Stückkosten und den Monatsgewinn der Molkerei bei einer Produktionsmenge von 160 Stück je Stunde.

Aufgabe 2

Die Andreas Schneider Holzwerke KG möchte die Fertigungslose mithilfe der nachfolgenden Tabelle optimieren. Die Rüstkosten und Lagerkosten verlaufen dabei proportional.

a) Vervollständigen Sie nachfolgende Tabelle:

Anzahl der Lose	Losgröße (Stück)	Rüstkosten	Lagerbestand (Stück)	Lagerhaltungskosten	Gesamtkosten
1					
2					
5					
10	36 000	5 000,00 €	18 000	9 000,00 €	
20					
30					

b) Ermitteln Sie die optimale Losgröße für dieses Produkt.

c) Nennen Sie zwei Gründe, die die Andreas Schneider Holzwerke KG veranlassen könnten, von der optimalen Losgröße abzuweichen.

Aufgabe 3

Die Speedy-Bike GmbH stellt u.a. die beiden in der nachfolgenden Erzeugnisstruktur dargestellten Produkte 1 und 2 her. Diese setzen sich aus verschiedenen Baugruppen (B) und Einzelteilen (E) in der jeweils in Klammern angegebenen Menge zusammen.

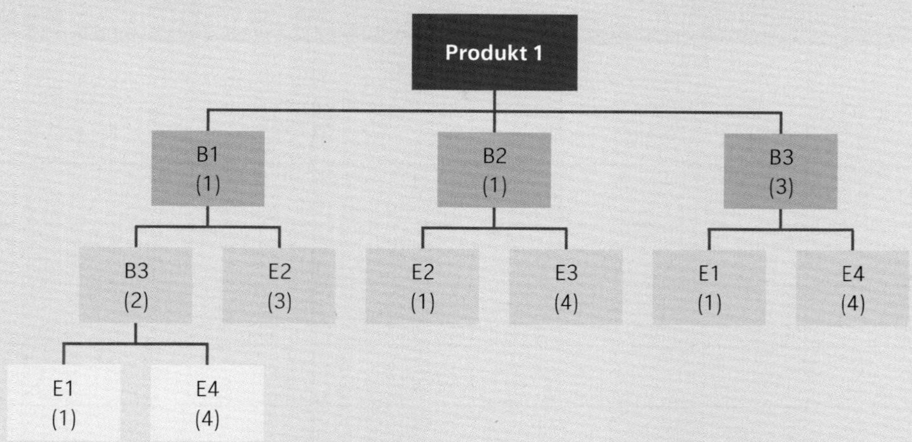

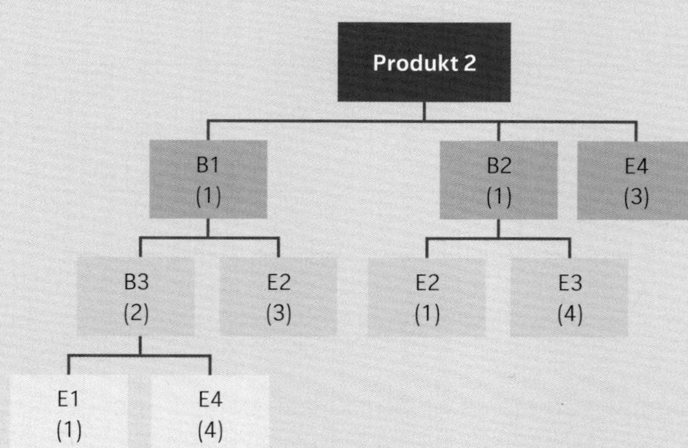

a) Erstellen Sie für die Produkte 1 und 2 jeweils eine Mengenübersichtsstückliste.

Mengenübersichtsstücklisten:

Produkt 1	
Baugruppe/Einzelteil	Anzahl

Produkt 2	
Baugruppe/Einzelteil	Anzahl

b) Erstellen Sie mithilfe der folgenden Vorlage eine Strukturstückliste für die beiden Produkte.

Fertigungsstufe	Produkt 1		Produkt 2	
	Baugruppe/ Einzelteil	Menge	Baugruppe/ Einzelteil	Menge

c) Erläutern Sie, welche Einsatzgebiete es für Stücklisten bei der Speedy-Bike GmbH gibt.

d) Ein Stammkunde bestellt 100 Stück von Produkt 3 (P3), ein Erzeugnis, das die Speedy-Bike-GmbH schon sehr lange im Sortiment führt. Nehmen Sie mithilfe der nachfolgend angegebenen Erzeugnisstruktur und der Ausführungszeiten eine Vorwärts- und Rückwärtsterminierung für die Fertigstellung dieses Kundenauftrags vor. Der Kunde erwartet die Fertigstellung der Erzeugnisse nach 15 Arbeitstagen.

Übersicht über die Ausführungszeiten

Baugruppe/ Einzelteil	Ausführungszeit (in Arbeitstagen)
B1	4
B2	6
B3	3
E1	2
E2	2
E3	4
E4	5
E5	2
P3	2

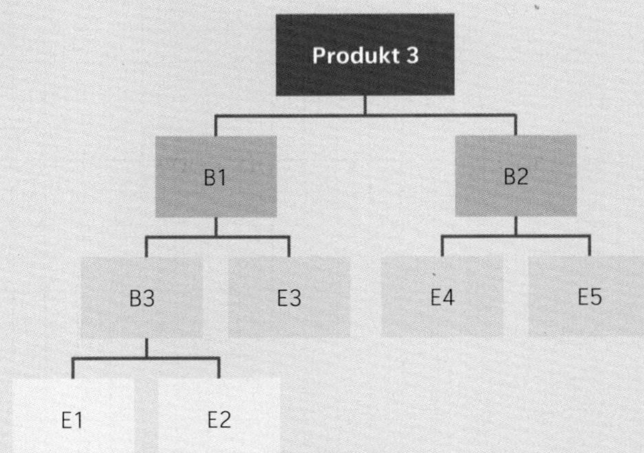

Vorwärtsterminierung:

Arbeitstage Baugruppe/ Einzelteil	1	2	3	4	5	6	7	8	9	10	11	12	13	14	15
B1															
B2															
B3															
E1															
E2															
E3															
E4															
E5															
P3															

Rückwärtsterminierung:

Arbeitstage Baugruppe/ Einzelteil	1	2	3	4	5	6	7	8	9	10	11	12	13	14	15
B1															
B2															
B3															
E1															
E2															
E3															
E4															
E5															
P3															

Aufgabe 4

Die Speedy-Bike GmbH plant die Aufnahme eines neuen Tandem-City-Rades ins Produktionsprogramm. Der nachfolgende Netzplan zeigt den Ablauf des Produktentwicklungsprozesses.

a) Vervollständigen Sie den Netzplan und ermitteln Sie die Anzahl der Tage bis zum Abschluss des Entwicklungsprozesses.

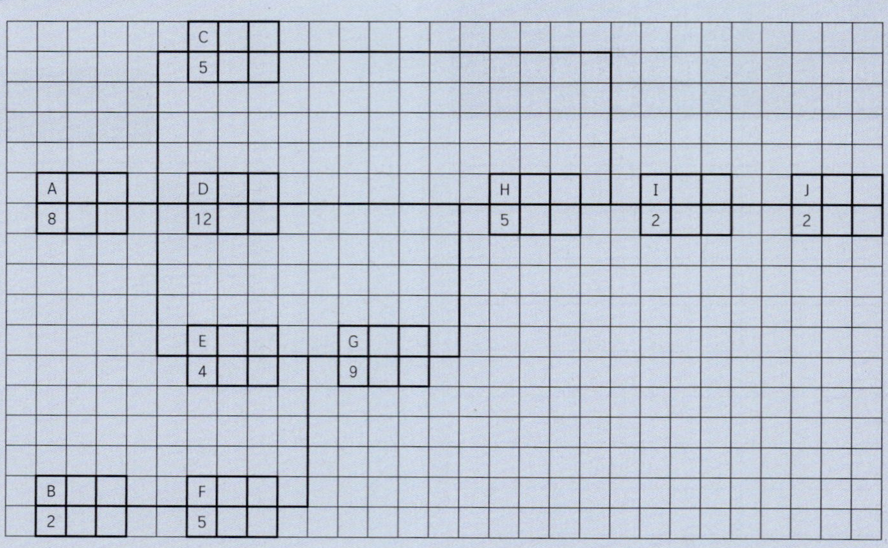

b) Bei den Vorgängen F und G kommt es häufig zu Verzögerungen. Erläutern Sie, welche Konsequenzen es hätte, wenn sich Vorgang F um vier und Vorgang G um zwei Arbeitstage verzögern würden.

___

___

___

___

___

___

___

Aufgabe 5

Bei der Speedy-Bike GmbH wurden im Rahmen der Qualitätssicherung die nachfolgenden Daten zur Entwicklung von Fehler- und Prüfkosten ermittelt:

Fehlerquote in %	Prüfkosten	Fehlerkosten
0	2 500,00 €	0,00 €
2	1 775,00 €	350,00 €
4	1 275,00 €	700,00 €
6	925,00 €	1 100,00 €
8	675,00 €	1 450,00 €
10	550,00 €	1 800,00 €
12	425,00 €	2 150,00 €
14	350,00 €	2 500,00 €

a) Ermitteln Sie die kostenoptimale Fehlerquote und erläutern Sie allgemein die Entwicklung von Prüf- und Fehlerkosten in Abhängigkeit von der Fehlerquote.

b) Nennen Sie mögliche Fehlerkosten bei der Speedy-Bike GmbH und erläutern Sie mögliche Gründe, warum das Unternehmen von der kostenoptimalen Fehlerquote abweichen könnte.

Aufgabe 6

Die Küchenmaschinen Meier GmbH stellt Küchengeräte für Großküchen und Privathaushalte her. Für die Produktgruppe Rührgeräte stehen Ihnen die nachfolgenden Daten für die ersten beiden Quartale des laufenden Geschäftsjahres zur Verfügung:

	1. Quartal 20..	2. Quartal 20..
Produktionsmenge/Absatzmenge	12000 Stück	18000 Stück
Gesamtkosten (fixe und variable Kosten)	172000,00 €	208000,00 €
Gesamterlöse	180000,00 €	270000,00 €

a) Unterscheiden Sie variable und fixe Kosten und nennen Sie jeweils zwei Beispiele der Küchenmaschinen Meier GmbH.

b) Berechnen Sie die variablen Kosten je Stück, die Fixkosten, den Verkaufspreis und die Gewinnschwelle, bei unveränderten fixen Kosten im 1. und 2. Quartal.

LERNFELD 7
Logistik- und Lagerprozesse koordinieren, umsetzen und überwachen

Lernsituation 15: Aufgaben und Ziele der Logistik verstehen

Ausgangssituation: Wenn's nicht rund läuft – Logistikprobleme erkennen und beheben

Leon Heller begleitet heute Herrn Lanzetti, Leiter Logistik und Materialbeschaffung, zu einem Krisenmeeting der Abteilungsleitungen mit Geschäftsführerin Claudia Farthmann. Bei der Sommerfeld Bürosysteme GmbH ist es in den letzten Monaten vermehrt zu Problemen in der Logistik gekommen. Das heutige Meeting soll dazu dienen, alle Problembereiche aufzuzeigen und über mögliche Lösungen zu diskutieren.

Die Stimmung im Konferenzraum der Sommerfeld Bürosysteme GmbH ist spürbar angespannt. Emilio Lanzetti nimmt neben seinen Kollegen Horst Weselberg (Produktionsleiter) und Peter Kraus (Vertriebsleiter) Platz. Weitere Teilnehmer des Meetings sind der Qualitätsbeauftragte Werner Wolf und die IT-Leiterin Benisha Singh. Claudia Farthmann eröffnet das Meeting:

Claudia Farthmann: „Guten Morgen, meine Damen und Herren. Danke, dass Sie alle den kurzfristig angesetzten Termin einrichten konnten. Wie Sie alle wissen, haben wir derzeit einige Probleme in unserer Logistik, die unsere Lagerung und Produktion aber letztendlich auch unsere Kundenbeziehungen stark beeinträchtigen. Ich habe dieses Meeting einberufen, um die Problemfelder gemeinsam zu besprechen und Lösungen zu finden. Herr Lanzetti, könnten Sie uns bitte einen Überblick über die aktuellen Herausforderungen in unserer Logistik geben?"

Emilio Lanzetti: „Natürlich, Frau Farthmann. Unsere Hauptprobleme liegen momentan in drei Bereichen: Verzögerungen bei der Beschaffung, ineffiziente Lagerhaltung und Probleme bei der Versandabwicklung unserer Produkte. Erstens haben wir seit mehreren Monaten Schwierigkeiten mit der termingerechten Lieferung einzelner Rohstoffe. Lieferanten halten zugesagte Liefertermine nicht ein, was unsere Produktionsabläufe durcheinanderbringt. Dies führt auch dazu, dass andere Werkstoffe und Teilerzeugnisse länger gelagert werden müssen. Das bedingt zweitens, dass wir in einigen Bereichen Engpässe in unseren Lagerkapazitäten haben, was zu Verzögerungen bei der innerbetrieblichen Materialversorgung führt. Und drittens leiden vermehrt unsere Kunden unter dieser Situation. Es gibt verstärkt Beschwerden von unseren Kundenüber verspätete Lieferungen, was unser Image und unsere Geschäftsbeziehungen belastet."

Horst Weselberg: „Diese Verzögerungen wirken sich auch massiv auf unsere Produktionslinie aus. Wir haben inzwischen regelmäßige Stillstandszeiten, die unsere Produktionskosten in die Höhe treiben und die Effizienz verringern. Besonders problematisch ist, dass wir häufig nicht wissen, wann die fehlenden Materialien eintreffen werden. Das macht eine effiziente Einsatzplanung von Beschäftigten und Maschinen fast unmöglich."

Peter Kraus: „Auch im Vertrieb sind die von Herrn Lanzetti angesprochenen Auswirkungen deutlich spürbar. Einzelne Stammkunden sind zunehmend unzufrieden mit den verspäteten Lieferungen, und wir haben bereits mehrere wichtige Aufträge verloren. Dies gefährdet unsere aktuellen Geschäftsbeziehungen und es schreckt auch potenzielle Neukunden ab."

Werner Wolf: „Hinzu kommt, dass die Qualität der angelieferten Rohstoffe teilweise mangelhaft ist. Wenn wir die erst kurz vor der Verarbeitung bemerken, führt das zu zusätzlichen Verzögerungen und erhöhten Kosten."

Benisha Singh: „Ein weiteres Problem ist die mangelnde Integration der einzelnen IT-Systeme. Jede Abteilung hat auf die spezifischen Bedürfnisse ausgelegte Software, die nicht ausreichend mit den anderen Abteilungen vernetzt ist. Diese fehlende Vernetzung führt z. B. dazu, dass Informationslücken und ineffiziente Prozesse zwischen Lagerverwaltung und Produktionssystem bestehen. Eine bessere IT-Infrastruktur könnte hier Abhilfe schaffen."

Claudia Farthmann: „Danke für die ausführlichen Darstellungen. Es ist offensichtlich, dass wir in verschiedenen Bereichen Verbesserungen vornehmen müssen. Lassen Sie uns jetzt über mögliche Lösungen diskutieren. Herr Lanzetti, haben Sie bereits Vorschläge, wie wir die logistischen Prozesse optimieren können?"

Emilio Lanzetti: „Ja, ich habe ein paar Ideen. Wir könnten beispielsweise mit unseren Lieferanten neue Rahmenverträge abschließen, die strengere Lieferbedingungen beinhalten. Zudem sollten wir über den Einsatz moderner Lagersysteme und eine bessere IT-Vernetzung nachdenken, um unsere Prozesse zu beschleunigen und transparenter zu machen."

Horst Weselberg: „Vielleicht könnten wir nicht nur die Lieferbedingungen mit unseren Lieferanten anpassen, sondern bei der Gelegenheit auch über eine engere Zusammenarbeit mit den Lieferanten sprechen, um unsere Bedarfe auf Basis der Produktionsplanung besser abzustimmen und Engpässe zu vermeiden."

Peter Kraus: „Ein Kundenportal, in dem unsere Kunden den Status ihrer Bestellungen in Echtzeit verfolgen können, könnte helfen, das Vertrauen wiederherzustellen und die Transparenz zu erhöhen."

Werner Wolf: „Und wir sollten prüfen, ob wir die Qualitätskontrollen bei der Warenannahme intensivieren können, um fehlerhafte Rohstoffe frühzeitig zu erkennen."

Benisha Singh: „Eine umfassende Digitalisierung unserer Prozesse wäre ein langfristiger Ansatz, um die Effizienz zu steigern. Wir könnten in ein integriertes ERP-System investieren, dass alle Abteilungen vernetzt und die Kommunikation verbessert. So ein Enterprise Resource Planning-System umfasst alle Kernprozesse, die zur Unternehmensführung erforderlich sind."

Claudia Farthmann: „Das klingt nach einem soliden Plan. Lassen Sie uns diese Ansätze weiter ausarbeiten und konkrete Maßnahmen definieren. Unser Ziel muss es sein, die Logistikprobleme schnellstmöglich in den Griff zu bekommen, um die Produktion zu stabilisieren und die Kundenzufriedenheit wiederherzustellen. Ich danke Ihnen für Ihre Teilnahme und Ihr Engagement."

ARBEITSAUFTRAG

Leon Heller, der das Meeting aufmerksam verfolgt hat, wurde von Herrn Lanzetti damit beauftragt ein Ergebnisprotokoll zum Meeting zu erstellen. Nutzen Sie die nachfolgende Protokollvorlage, um die angesprochenen Probleme und mögliche Lösungsansätze zu dokumentieren.

Ergebnisprotokoll: Abteilungsmeeting

Datum: 28.08.20..

Abteilung	Problemfelder	Lösungsansätze
Beschaffung/ Lagerung		
Produktion		
Qualität		
Absatz		
IT-Systeme		

Lernsituation 16: Die Aufgaben der Lagerhaltung kennenlernen

Ausgangssituation: Emilia erkundet das Lager der Sommerfeld Bürosysteme GmbH

Emilia Schaub wird nun schon fast einen Monat im Beschaffungswesen der Sommerfeld Bürosysteme GmbH ausgebildet und hat dabei die Aufgabengebiete der einzelnen Sachbearbeiter kennengelernt. Ihr Ausbildungsplan sieht vor, dass sie in den kommenden zwei Wochen bei Herrn Kunze, Lagerleiter bei der Sommerfeld Bürosysteme GmbH, eingesetzt wird, sodass sie mehr über Aufgaben und Ziele der Lagerhaltung erfahren kann.

Als sich Emilia an ihrem ersten Tag im Lager bei Herrn Kunze meldet, ist dieser etwas in Eile, weil er Herrn Lanzetti für ein Planungsgespräch erwartet. Deshalb beauftragt er Frau Schaub, sich zunächst einmal selbstständig mit den verschiedenen Funktionen des Lagers vertraut zu machen, bevor er Emilia am Nachmittag über ihre Ausbildung im Lager informieren wird.

ARBEITSAUFTRAG

Vervollständigen Sie die folgende Übersicht über die Funktionen der Materiallagerung, indem Sie diese Funktionen zunächst beschreiben und anschließend deren Bedeutung für die Lagerhaltung bei der Sommerfeld Bürosysteme GmbH erläutern.

Bereitstellungsfunktion	
Sicherungsfunktion	
Ausgleichsfunktion	

Veredelungsfunktion	
Spekulationsfunktion	
Umweltschutzfunktion	

Lernsituation 17: Möglichkeiten zur Lagerorganisation unterscheiden

Ausgangsituation: Alles an einem festen Ort oder chaotisch verteilt? – Leon erkundet die Lagerorganisation der Sommerfeld Bürosysteme GmbH

Bei der Sommerfeld Bürosysteme GmbH sind große Teile der Produktion durch eine zentrale Lagerung gekennzeichnet. Bei einem Rundgang durch die Fertigung hat sich Leon Heller einen Überblick verschafft und anschließend die nachfolgende Handskizze angefertigt. Auszug aus Leons Skizze:

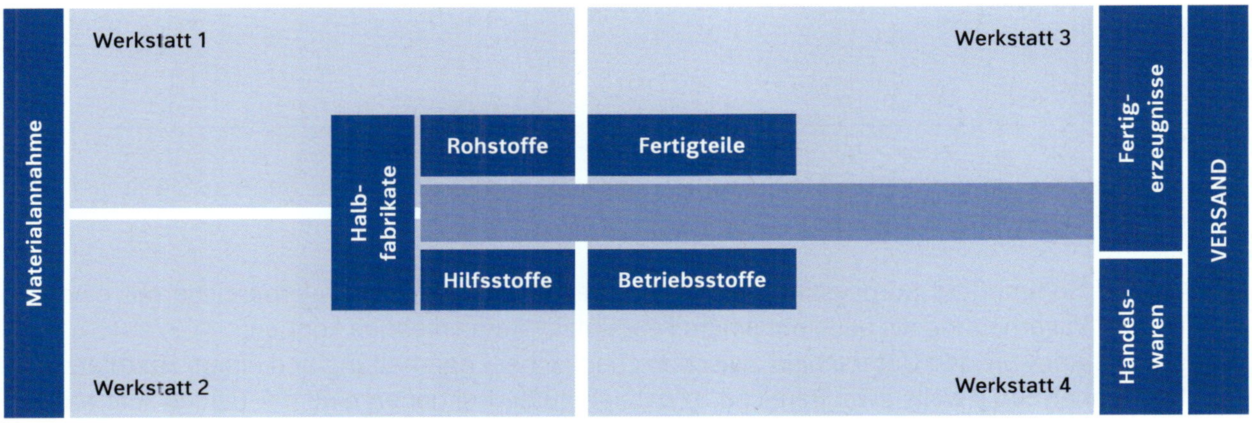

In den letzten Jahren konnte die Produktion des Unternehmens immer weiter ausgebaut werden. Weitere Werkstätten sind entstanden und die vorhandenen Werkstätten wurden erweitert. In einem Gespräch mit Produktionsleiter Horst Weselberg hat Leon erfahren, dass ein großer Teil der Beschäftigten mit der aktuellen Lagerorganisation unzufrieden ist. In einem Gespräch mit der Geschäftsführung möchte Herr Weselberg über die Probleme bezüglich der Lagerorganisation im Fertigungsbereich sprechen und Lösungsansätze diskutieren.

ARBEITSAUFTRÄGE

1 Beschreiben Sie mögliche Probleme, die sich aufgrund der Ausweitung der Produktion durch die vorhandene Lagerorganisation ergeben haben könnten.

2 Skizzieren Sie eine mögliche Alternative, um die Lagerorganisation auf die Ausweitung der Produktion anzupassen.

Lagerorganisation:

3 Beschreiben Sie die beiden Möglichkeiten der Lagerorganisation und nennen Sie je vier Vorteile dieser beiden Alternativen.

4 Bei der Sommerfeld Bürosysteme GmbH hat Leon Heller sowohl Lagerbereiche mit einer chaotischen Lagerhaltung als auch mit einem Festplatzsystem erkennen können.
a) Erläutern Sie den Unterschied zwischen chaotischer Lagerhaltung und einem Festplatzsystem.
b) Nennen Sie jeweils zwei Bereiche bzw. Lagergüter, bei denen eine der beiden Alternativen zu bevorzugen ist. Begründen Sie Ihre Entscheidung.

Lernsituation 18: Zwischen Eigenlagerung und Fremdlagerung entscheiden – Nur eine Frage der Kosten?

Ausgangssituation: Emilia vergleicht die Vorteile der Eigen- und Fremdlagerung

Als der Lagerleiter Herr Kunze am Nachmittag etwas mehr Zeit hat, zeigt er Emilia das Lager und erklärt ihr, wie dieses organisiert ist. Zurück im Büro kontrolliert Herr Kunze Emilias Arbeitsergebnis vom Vormittag und ist erfreut, wie gut sich Emilia über die Funktionen der Materiallagerung informiert hat. Jetzt möchte er Emilia mit einer anspruchsvolleren Aufgabe betrauen und legt ihr dazu die E-Mail eines Logistikdienstleisters, der Logistik Service Braun KG, vor, welche von Herrn Lanzetti weitergeleitet wurde.

An: Emilio.Lanzetti@sommerfeld.de
Von: sydow@lsb-kg.de
Betreff: Unser Serviceangebot für Sie

Sehr geehrter Herr Lanzetti,

wir, die Logistik Service Braun KG, sind Ihr Spezialist für Lagerung, Warenpflege und Kommissionierung. Wir bieten Ihnen ein umfassendes Serviceangebot für Ihre Erzeugnisse.

Als einer der modernsten Lagerhalter in NRW bieten wir unseren zahlreichen namhaften Kunden ein auf ihre Bedürfnisse abgestimmtes Leistungsangebot.

Auch Ihnen möchten wir unsere Lagerräume, welche speziell auf die Lageranforderungen ihrer Erzeugnisse ausgerichtet sind, zum Vorzugspreis von 75,00 € pro m^2 im Jahr anbieten.

Wir würden uns freuen, wenn Ihnen unser Angebot zusagt und Sie uns zukünftig auch mit der Lagerung Ihrer Erzeugnisse beauftragen würden.

Mit freundliche Grüßen

A. Sydow
Logistik Service Braun KG (Vertrieb)

„Das Angebot hört sich nicht schlecht an und ich habe bereits in Erfahrung gebracht, welche Kosten die Lagerung bei uns verursacht. Insbesondere unser Fertigwarenlager in Lagerhalle C, welche wir vor einigen Jahren noch zur Konfektionierung unserer Erzeugnisse genutzt haben, ist häufig schlecht ausgelastet. Die Mietkosten für Lagerhalle C belaufen sich auf 20 000,00 € im Jahr. Dazu kommen noch variable Kosten in Höhe von 40,00 € pro m^2 im Jahr. Außerdem habe ich von unserer Produktionsleitung erfahren, dass wir dringend zusätzliche Flächen zur Erweiterung unserer Produktionskapazitäten benötigen", so Herr Kunze.

ARBEITSAUFTRÄGE

1 Führen Sie einen Kostenvergleich mithilfe der nachfolgenden Tabelle durch. Das Fertigwarenlager der Sommerfeld Bürosysteme GmbH verfügt über eine maximale Lagerkapazität von 1 000 m^2.

2 Ermitteln Sie die kritische Lagerfläche und erläutern Sie, wann eine Eigen- bzw. Fremdlagerung von der Sommerfeld Bürosysteme GmbH bevorzugt werden sollte.

Kostenvergleich zur Eigen-/Fremdlagerung

Lagerfläche in m^2	Eigenlagerung			Fremdlagerung
	Fixe Kosten in €	Variable Kosten in €	Gesamtkosten in €	Gesamtkosten in €
0				
100				
200				
300				
400				
500				
600				
700				
800				
900				
1 000				

3 Aufgrund der mittelfristigen Absatzprognosen des Vertriebs hat Herr Kunze die erforderliche Lagerfläche ermittelt, die in den kommenden Jahren voraussichtlich für die Lagerung der Erzeugnisse benötigt wird. Danach wird eine Lagerfläche von durchschnittlich ca. 600 m^2 benötigt. Emilia Schaub soll für Herrn Kunze eine Liste mit Argumenten vorbereiten, die für eine Eigen- bzw. Fremdlagerung sprechen. Unterstützen Sie Emilia und sammeln Sie mögliche Argumente in der nachfolgenden Übersicht.

Argumente für Eigenlagerung	
Argumente für Fremdlagerung	

Lernsituation 19: Lagerausstattung und -technik sinnvoll einsetzen

Ausgangsituation: Es wird eng – Die Lagerausstattung bei der Sommerfeld Bürosysteme GmbH wird optimiert

Die positive Entwicklung der Auftragslage bei der Sommerfeld Bürosysteme GmbH macht sich nicht nur bei den Produktions- und Lagerkapazitäten bemerkbar. Auch die tägliche Arbeit ist mit der vorhandenen Lagerausstattung kaum noch zu bewerkstelligen. Die erfreulichen Zukunftsaussichten der Absatzabteilung, die auch mittelfristig eine positive Entwicklung der Auftragslage prognostiziert, haben die Geschäftsführung der Sommerfeld Bürosysteme GmbH dazu veranlasst, den Ist-Zustand der Lagerausstattung und -technik zu erfassen und einen Investitionsplan für den erforderlichen Soll-Zustand zu erstellen.

Leon Heller begleitet Emilio Lanzetti, den Leiter Logistik- und Materialbeschaffung, bei seinem Rundgang durch das Lager, bei dem die beiden die aktuelle Lagerausstattung und -technik erfassen.

ARBEITSAUFTRÄGE

1 Erstellen Sie eine Liste mit einer möglichen Lagerausstattung und -technik, die für ein kleines bis mittleres Lager charakteristisch sein könnte und bei dem die Ein- sowie Auslagerung überwiegend manuell von den Beschäftigten im Lager ausgeführt wird.

2 Erkunden Sie die Lagerräume Ihres Ausbildungsbetriebes und beschreiben Sie die vorhandene Lagerausstattung und -technik.

3 Bei der Sommerfeld Bürosysteme GmbH sind die Kapazitäten für die Lagerräume bereits ausgeschöpft. Allerdings wird die Höhe in keinem Lagerraum ausgenutzt. Bislang sind alle Lagerplätze mit einfachen Gabelstaplern erreichbar. Unterbreiten Sie Vorschläge für mögliche Investitionen, die die beschriebene Situation berücksichtigen. Bringen Sie dabei auch Beispiele aus Ihren Ausbildungsbetrieben mit ein.

4 Die Optimierung der Lagerausstattung bezüglich der verfügbaren Lagerflächen soll auch die verschiedenen Einlagerungsgesichtspunkte der Lagergüter berücksichtigen. Nennen und beschreiben Sie diese Einlagerungsgesichtspunkte.

Lernsituation 20: Wirtschaftlichkeit in der Lagerhaltung überprüfen

Ausgangssituation: Lagerkennzahlen zur Beurteilung der Lagerbestände und -kosten berechnen und auswerten

Nachdem Emilia ihren ersten Tag im Lager bei Herrn Kunze verbracht hat, wird sie in den kommenden zwei Wochen die verschiedenen Bereiche des Lagers (Materialeingang, Lagerhaltung und Lagerverwaltung) kennenlernen. Zunächst wird sie bei Frau Leng, Frau Drews und Frau Klein in der Lagerverwaltung eingesetzt.

Frau Drews möchte, dass sich Emilia mit verschiedenen Lagerbestandskennzahlen beschäftigt, und hat ihr deshalb die Lagerdaten zur *Tubis Polsterbank* aus dem Produktionsprogramm der Sommerfeld Bürosysteme GmbH zusammengestellt. Unterstützen Sie Emilia bei der Auswertung der Lagerdaten:

Auszug aus der Lagerdatei

Tubis Polsterbank	
Jahresanfangsbestand	128 Stück
Monatsendbestände	
Januar	135 Stück
Februar	90 Stück
März	80 Stück
April	39 Stück
Mai	65 Stück
Juni	100 Stück
Juli	85 Stück
August	95 Stück
September	112 Stück
Oktober	45 Stück
November	140 Stück
Dezember	160 Stück

ARBEITSAUFTRÄGE

1 Ermitteln Sie mithilfe der Informationen aus der Lagerdatei den durchschnittlichen Lagerstand bei Jahresinventur, Quartalsinventur und Monatsinventur.

Durchschnittlicher Lagerbestand bei Jahresinventur:

Durchschnittlicher Lagerbestand bei Quartalsinventur:

Durchschnittlicher Lagerbestand bei Monatsinventur:

2 Erläutern Sie, welche Aussagekraft die von Ihnen ermittelten durchschnittlichen Lagerbestände besitzen.

3 Ermitteln Sie die Umschlagshäufigkeit der Tubis Polsterbank, wenn im abgelaufenen Geschäftsjahr 1 270 Bänke verkauft wurden und das Ergebnis der Monatsinventur zur Berechnung herangezogen werden soll.

Umschlagshäufigkeit:

4 Ermitteln Sie die durchschnittliche Lagerdauer.

Durchschnittliche Lagerdauer:

5 Aus einem aktuellen Angebot der Deutschen Bank in Essen geht hervor, dass die Sommerfeld Bürosysteme GmbH Geldanlagen zu einem Zinssatz von 3,0 % tätigen könnte. Berechnen Sie den Lagerzinssatz sowie die Lagerzinsen für die *Tubis Polsterbänke* (Herstellungskosten: 1 975,00 € je Stück).

Lagerzinssatz:

Lagerzinsen:

6 Die Kunden der Sommerfeld Bürosysteme GmbH bestellen zwölf Tubis Polsterbänke pro Tag. Ermitteln Sie die daraus resultierende Lagerreichweite.

Lagerreichweite:

Lernsituation 21: Supply-Chain-Management und Logistikdienstleister berücksichtigen

Ausgangsituation: Leon Heller organisiert den Warentransport

Leon Heller ist sichtlich nervös, gerade hat er Frau de Mol von den Jansen BV Chemiewerke am Telefon, die ihm mitteilt, dass eine dringend erwartete Lieferung Gasfedern nicht termingerecht angeliefert werden kann. Erst heute Morgen hat sich Herr Zamani, Unternehmensleiter des Büroeinrichtung Fachhandel Enrico Zamani aus Bern (Schweiz), gemeldet und auf die Dringlichkeit der für Anfang März vereinbarten Lieferung Bürostühle hingewiesen. Der Bestand an Bürostühlen ist bei der Firma Zamani fast aufgebraucht und man würde sich über eine frühere Lieferung oder Teillieferung freuen.

Nach kurzer Rücksprache zwischen Jana Bauer, Leiterin Vertrieb Europa, und Emilio Lanzetti, Leiter Logistik und Materialbeschaffung, ist die Entscheidung getroffen. Teillieferungen sollen veranlasst werden, um zum einen die Produktion der Bürostühle fortsetzen zu können. Außerdem soll dem Schweizer Stammkunden eine Teillieferung für Ende Februar angekündigt und organisiert werden. Leon Heller, der sich inzwischen gut in die Logistikprozesse bei der Sommerfeld Bürosysteme GmbH eingearbeitet hat, soll die Teillieferung in die Schweiz organisieren.

ARBEITSAUFTRÄGE

1 Erläutern Sie, warum die Situation bei der Sommerfeld Bürosysteme GmbH ein typisches Beispiel für die Herausforderungen eines funktionierenden Supply-Chain-Managements darstellt. Beschreiben Sie die einzelnen Bereiche des Supply-Chain-Managements, die hier besonders gefordert sind.

2 Kurzfristig sind bei der Sommerfeld Bürosysteme GmbH keine eigenen Verkehrsmittel verfügbar, sodass Alternativen für den Warentransport in die Schweiz in Betracht gezogen werden müssen. Benennen Sie mögliche Alternativen und begründen Sie diese.

3 In der Mittagspause liest Leon in einer Zeitschrift einen Artikel über den weltweiten Warentransport. Dabei sind vor allem die Kosten das entscheidende Kriterium bei der Wahl des Verkehrsmittels. Im Artikel werden einige Beispiele angesprochen. Leon überlegt, welches Verkehrsmittel jeweils am besten geeignet ist:

a) Aus China sollen 55 Container mit Unterhaltungselektronik nach Hamburg verschickt werden.
b) Eine eilige Ersatzteillieferung über zwei Paletten à 90 kg soll von Paris nach Los Angeles transportiert werden.
c) 8 000 t Kartoffeln sollen von Hannover nach München transportiert werden.
d) 75 Container mit Bekleidungsartikeln sollen von Bangladesch nach Antwerpen gebracht werden.
e) Elektronikartikel in Kartons verpackt (insgesamt 320 kg) sollen von Hamburg nach Duisburg transportiert werden.
f) Ein Lebensmittellieferung über 15 t soll von Köln nach Stuttgart transportiert werden.

4 Die Organisation eines kurzfristigen Transports der Warenlieferung gestaltet sich schwieriger als erwartet. Leon hat bereits mit mehreren Frachtführern aber auch mit einer Spedition gesprochen. Erläutern Sie den Unterschied, wenn Leon mehrere Frachtführer oder eine Spedition beauftragen würde.

5 Kurz vor Feierabend sitzt Leon zufrieden an seinem Arbeitsplatz. Dem Transport der Teillieferung in die Schweiz steht nichts mehr im Weg. Auch mit dem Lieferanten der Gasfedern konnte eine Regelung getroffen werden. „Gut für uns und unseren Kunden“, stellt Leon zufrieden fest. „Aber eigentlich auch nicht richtig, wenn man die externen Kosten betrachtet, die insbesondere durch Just-in-time-Lieferungen und Sonderlieferungen dramatisch angestiegen sind. Betrachten Sie die nachfolgende Abbildung und nehmen Sie Stellung zu Leons Feststellung.

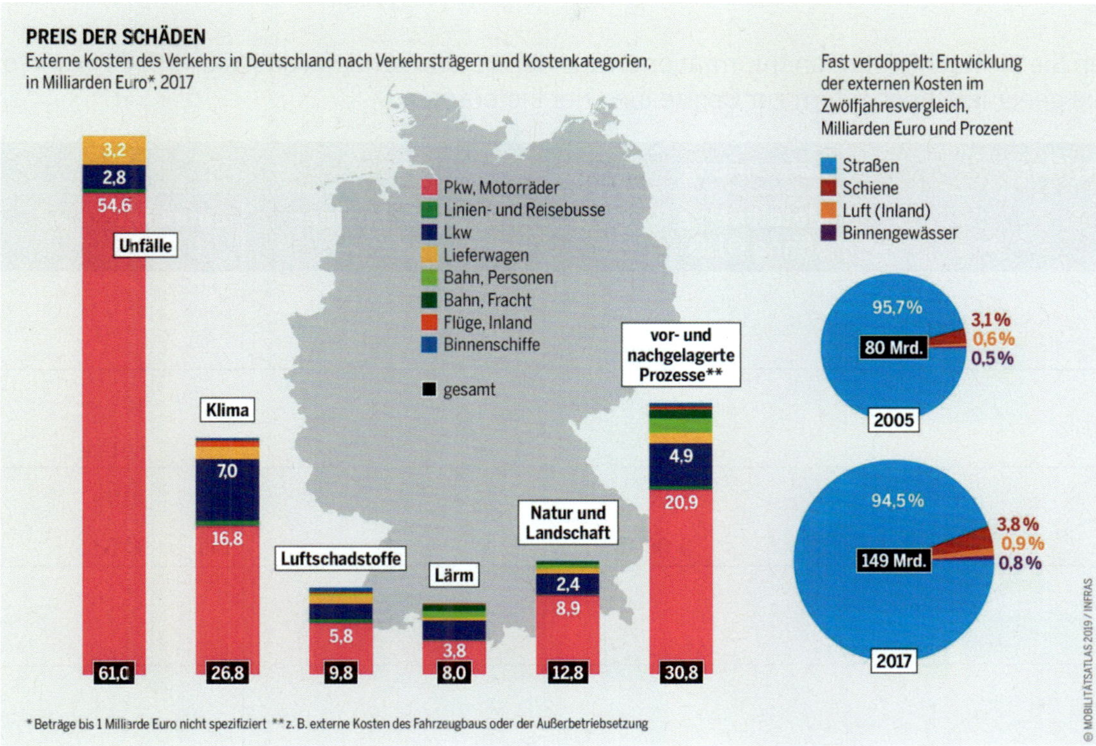

Lernsituation 22: Controlling bei Beschaffung, Lagerung und Logistik durchführen

Ausgangssituation: Emilia überprüft die Lieferantenstatistik

Nachdem Emilia Schaub in den letzten Wochen die verschiedenen Bereiche des Beschaffungswesens der Sommerfeld Bürosysteme GmbH kennengelernt hat, unterstützt sie in den letzten Tagen wieder Herrn Lanzetti, Abteilungsleiter des Beschaffungswesens, bevor der nächste Wechsel in eine andere Abteilung ansteht.

Zum Ende des Geschäftsjahres, Mitte November, stehen für Herrn Lanzetti die jährlichen Lieferantengespräche auf dem Plan. Dabei erhält die Sommerfeld Bürosysteme GmbH nicht nur die obligatorischen Weihnachtspräsente, die bei der alljährlichen Weihnachtstombola unter den Beschäftigten verlost werden, sondern Herr Lanzetti nutzt diese Gespräche auch, um Besonderheiten des ablaufenden Geschäftsjahres mit den Lieferanten zu besprechen und Prognosen für die folgenden Jahre zu diskutieren.

Zur Vorbereitung auf die Gespräche mit den drei A-Lieferern (Metallwerke Bauer & Söhne OHG, Andreas Schneider Holzwerke KG und Latex AG) soll Emilia Schaub die Einträge in der Lieferantendatei auswerten und Herrn Lanzetti eine Gesprächsvorlage erstellen.

ARBEITSAUFTRÄGE

1 Nennen Sie mögliche Gründe, warum die Gespräche mit den A-Lieferern besonders vorbereitet und intensiv geführt werden.

2 Überlegen Sie, welche Information in der Lieferantendatei hinterlegt werden sollten, damit Herr Lanzetti ein umfassendes Bild über den Lieferanten zur Verfügung hat.

3 Werten Sie die nachfolgenden Informationen aus der Lieferantendatei aus (siehe S. 74 f.) und ermitteln Sie geeignete Kennziffern zur Beurteilung der Lieferanten.

Kennziffer	Berechnung		
	Metallwerke Bauer & Söhne OHG	Andreas Schneider Holzwerke KG	Latex AG

Auszug aus der Lieferantendatei

Lieferantendatei *Sortiert nach Name* | Nach Liefer-Nr. | Nach Name

A B C D E F G H I J K L M N O P Q R S T U V W X Y Z

Zurück | Neu | Ändern | Löschen | Druck | Ende

Lieferant Metallwerke Bauer & Söhne OHG ***Lieferantennr.*** 44003

Adresse		***Informationen***	
Anrede	Herr	Telefonnr.	0231 - 6683 550
Name 1	Siebert	Fax	0231 - 6683 57
Name 2		Internetadr.	www.bauer-metall.de
Straße	Baststr. 188	E-Mail	siebert@bauer-metall.de
PLZ	44265		
Ort	Dortmund	Eintritt	10.10.2005

Lieferantenstatistik

Anzahl Lieferungen im laufenden Geschäftsjahr	127	Termingerecht geliefert	120	Anzahl Reklamationen	13
Anzahl Lieferungen im Vorjahr	103	Termingerecht geliefert	100	Anzahl Reklamationen	4

Anzahl Mahnungen im laufenden Geschäftsjahr	3
Anzahl Mahnungen im Vorjahr	1

Summe der Bezugskosten im laufenden Geschäftsjahr	5 080,00 €
Summe der Bezugskosten im Vorjahr	4 120,00 €

Umsatz (2024)	5 420 000,00 €
Umsatz (2023)	4 765 000,00 €
Umsatz (2022)	4 879 000,00 €

Lieferantendatei *Sortiert nach Name* | Nach Liefer-Nr. | Nach Name

A | B | C | D | E | F | G | H | I | J | K | L | M | N | O | P | Q | R | S | T | U | V | W | X | Y | Z

Zurück | Neu | Ändern | Löschen | Druck | Ende

Lieferant A Schneider Holzwerke KG ***Lieferantennr.*** 44007

Adresse		***Informationen***	
Anrede	Frau	Telefonnr.	02381 - 427118
Name 1	Sydow	Fax	02381 - 985410
Name 2		Internetadr.	www.ASHolzwerke.de
Straße	Palzstr. 16	E-Mail	sydow@asholzwerke.de
PLZ	59073		
Ort	Hamm	Eintritt	09.06.2011

Lieferantenstatistik

Anzahl Lieferungen im laufenden Geschäftsjahr	46	Termingerecht geliefert	35	Anzahl Reklamationen	0
Anzahl Lieferungen im Vorjahr	44	Termingerecht geliefert	39	Anzahl Reklamationen	2

Anzahl Mahnungen im laufenden Geschäftsjahr	4
Anzahl Mahnungen im Vorjahr	3

Summe der Bezugskosten im laufenden Geschäftsjahr	1 080,00 €
Summe der Bezugskosten im Vorjahr	720,00 €

Umsatz (2024)	3 200 000,00 €
Umsatz (2023)	3 050 000,00 €
Umsatz (2022)	2 775 000,00 €

Lieferantendatei *Sortiert nach Name* | Nach Liefer-Nr. | Nach Name

A | B | C | D | E | F | G | H | I | J | K | L | M | N | O | P | Q | R | S | T | U | V | W | X | Y | Z

Zurück | Neu | Ändern | Löschen | Druck | Ende

Lieferant Latex AG ***Lieferantennr.*** 44005

Adresse		***Informationen***	
Anrede	Frau	Telefonnr.	030 - 44 55 46
Name 1	Demming	Fax	030 - 44 55 48
Name 2		Internetadr.	www.latex-ag.com
Straße	Neckarstr. 89 - 121	E-Mail	demming@latex-ag.com
PLZ	12053		
Ort	Berlin	Eintritt	15.04.2018

Lieferantenstatistik

Anzahl Lieferungen im laufenden Geschäftsjahr	65	Termingerecht geliefert	62	Anzahl Reklamationen	4
Anzahl Lieferungen im Vorjahr	55	Termingerecht geliefert	48	Anzahl Reklamationen	1

Anzahl Mahnungen im laufenden Geschäftsjahr	1
Anzahl Mahnungen im Vorjahr	5

Summe der Bezugskosten im laufenden Geschäftsjahr	14 300,00 €
Summe der Bezugskosten im Vorjahr	10 500,00 €

Umsatz (2024)	2 150 000,00 €
Umsatz (2023)	2 275 000,00 €
Umsatz (2022)	1 905 000,00 €

4 Erläutern Sie in der nachfolgenden Tabelle, bei welchen Ergebnissen aus Arbeitsauftrag 3 im Lieferantengespräch ein besonderer Gesprächsbedarf besteht, und machen Sie Vorschläge, welche Position Herr Lanzetti dabei vertreten sollte.

Metallwerke Bauer & Söhne OHG	Andreas Schneider Holzwerke KG	Latex AG

Kompetenzcheck: Aufgaben zur Wiederholung und zur Prüfungsvorbereitung

Aufgabe 1

Ordnen Sie die nachfolgenden Lagervorgänge einer Lagerart und einem der Funktionsbereiche Beschaffung, Fertigung oder Absatz zu und benennen Sie außerdem die Lagerfunktion. Dabei kann es vorkommen, dass bei auch mehrere Lagerfunktionen angesprochen werden, siehe Beispiel a).

a) Nach der Eingangsprüfung wurden die Rohstoffe der Klein-Holz GmbH direkt eingelagert.

Lagerart	Funktionsbereich	Lagerfunktion(en)
Rohstofflager	Beschaffung	Ausgleichsfunktion/Bereitstellungsfunktion

b) Bei der Anlieferung vom vergangenen Montag wurde eine Fehlmenge festgestellt und unverzüglich beim Fahrer reklamiert.

Lagerart	Funktionsbereich	Lagerfunktion(en)

c) Am Donnerstag konnte Emilia dabei helfen, die Bestände an Kleinteilen an den einzelnen Fertigungsinseln zu überprüfen und aufzufüllen.

Lagerart	Funktionsbereich	Lagerfunktion(en)

d) Kirschholzplatten der Klein-Holz GmbH werden für drei Tage in die Heißluft-Trockenkammer eingelagert.

Lagerart	Funktionsbereich	Lagerfunktion(en)

e) Ein Fertigungslos wird nach Abschluss der Fertigung eingelagert. Es liegt noch kein Kundenauftrag vor.

Lagerart	Funktionsbereich	Lagerfunktion(en)

f) Eine größere Menge Edelstahlprofile wurde angeliefert, obwohl noch ausreichend Profile im Lager vorhanden sind.

Lagerart	Funktionsbereich	Lagerfunktion(en)

g) Eine Lieferung Tischleuchten wurde eingelagert. Diese sind direkt für den Absatz vorgesehen.

Lagerart	Funktionsbereich	Lagerfunktion(en)

h) Die Lieferungen der Farbenpracht – Heinz Pracht GmbH erfolgen grundsätzlich in Mehrwegverpackungen. Bei jeder Anlieferung nimmt der Fahrer eine größere Menge Leergut wieder mit.

Lagerart	Funktionsbereich	Lagerfunktion(en)

i) Bei der Kommissionierung werden die einzelnen Kundenaufträge zusammengestellt, verpackt und anschließend versendet.

Lagerart	Funktionsbereich	Lagerfunktion(en)

Aufgabe 2

Bei der Jahresinventur der Eisen Karl GmbH sind folgende Daten (in Tausend Euro) für zwei aufeinander folgende Geschäftsjahre ermittelt worden:

Erzeugnisse	A	B	C
Endbestand 31.12.20(0)	150	220	80
Endbestand 31.12.20(1)	200	180	40
Jahresumsatz in 20(1)	875	900	720

Ermitteln Sie jeweils

a) den durchschnittlichen Lagerbestand in Euro,
b) die Umschlagshäufigkeit,
c) die durchschnittliche Lagerdauer,
d) den Lagerzinssatz bei einem Marktzinssatz von 4 %,
e) die Lagerzinsen.

Aufgabe 3

Aufgrund einer positiven Marktprognose hat die Zweiradwerke Münsterland GmbH E-Bikes ins Fertigungsprogramm aufgenommen. Für das abgelaufene Geschäftsjahr liegen die nachfolgenden Daten zu den E-Bikes vor:

Jahresabsatz: 800 Stück
Herstellungskosten : 980,00 € je Stück
Marktzinssatz: 6 % p. a.

Lagerbestände in Stück: Anfangsbestand lt. Inventur 01. Januar 20 (0): 25 Stück

Monatsendbestände:

Januar	50 Stück	Juli	90 Stück
Februar	60 Stück	August	70 Stück
März	55 Stück	September	30 Stück
April	45 Stück	Oktober	50 Stück
Mai	20 Stück	November	40 Stück
Juni	30 Stück	Dezember	20 Stück

Weitere Lagerkosten pro Jahr:	Lagermiete:	8 000,00 €
	Kosten der Lagereinrichtung:	4 000,00 €
	Sonstige Fixkosten:	3 000,00 €

Ein Lagerhalter unterbreitet dem Fahrradhersteller ein Angebot zur Lagerung der E-Bikes.
Lagerkosten: 19,90 € pro Stück.

a) Ermitteln Sie (Schritt für Schritt) die **jährlichen Lagerzinsen** bei Eigenlagerung der E-Bikes und den zur Berechnung **erforderlichen Lagerzinssatz**.
b) Berechnen Sie die **kritische Lagermenge** für die Lagerung der E-Bikes und erläutern Sie ihr Ergebnis.

Aufgabe 4

Die Sommerfeld Bürosysteme GmbH verarbeitet bei der Herstellung der verschiedenen Bürotische vorwiegend eine genormte Schraube M8, welche in großen Stückzahlen benötigt wird. Der nachfolgende Auszug aus der Lagerdatei zeigt die Bestandsveränderungen des abgelaufenen Geschäftsjahres.

Lagerdatei der Sommerfeld Bürosysteme GmbH			
Werkstoff:	Schraube M8	Mindestbestand:	5 000 Stück
		Lieferzeit:	5 Tage
Datum	**Zugang (in Stück)**	**Abgang (in Stück)**	**Bestand (in Stück)**
01.01.			20 400
28.01.		5 500	14 900
20.02.		8 700	6 200
08.03.	25 800		32 000
22.03.		9 800	22 200
05.04.		3 500	18 700
01.05.		13 300	5 400
20.05.	26 600		32 000
03.06.		10 800	21 200
25.06.		11 700	9 500
19.07.		6 500	3 000
24.08.	29 000		32 000
12.09.		7 800	24 200
30.09.		5 600	18 600
18.10.		7 000	11 600
09.11		6 500	5 100
17.12	26 900		32 000
31.12.			32 000

a) Ermitteln Sie den durchschnittlichen Lagerbestand mithilfe der Jahres- und der Monatsinventur.

Durchschnittlicher Lagerbestand bei Jahresinventur:

Durchschnittlicher Lagerbestand bei Monatsinventur:

b) Berechnen Sie die Umschlagshäufigkeit und die durchschnittliche Lagerdauer. Nutzen Sie dabei den durchschnittlichen Lagerbestand der Monatsinventur.

Umschlagshäufigkeit:

Durchschnittliche Lagerdauer:

c) Der Kapitalmarktzins beträgt zurzeit 3,0 %. Ermitteln Sie den Lagerzinssatz und die Lagerzinsen bei einem Einstandspreis von 32,50 € je 1 000 Schrauben.

Lagerzinssatz:

Lagerzinsen:

Aufgabe 5

Ein Lebensmittelhersteller benötigt 2 500 m^2 zusätzliche Lagerkapazität. Die Erweiterung des vorhandenen Lagers würde 6 000,00 € monatliche Fixkosten sowie 55,00 € pro m^2 genutzte Lagerfläche verursachen. Ein ortsansässiger Lagerhalter hat ein Angebot für die Fremdlagerung der Lagergüter abgegeben. Pro m^2 würden 95,00 € in Rechnung gestellt.

a) Ermitteln Sie die jährlich anfallenden Kosten, die bei Eigenlagerung bzw. Fremdlagerung entstehen würden, wenn durchschnittlich 80 % der benötigten Lagerkapazität ausgelastet wären.

b) Berechnen Sie die kritische Lagerfläche in m^2.

c) Nennen Sie jeweils drei Gründe, die für eine Eigenlagerung bzw. Fremdlagerung sprechen.

Argumente für Eigenlagerung	Argumente für Fremdlagerung

Aufgabe 6

Die Sommerfeld Bürosysteme GmbH verfügt über einen eigenen Lkw-Fuhrpark, um einen Teil der Auslieferungen an Kunden damit ausführen zu können. Für größere Aufträge und bei Überseelieferungen nutzt das Unternehmen die Dienste einer Spedition. Erläutern Sie Gründe für diese Entscheidung und beschreiben Sie den Unterschied zwischen Frachtführer und Spediteur.

Gründe:
Unterscheidung: Frachtführer – Spediteur

LERNFELD 8

Kosten- und Leistungsrechnung zur Vorbereitung unternehmerischer Entscheidungen durchführen

Lernsituation 23: Die Notwendigkeit der Kosten- und Leistungsrechnung begründen

Ausgangssituation: Zwischen den Zeilen lesen

Nicole Esser und Theo Bast aus dem Controlling der Sommerfeld Bürosysteme GmbH analysieren die Gewinn- und Verlustrechnung des vergangenen Monats als Leon Heller dazukommt.

SOLL		8020 GuV (Oktober)		HABEN
6000 Aufwendungen für Rohstoffe	2975000,00 €	5000 Umsatzerlöse f. eigene Erzeugnisse	3875000,00 €
6020 Aufwendungen für Hilfsstoffe	185000,00 €	5200 Bestandsveränderungen	545000,00 €
6030 Aufwendungen für Betriebsstoffe	155000,00 €	5401 Mieterträge	247000,00 €
6050 Energieaufwand	56000,00 €	5410 Sonstige Erlöse	420000,00 €
6160 Fremdinstandsetzung	105000,00 €	5710 Zinserträge	35800,00 €
6200 Löhne	520000,00 €		
6300 Gehälter	525000,00 €		
6520 Abschreibungen auf Sachanlagen	134000,00 €		
6800 Aufwendungen für Büromaterial	22000,00 €		
6979 Anlagenabgänge	350000,00 €		
7510 Zinsaufwendungen	35400,00 €		
3000 EK (Gewinn)	60400,00 €		
	5122800,00 €		**5122800,00 €**

Leon Heller: „Warum schauen Sie denn so besorgt? Ein Gewinn von rund 60000,00 € im Oktober, wenn die Hauptsaison vorbei ist, ist doch ganz ordentlich."

Nicole Esser: „Das stimmt zwar, aber wirklich glücklich sind wir mit dem Ergebnis nicht. Betrachtet man die GuV als Ganzes, haben wir zwar einen Gewinn gemacht, ..."

Theo Bast: „... aber wenn wir uns die Zahlen genauer anschauen, erkennen wir, dass wir im Oktober doch einige Probleme hatten."

Leon Heller: „Was meinen Sie genau?"

ARBEITSAUFTRÄGE

1 Beschreiben Sie den grundsätzlichen Aufbau und die Positionen einer Gewinn- und Verlustrechnung.

2 Diskutieren Sie, warum Frau Esser und Herr Bast das Unternehmensergebnis des Monats Oktober nicht uneingeschränkt positiv sehen.

3 Erläutern Sie, welche Informationen der vorliegenden Gewinn- und Verlustrechnung nicht entnommen werden können.

4 Erläutern Sie die wesentlichen Unterschiede zwischen der Kosten- und Leistungsrechnung und der Finanzbuchhaltung.

5 Nennen Sie die Hauptaufgaben der Kosten- und Leistungsrechnung.

6 Erläutern Sie die drei Stufen der Kosten- und Leistungsrechnung.

7 Vervollständigen Sie den abgebildeten Lückentext.

Mithilfe der Finanzbuchhaltung wird durch die Gegenüberstellung von ______________________ und ______________________ das Gesamtergebnis eines Unternehmens, der ______________________ oder der ________________ ermittelt. Allerdings werden die Aufwendungen der gesamten Unternehmung in einer Summe ausgewiesen, sodass keinerlei Aussagen über die ______________________ und die ______________________ einzelner Teilbereiche getroffen werden können.

Die Kosten- und Leistungsrechnung hingegen konzentriert sich auf die Aufwendungen und Erträge, die im Zusammenhang mit dem unmittelbaren Sachziel, dem Betriebszweck der Unternehmung stehen. Diese bezeichnet man als ______________________ bzw. ______________________. Stellt man diese gegenüber, so erhält man das ______________________.

Die Kosten- und Leistungsrechnung dient somit der innerbetrieblichen Kontrolle sowie der Vorbereitung von Änderungen und neuen Entscheidungen. Sie ist ein zentrales ______________________ ______________________ innerhalb des betrieblichen Rechnungswesens, welche wichtige Daten für die ______________________ der Produkte im Inventar und für die ______________________ ______________ der Verkaufspreise liefert.

Durch die ______________________ wird geklärt, welche Kosten entstanden sind. Die ______________________ verdeutlicht, wo diese Kosten entstanden sind und die ______________________ klärt, welcher Kostenanteil auf die einzelnen Produkte entfällt.

Lernsituation 24: Die Abgrenzungsrechnung durchführen

Ausgangssituation I: Neutrale Aufwendungen und Erträge abgrenzen

Nachdem die grundsätzlichen Aufgaben und die Notwendigkeit der Kosten- und Leistungsrechnung geklärt wurden, sollen Leon Heller und Emilia Schaub die Gewinn- und Verlustrechnung vom Oktober (vgl. Seite 83) genauer analysieren.

Leon Heller: „Dazu müssen wir uns jede Position der GuV genau anschauen und überprüfen, ob sie durch den Betriebszweck verursacht wurde und regelmäßig anfällt."

Emilia Schaub: „Genau. Herr Önder hat für uns alle notwendigen ergänzenden Informationen zur GuV vom Oktober zusammengefasst."

GuV-Position	Erläuterungen
6160 FIS	Von den vorliegenden Handwerkerrechnungen entfallen 22 000,00 € auf eine durchgeführte Fassadenrenovierung eines vermieteten Wohngebäudes.
6300 Gehälter	3 000,00 € entfallen auf das Gehalt des Hausmeisters der Wohngebäude.
6520 Abschreibungen	Von den Abschreibungen entfallen 2 500,00 € auf vermietete Wohngebäude und Lagerhallen.
7510 Zinsaufwand	Zinsaufwendungen in Höhe von 6 500,00 € entfallen auf ein Darlehen, welches zur Finanzierung eines Wohngebäudes aufgenommen wurde.
5401 Mieterträge	Die Mieterträge sind in voller Höhe durch die Vermietung von Wohnungen und Lagerhallen entstanden.
5710 Zinserträge	22 000,00 € Zinserträge haben wir durch vor einigen Jahren angelegte Festgelder erzielt.

ARBEITSAUFTRÄGE

1 Berechnen Sie mithilfe der nachfolgenden Informationen die
a) betriebsfremden Aufwendungen,
b) betrieblich bedingten Aufwendungen,
c) betriebsfremden Erträge,
d) betrieblich bedingten Erträge
und begründen Sie die von Ihnen vorgenommenen Zuordnungen.

Kto.-Nr.	Aufwendungen laut GuV	betriebsfremde Aufwendungen	betrieblich bedingte Aufwendungen
6000	2 975 000,00 €		
6020	185 000,00 €		
6030	155 000,00 €		
6050	56 000,00 €		
6160	105 000,00 €		

Kto.-Nr.	Aufwendungen laut GuV	betriebsfremde Aufwendungen	betrieblich bedingte Aufwendungen
6200	520 000,00 €		
6300	525 000,00 €		
6520	134 000,00 €		
6800	22 000,00 €		
6979	350 000,00 €		
7510	35 400,00 €		
Summe			

Kto.-Nr.	Erträge laut GuV	betriebsfremde Erträge	betrieblich bedingte Erträge
5000	3 875 000,00 €		
5200	545 000,00 €		
5401	247 000,00 €		
5410	420 000,00 €		
5710	35 800,00 €		
Summe			

2 Berechnen Sie auf Basis Ihrer Ergebnisse aus Arbeitsauftrag 1 und mithilfe der nachfolgenden Informationen die

a) betrieblich außerordentlichen Aufwendungen,
b) betrieblich außerordentlichen Erträge,
c) Kosten (= ordentliche betriebliche Aufwendungen),
d) Leistungen (= ordentliche betriebliche Erträge)

und begründen Sie die von Ihnen vorgenommenen Zuordnungen.

GuV-Position	Erläuterungen
6000 Rohstoffaufwand	Im Oktober sind Metallplatten im Wert von 18 000,00 € oxidiert und waren danach unbrauchbar. Es bestand kein Versicherungsschutz.
6979 Anlagenabgänge	Der Buchwert der nicht mehr benötigten und verkauften Fertigungsanlage betrug 350 000,00 €.
5410 Sonstige Erlöse	Die 420 000,00 € stammen aus dem Verkauf einer nicht mehr benötigten Fertigungsanlage.
5710 Zinserträge	13 800,00 € waren angefallene Verzugszinsen unserer Kunden, die ihre Rechnungen verspätet beglichen haben.

Kto.-Nr.	betrieblich bedingte Aufwendungen	betrieblich außerordentliche Aufwendungen	Kosten
6000			
6020			
6030			
6050			
6160			
6200			
6300			

Kto.-Nr.	betrieblich bedingte Aufwendungen	betrieblich außerordentliche Aufwendungen	Kosten
6520			
6800			
6979			
7510			
Summe			

Kto.-Nr.	betrieblich bedingte Erträge	betrieblich außerordentliche Erträge	Leistungen
5000			
5200			
5401			
5410			
5710			
Summe			

3 Ermitteln Sie das Unternehmens- und Betriebsergebnis und berechnen Sie die Differenz.

Erträge
Aufwendungen
Unternehmensergebnis

Leistungen
Kosten
Betriebsergebnis

Differenz

4 Erklären Sie die Differenz zwischen Unternehmensergebnis und Betriebsergebnis.

Ausgangssituation II: Die Ergebnistabelle erstellen

Herr Önder ist mit den Ergebnissen von Leon Heller und Emilia Schaub einverstanden und erläutert: „Hervorragend. Sie haben die neutralen Aufwendungen und Erträge korrekt abgegrenzt. Jetzt geht es nur noch darum, die Abgrenzungsrechnung in eine allgemeingültige und übersichtliche Form zu bringen. Dazu hat man eine sog. Ergebnistabelle entwickelt. Die Formvorlage habe ich Ihnen mitgebracht. Sie müssen nur noch Ihre Ergebnisse von oben in die Tabelle übertragen."

ARBEITSAUFTRÄGE

1 Führen Sie die Abgrenzungsrechnung mithilfe der Ergebnistabelle auf Seite 88 durch.

2 Analysieren Sie das von Ihnen ermittelte Ergebnis der Abgrenzungsrechnung, indem Sie Unternehmensergebnis, neutrales Ergebnis und Betriebsergebnis miteinander vergleichen. Erläutern Sie, wie sich die wirtschaftliche Situation der WFW AG im Oktober darstellt, nennen Sie mögliche Ursachen und gehen Sie dabei auf einzelne, markante Positionen der Abgrenzungsrechnung ein.

Rechnungskreis I				Rechnungskreis II					
Erfolgsbereich				Abgrenzungsbereich				Kosten- und Leistungsbereich	
Werte der Finanzbuchführung				Unternehmensbezogene Abgrenzung (betriebsfremd)		Betriebsbezogene Abgrenzung (betriebl. a.-o.)		Kosten- und Leistungsarten	
		1	2	3	4	5	6	7	8
Nr.	Konto	Aufw.	Erträge	Aufw.	Erträge	Aufw.	Erträge	Kosten	Leistungen
1									
2									
3									
4									
5									
6									
7									
8									
9									
10									
11									
12									
13									
14									
15									
16									
Summe									
Saldo									
Summe									
		Gesamtergebnis		Ergebnis aus unternehmensbezogener Abgrenzung		Ergebnis aus betriebsbezogener Abgrenzung		Betriebsergebnis	
				Neutrales Ergebnis					

Ergänzende Übung

Die Finanzbuchhaltung der WEGA-Maschinen GmbH wies für das abgelaufene Geschäftsjahr folgende Werte aus:

Konto	Kontobezeichnung	Aufwendungen €	Erträge €
5000	Umsatzerlöse für eigene Erzeugnisse	–	4800000,00
5400	Mieterträge	–	120000,00
5410	Sonstige Erlöse	–	16000,00
5710	Zinserträge	–	2000,00
6000	Aufwendungen für Roh-, Hilfs- und Betriebsstoffe	1900000,00	–
62–64	Personalaufwand	900000,00	–
6520	Abschreibungen auf Sachanlagen	300000,00	–
66–6870	Sonstige betriebliche Aufwendungen	1415000,00	–
6880	Spenden	4000,00	–
6900	Versicherungsbeiträge	19000,00	–
6979	Anlagenabgänge	140000,00	–
7000	Betriebliche Steuern	66000,00	–

Zu den obigen Positionen liegen folgende Informationen vor:

Konto	Anmerkungen	€
5400	Mieterträge aus vermieteten Wohnungen	120000,00
5410	Erträge aus dem Verkauf gebrauchter Maschinen	16000,00
5710	Verzugszinsen für verspätet bezahlte Kundenrechnungen	2000,00
6520	Abschreibungen davon entfallen auf das vermietete Gebäude	300000,00 24000,00
6880	Spende an das Deutsche Rote Kreuz	4000,00
6900	a) Versicherungsprämie für vermietete Gebäudeteile b) Restliche Aufwendungen sind Zweckaufwendungen	3000,00 16000,00
6979	a) Ausbuchung eines nicht betriebsnotwendigen Gebäudes b) Ausbuchung der verkauften Maschinen	25000,00 115000,00
70	a) Grundsteuer für vermietete Gebäudeteile b) Restliche Steuern sind sachzielbezogene Steuern	8000,00 58000,00
	Die übrigen Positionen enthalten ausschließlich sachzielbezogene Aufwendungen und Erträge	

Führen Sie die Abgrenzungsrechnung durch und stimmen Sie die Ergebnisse miteinander ab.

Lernsituation 25: Kalkulatorische Kosten bei der Abgrenzungsrechnung berücksichtigen

Ausgangssituation I: Die Realität besser abbilden

Nachdem Emilia Schaub und Leon Heller die vorläufige Ergebnistabelle für den Oktober erstellt haben, treffen sie sich im Büro von Jussuf Önder, um das weitere Vorgehen zu besprechen.

Leon Heller: „Dass wir die betriebsfremden und betrieblich außerordentlichen Aufwendungen abgrenzen müssen, habe ich verstanden. Aber sind die bisher ausgewiesenen Kosten nicht teilweise zu ungenau, um damit später kalkulieren zu können? Unsere Firmenwagen beispielsweise werden in der Finanzbuchhaltung laut AfA-Tabelle über sechs Jahre abgeschrieben. Sie haben dann also einen Buchwert von 0,00 €, obwohl sie doch zweifelsfrei noch nicht wertlos sind. Herr Kuzow vom Vertrieb fährt seit über sechs Jahren mit seinem Audi A 8 zu unseren Kunden. Den könnte man doch locker noch für ein paar tausend Euro verkaufen."

Jussuf Önder: „Natürlich. Die bilanziellen Abschreibungsbeträge der Finanzbuchhaltung, die auf Basis von steuer- und handelsrechtlichen Vorschriften ermittelt werden, drücken auch nicht den wahren Wertverlust des Pkw aus. Da wir unsere Firmenwagen länger nutzen, kalkulieren wir in der KLR mit einer anderen betriebsindividuellen Nutzungsdauer von zehn Jahren."

Emilia Schaub: „Und das kann man einfach so machen?"

Jussuf Önder: „Ja. Sie dürfen nicht vergessen, dass es sich bei der KLR um das interne Rechnungswesen handelt, bei dem wir im Leistungsprozess angefallene Kosten ermitteln. Unsere Pkw sind eben nicht nach sechs Jahren wertlos, sondern im Regelfall nach zehn Jahren. Wir setzen damit in der KLR einen anderen Abschreibungswert an als in der Finanzbuchhaltung."

Emilia Schaub: „Ich habe gelesen, dass man den Firmenwagen in der KLR von den sogenannten Wiederbeschaffungskosten abschreibt. Warum legt man eigentlich nicht wie in der Finanzbuchhaltung die Anschaffungskosten zugrunde?"

ARBEITSAUFTRÄGE

1 Unterscheiden Sie anhand der folgenden Tabelle zwischen bilanziellen und kalkulatorischen Abschreibungen.

	Bilanzielle Abschreibungen	Kalkulatorische Abschreibungen
Berechnungsgrundlage		
Art der Nutzungsdauer		

2 Begründen Sie die unterschiedlichen Wertansätze zur Berechnung der Abschreibungen.

3 Berechnen Sie für den in der Ausgangssituation genannten Pkw
a) die jährlich bilanzielle Abschreibung und
b) die jährliche kalkulatorische Abschreibung,
wenn folgende Angaben gelten:

Anschaffungskosten:	72 000,00 €
Wiederbeschaffungskosten:	84 000,00 €
Nutzungsdauer laut AfA-Tabelle:	6 Jahre
Betriebsindividuelle Nutzungsdauer (ND):	10 Jahre

4 Übertragen Sie die Werte für den Audi A 8 in die abgebildete Anlagendatei und ermitteln Sie auch für andere Gegenstände des betriebsnotwendigen Anlagevermögens die bilanziellen und kalkulatorischen Abschreibungen.

ANLAGENDATEI (Auszug) der Sommerfeld Bürosysteme GmbH							
Nr.	**Anlagegut**	**AK in €**	**ND laut AfA-Tabelle**	**Bilanzielle AfA in €**	**WK in €**	**Betriebs-individuelle ND**	**Kalk. AfA in €**
1	Transportanlage	160 000,00	10 Jahre	16 000,00	180 000,00	15 Jahre	12 000,00
2	Audi A 8	72 000,00	6 Jahre		84 000,00	10 Jahre	
3	Ford Transit Transporter	36 000,00	9 Jahre		45 000,00	10 Jahre	
4	Lkw MAN	180 000,00	9 Jahre		220 000,00	10 Jahre	
5	PC	2 100,00	3 Jahre		2 000,00	4 Jahre	
...	...	...	...	...	...	...	...
			Summe (jährlich)	**1 578 000,00**		**Summe (jährlich)**	**1 692 000,00**
			Summe (monatlich)	**131 500,00**		**Summe (monatlich)**	**141 000,00**

5 Übernehmen Sie für die Abschreibungen die monatlichen Summen in die richtigen Spalten der ausschnittsweise abgebildeten Ergebnistabelle und stimmen Sie Unternehmensergebnis, neutrales Ergebnis und Betriebsergebnis miteinander ab.

Rechnungskreis I				**Rechnungskreis II**					
Erfolgsbereich				**Abgrenzungsbereich**				**Kosten- und Leistungsbereich**	
Werte der Finanzbuchführung				**Unternehmensbezogene Abgrenzung (betriebsfremd)**		**Betriebsbezogene Abgrenzung (betriebl. a.-o. Verrechnungskorrekturen)**		**Kosten- und Leistungsarten**	
		1	**2**	**3**	**4**	**5**	**6**	**7**	**8**
Konto	**Bezeichnung**	**Aufwendungen**	**Erträge**	**Aufwendungen**	**Erträge**	**Aufwendungen/ Aufw. lt. Fibu**	**Erträge/ verrechnete Kosten**	**Kosten**	**Leistungen**
6520	AfA	134 000,00[1]		2 500,00[2]					
	Kalk. AfA								
Summe									
Saldo									
Summe									
		Gesamtergebnis		Ergebnis aus unternehmensbezogener Abgrenzung		Ergebnis aus kosten- und leistungsrechnerischen Korrekturen		Betriebsergebnis	
				Neutrales Ergebnis					

1 Vgl. Ausgangssituation zur LS 23 (Seite 83) bzw. Arbeitsauftrag 1 in LS 24 (Seite 85).
2 Vgl. Abgrenzung der betriebsfremden Abschreibungen (LS 24, Arbeitsauftrag 1, Seite 85).

Abstimmung der Ergebnisse						
Unternehmensergebnis	=	neutrales Ergebnis			+	Betriebsergebnis
________________	=	____________	+	____________	+	________________
________________	=	____________________			+	________________

6 Erläutern Sie anhand ihrer Berechnungen, welche Auswirkungen sich für die Kostenrechnung der Sommerfeld Bürosysteme GmbH ergeben, wenn statt der kalkulatorischen Abschreibungen die bilanziellen Abschreibungen in der Spalte 7 der Ergebnistabelle angesetzt werden.

Ausgangssituation II: Mit Zinsen für das gebundene Kapital kalkulieren

Jussuf Önder: „Als nächstes müssen wir die Zinsaufwendungen genauer analysieren."

Emilia Schaub: „Nun, das sind die Zinsen, die wir an die Bank für die von uns aufgenommenen Darlehen bezahlen müssen."

Leon Heller: „Richtig, aber eines der Darlehen dient doch zur Finanzierung des vermieteten Wohngebäudes."

Jussuf Önder: „Genau, diese Zinsaufwendungen haben wir bereits als betriebsfremd abgegrenzt. Aber auch die restlichen betrieblich bedingten Zinsaufwendungen übernehmen wir nicht einfach so als Zinsaufwand, sondern setzen dafür, wie bei den kalkulatorischen Abschreibungen, ebenfalls einen anderen Wert an. Wir rechnen mit kalkulatorischen Zinsen."

Emilia Schaub: „Wieso das denn?"

Jussuf Önder: „Fast jedes Unternehmen ist auch mit Eigenkapital finanziert. Bedenken Sie: Über die Umsatzerlöse bekommen wir nur die Kosten bezahlt, die wir auch vorher kalkuliert haben. Stellen Sie sich mal vor, Emilia, Sie hätten mit Leon zusammen ein eigenes Unternehmen und würden privat im Lotto gewinnen. Würden Sie dieses Geld Ihrem gemeinsamen Unternehmen „kostenlos" zur Verfügung stellen?"

ARBEITSAUFTRÄGE

1 Erläutern Sie, warum der Ansatz kalkulatorischer Zinsen in der Kosten- und Leistungsrechnung notwendig ist.

2 Ermitteln Sie auf Basis der nachfolgenden Angaben
a) das betriebsnotwendige Anlagevermögen,
b) das betriebsnotwendige Umlaufvermögen,
c) das betriebsnotwendige Vermögen,

d) das Abzugskapital,
e) das betriebsnotwendige Kapital und
f) die kalkulatorischen Zinsen für den Monat Oktober, wenn ein Zinssatz von 3 % p. a. zugrunde gelegt wird.

Anlagevermögen	
bebaute Grundstücke	500 000,00 €
davon nicht betrieblich genutzt	100 000,00 €
Gebäude	7 500 000,00 €
davon nicht betrieblich genutzt	1 500 000,00 €
Technische Anlage und Maschinen	12 000 000,00 €
Fuhrpark	800 000,00 €
Betriebs- und Geschäftsausstattung	1 200 000,00 €

Umlaufvermögen	
Vorräte (RHB, UFE, FE)	1 275 000,00 €
Forderungen a. LL.	648 000,00 €
Liquide Mittel	527 000,00 €

Fremdkapital (auszugsweise)	
Verbindlichkeiten a. LL.	527 000,00 €
Kundenanzahlungen	103 000,00 €

Rechenschema:	
betriebsnotwendiges AV	
+ betriebsnotwendiges UV	
= betriebsnotwendiges Vermögen	
– Abzugskapital	
= betriebsnotwendiges Kapital	

Kalkulatorische Zinsen

3 Übernehmen Sie die monatlichen Summen in die richtigen Spalten der ausschnittsweise abgebildeten Ergebnistabelle und stimmen Sie Unternehmensergebnis, neutrales Ergebnis und Betriebsergebnis miteinander ab.

Rechnungskreis I				Rechnungskreis II					
Erfolgsbereich				Abgrenzungsbereich				Kosten- und Leistungsbereich	
Werte der Finanzbuchführung				Unternehmensbezogene Abgrenzung (betriebsfremd)		Betriebsbezogene Abgrenzung (betriebl. a.-o. Verrechnungskorrekturen)		Kosten- und Leistungsarten	
		1	2	3	4	5	6	7	8
Konto	Bezeichnung	Aufwendungen	Erträge	Aufwendungen	Erträge	Aufwendungen/ Aufw. lt. Fibu	Erträge/ verrechnete Kosten	Kosten	Leistungen
7510	Zinsaufwand	35 400,00[1]		6 500,00[2]					
	Kalk. Zinsen								
Summe									
Saldo									
Summe									
		Gesamtergebnis		Ergebnis aus unternehmensbezogener Abgrenzung		Ergebnis aus kosten- und leistungsrechnerischen Korrekturen		Betriebsergebnis	
				Neutrales Ergebnis					

Abstimmung der Ergebnisse						
Unternehmensergebnis	=	neutrales Ergebnis			+	Betriebsergebnis
________	=	________	+	________	+	________
________	=	________			+	________

4 Erläutern Sie die Auswirkungen auf die Kostenrechnung der Sommerfeld Bürosysteme GmbH, wenn keine kalkulatorischen Zinsen ermittelt und stattdessen die bilanziellen Zinsaufwendungen in der Spalte 7 der Ergebnistabelle Berücksichtigung finden würden.

5 Erstellen Sie die endgültige Ergebnistabelle der Sommerfeld Bürosysteme GmbH für den Monat Oktober, indem Sie die blau markierten Zeilen ergänzen. Die übrigen Werte bleiben unverändert, da ihnen keine kalkulatorischen Kosten gegenüberstehen.

1 Vgl. Ausgangssituation zur LS 23 (Seite 83) bzw. Arbeitsauftrag 1 in LS 24 (Seite 85).
2 Vgl. Abgrenzung der betriebsfremden Zinsen (LS 24, Arbeitsauftrag 1, Seite 85).

Rechnungskreis I				Rechnungskreis II					
Erfolgsbereich				Abgrenzungsbereich				Kosten- und Leistungsbereich	
Werte der Finanzbuchführung				Unternehmensbezogene Abgrenzung (betriebsfremd)		Betriebsbezogene Abgrenzung (betriebl. a.-o. Verrechnungskorrekturen)		Kosten- und Leistungsarten	
		1	2	3	4	5	6	7	8
Nr.	Konto	Aufwendungen	Erträge	Aufwendungen	Erträge	Aufwendungen/ Aufw. lt. Fibu	Erträge/ verrechnete Kosten	Kosten	Leistungen
1	5000		3875000,00						3875000,00
2	5200		545000,00						545000,00
3	5401		247000,00		247000,00				
4	5410		420000,00				420000,00		
5	5710		35800,00		22000,00		13800,00		
6	6000	2975000,00				18000,00		2957000,00	
7	6020	185000,00						185000,00	
8	6030	155000,00						155000,00	
9	6050	56000,00						56000,00	
10	6160	105000,00		22000,00				83000,00	
11	6200	520000,00						520000,00	
12	6300	525000,00		3000,00				522000,00	
13	6520	134000,00		2500,00					
14	6800	22000,00						22000,00	
15	6979	350000,00				350000,00			
16	7510	35400,00		6500,00					
17	Kalk. AfA								
18	Kalk. Zinsen								
Summe									
Saldo									
Summe									
		Gesamtergebnis		Ergebnis aus unternehmensbezogener Abgrenzung		Ergebnis aus kosten- und leistungsrechnerischen Korrekturen		Betriebsergebnis	
				Neutrales Ergebnis					

Abstimmung der Ergebnisse						
Unternehmensergebnis	=	neutrales Ergebnis			+	Betriebsergebnis
______________	=	______________	+	______________	+	______________
______________	=	______________			+	______________

HINWEIS

Die Kosten der Spalte 7 werden als Ausgangswerte für die nächste Lernsituation benötigt. Achten Sie bitte darauf, dass Ihre Ergebnisse korrekt sind.

Ergänzende Übungen

1 Der Firmenwagen von Claudia Farthmann (Anschaffungskosten 82 800,00 €) wird bilanziell über sechs Jahre abgeschrieben. Zur Ermittlung der Wiederbeschaffungskosten nach der betriebsindividuellen Nutzungsdauer von neun Jahren wird mit einer jährlichen Preissteigerungsrate von 2 % kalkuliert.

a) Ermitteln Sie den monatlichen bilanziellen Abschreibungsbetrag.
b) Ermitteln Sie die Wiederbeschaffungskosten und runden Sie diesen kaufmännisch auf volle 100,00 €.
c) Ermitteln Sie den monatlichen kalkulatorischen Abschreibungsbetrag.

2 Ihnen liegt der abgebildete – unvollständige – Auszug aus der Anlagendatei vor.

Inventar-Nr.: 501	**Bezeichnung: Gabelstapler**	**Kostenstellen: Material und Fertigung**
Anlagenkonto: 0720	Abschreibungskonto: 6520	Abschreibungsbeginn: 02.01.2015
Nutzungsdauer laut AfA-Tabelle: 10 Jahre	Abschreibungsmethode: linear	Anschaffungskosten: 285 000,00 €
Betriebsindividuelle Nutzungsdauer: 12 Jahre	Abschreibungsmethode: linear	Wiederbeschaffungskosten:

a) Ermitteln Sie die monatlichen bilanziellen Abschreibungen.
b) Ermitteln Sie die monatlichen kalkulatorischen Abschreibungen, wenn Sie von einer jährlichen Preissteigerungsrate von 1,5 % ausgehen.

3 Die Stahlwerke Bochum GmbH, weist folgende Bilanz zum Geschäftsjahresende in TEUR aus:

Aktiva		**Bilanz**	**Passiva**
I. Anlagevermögen		**I. Eigenkapital**	1 900
Bebaute Grundstücke	550		
Fabrikgebäude	780	**II. Schulden**	
Wohngebäude	220	Hypothekenschulden	950
Maschinen und maschinelle Anlagen	470	Darlehensschulden	300
Betriebs- und Geschäftsausstattung	60	Verbindlichkeiten a. LL.	280
		Kundenanzahlungen	170
II. Umlaufvermögen			
Roh-, Hilfs- und Betriebsstoffe	270		
Unfertige und fertige Erzeugnisse	180		
Forderungen a. LL.	320		
Bankguthaben	700		
Kasse	50		
	3 600		3 600

Folgende ergänzende Angaben sind zu berücksichtigen:

- Für die Berechnung des betriebsnotwendigen Anlagevermögens sind kalkulatorische Restwerte zugrunde zu legen.
- Von den bebauten Grundstücken entfallen 120 TEUR auf die Wohngebäude, die an Nichtbetriebsangehörige vermietet sind.
- Der kalkulatorische Restwert der Fabrikgebäude liegt bei 810 TEUR, der kalkulatorische Restwert der Wohngebäude bei 200 TEUR.
- Bei allen anderen Positionen des Anlagevermögens stimmen Buchwerte und kalkulatorische Restwerte überein.
- Die Verbindlichkeiten aus Lieferungen und Leistungen sind nicht skontierbar.

a) Ermitteln Sie das betriebsnotwendige Kapital unter Angabe der relevanten Zwischenergebnisse.
b) Ermitteln Sie die monatlichen kalkulatorischen Zinsen, wenn Sie einen Zinssatz von 3 % p. a. zugrunde legen.
c) Ermitteln Sie die Abweichung des Wertansatzes der Betriebsbuchhaltung von dem der Finanzbuchhaltung, wenn die jährlichen Zinsaufwendungen (Konto 7510) 73 000,00 € betragen.
d) Erläutern Sie, warum die kalkulatorischen Zinsen höher sind als die Zinsaufwendungen der Finanzbuchhaltung (Konto 7510).

4 Die Abteilung Finanzbuchhaltung der Schiller GmbH hat für das abgelaufene Geschäftsjahr folgende Gewinn- und Verlustrechnung erstellt:

SOLL	8020 GuV (Oktober)		HABEN
6000 Aufw. für Rohstoffe	345 000,00	5000 Umsatzerlöse	875 000,00
6050 Energieaufwand	87 000,00	5200 Bestandsmehrungen	18 000,00
6200 Löhne	184 000,00	5400 Mieterträge	221 000,00
6300 Gehälter	98 000,00	5410 Sonstige Erlöse	99 500,00
6520 Afa	126 500,00	5710 Zinsen u. ähnliche Erträge	123 000,00
6990 Versicherungsaufwendungen	24 000,00		
7000 Unternehmenssteuern	26 000,00		
7510 Zinsaufwendungen	38 000,00		
3000 EK	408 000,00		
	1 336 500,00 €		**1 336 500,00 €**

Zur GuV liegen weitere Informationen vor:

- **5400:** Sämtliche Mieterträge sind Erträge aus der Vermietung von Wohnungen an Werksangehörige und deren Familienmitglieder.
- **5410:** Die Erträge stammen aus dem Verkauf vollständig abgeschriebener Fertigungsanlagen über Buchwert.
- **5710:** Die Erträge stammen aus Wertpapiergeschäften.
- **6000:** Insgesamt sind Rohstoffe im Wert von 12 800,00 € gestohlen worden. Hierfür lag keine Fremdversicherung vor.
- **6200:** Es wurden Löhne in Höhe von 17 000,00 € für Arbeitsleistungen an vermieteten Wohngebäuden bezahlt.
- **6300:** Von den Gehältern entfielen 26 500,00 € auf die Verwaltung vermieteter Wohngebäude.
- **6520:** 28 000,00 € entfallen auf die vermieteten Wohngebäude.
- **7000:** 11 000,00 € mussten an Grundsteuer für vermietete Wohngebäude entrichtet werden.
- Weiterhin sind folgende kalkulatorische Kosten anzusetzen:
  kalkulatorische Abschreibungen 105 000,00 €
  kalkulatorische Zinsen 41 000,00 €

Führen Sie für die Schiller GmbH die Abgrenzungsrechnung durch und stimmen Sie die Ergebnisse miteinander ab.

Lernsituation 26: Die Kostenstellenrechnung mithilfe des einstufigen BAB durchführen

Ausgangssituation I: Wer ist hier eigentlich wofür verantwortlich?

Als Emilia Schaub über den Flur geht, um Briefe zur Poststelle zu bringen, bekommt sie durch die geöffnete Tür mit, wie sich die Geschäftsführerin Claudia Farthmann gegenüber dem Abteilungsleiter Produktion Horst Weselberg entrüstet.

Claudia Farthmann: „Ich habe hier die Ergebnistabelle. Schauen Sie sich mal die Zahlen für den Monat Oktober an, Herr Weselberg. Wir haben ein negatives Betriebsergebnis von fast 300 000,00 €. Wenn das so weiter geht, dann sind wir bald pleite. Dafür sind Sie als Abteilungsleiter der Produktion ganz allein verantwortlich. Sie haben viele falsche Entscheidungen getroffen. Die ganzen Umstrukturierungsmaßnahmen in der Produktgruppe „Pause, Speisen, Aufenthalt“ haben nichts gebracht!

Horst Weselberg: „Moment mal, Frau Farthmann, vielleicht sind Sie ein bisschen vorschnell. Bedenken Sie bitte, dass ...“

ARBEITSAUFTRÄGE

1. Fassen Sie die wesentlichen Vorwürfe von Claudia Farthmann kurz in eigenen Worten zusammen.

2. Schauen Sie sich die Ergebnistabelle der LS 25.II auf Seite 95 sowie die Unternehmensbeschreibung und das Organigramm im Lehrbuch noch einmal an und finden Sie Argumente, die Horst Weselberg der Geschäftsführerin Claudia Farthmann entgegnen kann.

Ausgangssituation II: Einzel- und Gemeinkosten unterscheiden

Als Emilia Schaub dem Controlling-Verantwortlichen, Jussuf Önder, sowie Leon Heller von dem Gespräch berichtet, erwähnt sie, dass Horst Weselberg die Vorwürfe von Claudia Farthmann mit geschickten Argumenten entkräftet hat.

Emilia Schaub: „So richtig verstanden habe ich seine Argumente allerdings nicht.“

Jussuf Önder: „Herr Weselberg hat natürlich nicht nur das Betriebsergebnis, das wir bereits in der Ergebnistabelle ermittelt haben, im Kopf gehabt. Er weiß, dass es eine Kostenstellenrechnung gibt, bei der man die Kosten auf die Kostenstellen verteilt.“

Leon Heller: „So kann man also feststellen, in welchen Bereichen des Betriebes welche Kosten angefallen sind?“

Jussuf Önder: „Richtig, und nicht nur das. Sie können sogar Zuschlagssätze bilden und damit in einem nächsten Schritt der Kostenträgerzeitrechnung die Kosten für einzelne Produktgruppen ermitteln. Ob die Umstrukturierungen im Bereich der Rennräder was gebracht haben, kann man dort erkennen."

Emilia Schaub: „Da bin ich aber mal gespannt, wie das nun konkret aussieht."

ARBEITSAUFTRÄGE

1 Beschreiben Sie anhand der Ausgangssituation und mithilfe Ihres Lehrbuchs, um welche nächsten Schritte sich Emilia Schaub und Leon Heller kümmern müssen, um die möglichen Argumente von Horst Weselberg nachvollziehen zu können.

2 Jussuf Önder bittet nun Emilia Schaub und Leon Heller, mit der Kostenstellenrechnung zu beginnen. Analysieren Sie die in den Lernsituationen 25.II ermittelten Kosten (Spalte 7 der Ergebnistabelle auf Seite 95) und ordnen Sie die Kosten den Einzel- oder Gemeinkosten betragsmäßig zu. Begründen Sie Ihre Zuordnung.

Kostenart	Einzelkosten in €	Gemeinkosten in €
6000 Rohstoffaufwand		
6020 Hilfsstoffaufwand		
6030 Betriebsstoffaufwand		
6050 Energieaufwand		
6160 Fremdinstandsetzung		
6200 Löhne		
6300 Gehälter		
6800 Büromaterial		
Kalkulatorische Abschreibungen		
Kalkulatorische Zinsen		
Summe		

Ausgangssituation III: Den Gesamtbetrieb in Kostenstellen gliedern und die Gemeinkosten verteilen

Nachdem Emilia Schaub und Leon Heller zwischen Einzel- und Gemeinkosten unterschieden haben, lenkt Jussuf Önder die Aufmerksamkeit der beiden auf die Aufwendungen für Büromaterial: „Die Kosten für Büromaterial sind jahrelang Monat für Monat gestiegen. Wenn ich durch die Abteilungen gegangen bin, hatte ich oft das Gefühl, dass es den Mitarbeitenden und auch den Abteilungsleitungen völlig egal

sei, wer wie viel Büromaterial verbraucht hat und welche Kosten dadurch verursacht wurden. Die schieben sich gegenseitig die Verantwortung zu, frei nach dem Motto: Sind ja schließlich Gemeinkosten, sollen die anderen sich mal kümmern. Aber damit ist schon länger Schluss. Wir haben in der Büromaterialausgabe nun Materialentnahmescheine eingeführt, auf denen festgehalten wird, wer welches Material für welche Abteilung entnimmt. Leider ist es aber nicht immer so einfach, die Gemeinkosten zu verteilen und damit die Verantwortlichkeiten zu klären."

ARBEITSAUFTRÄGE

1 Erläutern Sie das in der Ausgangssituation geschilderte Problem.

2 Erarbeiten Sie einen Vorschlag zur Lösung des geschilderten Problems.

3 Übernehmen Sie die Gemeinkosten des Monats Oktober (vgl. Ausgangssituation I) in den abgebildeten Betriebsabrechnungsbogen und verteilen Sie die Gemeinkosten auf Basis folgender Verteilungsschlüssel auf die Kostenstellen:

Gemeinkostenart	Verteilungsgrundlage	Material	Fertigung	Verwaltung	Vertrieb
6020 Hilfsstoffaufwand	Materialentnahmescheine	27 000,00 €	156 000,00 €	800,00 €	1 200,00 €
6030 Betriebsstoffaufwand	Materialentnahmescheine	26 000,00 €	126 000,00 €	1 000,00 €	2 000,00 €
6050 Energieaufwand	Stromzähler	20 000 kWh	161 000 kWh	22 000 kWh	21 000 kWh
6160 Fremdinstandsetzung	Eingangsrechnungen	21 000,00 €	34 000,00 €	6 500,00 €	21 500,00 €
6300 Gehälter	Gehaltslisten	39 000,00 €	98 000,00 €	254 000,00 €	131 000,00 €
6800 Büromaterial	Materialentnahmescheine	2 000,00 €	1 000,00 €	12 000,00 €	7 000,00 €
Kalkulatorische Abschreibungen	Anlagendatei; Verhältnis	15 :	65 :	13 :	7
Kalkulatorische Zinsen	Betriebsnotwendiges Kapital; Verhältnis	1 :	6 :	2 :	1

Betriebsabrechnungsbogen (BAB) der Sommerfeld Bürosysteme GmbH (Monat: Oktober)					
Gemeinkostenart	Betrag	Kostenstellen			
		Material	Fertigung	Verwaltung	Vertrieb
Summe Gemeinkosten					

> **HINWEIS**
>
> Die Ergebnisse des BAB werden als Ausgangswerte für die nächste Lernsituation benötigt. Achten Sie bitte darauf, dass Ihre Ergebnisse korrekt sind.

4 Begründen Sie am Beispiel des BAB der Sommerfeld Bürosysteme GmbH, bei welchen Gemeinkostenarten es sich um Kostenstelleneinzelkosten und bei welchen Gemeinkostenarten es sich um Kostenstellengemeinkosten handelt. Erläutern Sie, wer die Entwicklung der Gemeinkosten zu verantworten hat.

5 Vergleichen Sie die Kostenentwicklung in den einzelnen Kostenstellen für die Monate Oktober und September und überprüfen Sie die Behauptung von Frau Farthmann, dass Horst Weselberg ganz wesentlich für die Kostenentwicklung verantwortlich sei.

Betriebsabrechnungsbogen (BAB) der Sommerfeld Bürosysteme GmbH (Monat: September)					
Gemeinkostenart	Betrag	Kostenstellen			
		Material	Fertigung	Verwaltung	Vertrieb
Summe Gemeinkosten	1 196 400,00 €	135 700,00 €	582 200,00 €	308 500,00 €	174 000,00 €

Ergänzende Übungen

1 TSM AG ist ein Hersteller von Möbelsystemen. Begründen Sie, ob es sich bei den folgenden Kosten um Einzel- oder Gemeinkosten handelt.

a) Stromverbrauch laut Monatsabrechnung
b) Abschreibungen auf Maschinen
c) Lackverbrauch
d) Benzinverbrauch für Firmenfahrzeuge
e) Miete für Vertriebsbüro
f) Verbrauch an Spanplatten
g) Gewerbesteuer
h) Gehalt für den Werkstattmeister
i) Löhne für die Beschäftigten in der Produktion
j) Verbrauch an Büromaterial

2 Ermitteln Sie anhand des nachfolgend abgebildeten Auszugs aus der Anlagendatei den für März 2025 auf die Kostenstelle I „Material“ und die Kostenstelle II „Fertigung“ entfallenden kalkulatorischen Abschreibungsbetrag für einen Gabelstapler, Inventar-Nr. 501. Der Gabelstapler wird in beiden Kostenstellen verwendet. Die Kosten sollen im Verhältnis 8 : 2 auf die beiden Kostenstellen „Material“ und „Fertigung“ verteilt werden.

Inventar-Nr.: 501		Bezeichnung: Gabelstapler		Kostenstellen: Material und Fertigung	
Anlagenkonto:	0720	Abschreibungskonto:	6520	Abschreibungsbeginn:	01.05.2023
Nutzungsdauer laut AfA-Tabelle:	10 Jahre	Abschreibungsmethode:	linear	Anschaffungskosten:	28 500,00 €
Betriebsindividuelle Nutzungsdauer:	12 Jahre	Abschreibungsmethode:	linear	Wiederbeschaffungswert:	31 500,00 €

3 Bei der Sommerfeld Bürosysteme GmbH sind die folgenden Gemeinkosten angefallen. Begründen Sie, welcher Kostenstelle die Gemeinkosten zuzuordnen sind.

a) Abschreibung auf Maschinen lt. Anlagendatei
b) Abschreibung auf das Versandlager
c) Verbrauch von Schrauben und Nägeln
d) Abschreibung auf das Wareneingangslager
e) Gehalt der Geschäftsführung
f) Gehalt eines Einkaufssachbearbeiters
g) Hilfslöhne für die Fertigung
h) Büroeinrichtung der Personalabteilung
i) Kopierer für die Verkaufsabteilung
j) Energieverbrauch der Produktion lt. Zähler

4 Prüfen Sie, ob die folgenden Aussagen richtig sind, und korrigieren Sie die falschen Aussagen.

a) Gemeinkosten lassen sich den einzelnen Kostenträgern direkt zuordnen.
b) Typische Einzelkosten sind Rohstoff- und Lohnkosten.
c) Im Rahmen der Kostenstellenrechnung werden die Einzelkosten verursachungsgerecht auf die Kostenstellen verteilt.
d) Die Kostenstellen eines Betriebs werden nach Funktions- und Verantwortungsbereichen gebildet.
e) Die Abkürzung „BAB" steht für „Betriebsabrechnungsbogen".
f) Ein Ziel des BAB ist die Wirtschaftlichkeitskontrolle einzelner Betriebsbereiche.

Lernsituation 27: Kostenstellen- und Kostenträgerrechnung im mehrstufigen BAB durchführen

Ausgangssituation: Die Kostenstellen präziser gliedern und einen mehrstufigen BAB verwenden

Mit ihrem Hauptzulieferer für Kunststoffteile, der VEKUMA AG aus Emsdetten, arbeitet die Sommerfeld Bürosysteme GmbH seit vielen Jahren vertrauensvoll zusammen. Daher hat man eine Vereinbarung zur Durchführung eines Benchmarkings[1] im Unternehmensbereich Controlling getroffen. In einem kurzen Vortrag erläutert der Leiter des Rechnungswesens der VEKUMA AG, Herr Laumann, den grundsätzlichen Aufbau des erweiterten, mehrstufigen Betriebsabrechnungsbogens.

Herr Laumann: „Wir waren mit der Aussagefähigkeit des einstufigen BAB in seiner einfachen Form nicht mehr zufrieden. Das Hauptproblem war, dass der BAB nur einen Kostenbereich ‚Fertigung' ausgewiesen hat und der Gemeinkostenverbrauch einzelner Fertigungsabteilungen nicht erkennbar und eine gezielte Kostenkontrolle nur schwer möglich waren. Darüber hinaus gibt es bei uns im Unternehmen Abteilungen, wie z. B. die Arbeitsvorbereitung, aber auch den Fuhrpark oder den Facility-Service, die innerbetriebliche Leistungen für andere Kostenstellen erbringen. Wenn man die dort anfallenden Gemeinkosten kontrollieren will, muss man auch für diese Abteilungen Kostenstellen einrichten."

1 Als Benchmarking bezeichnet man den Vergleich von Produkten, Dienstleistungen oder Prozessen bzw. Methoden mit anderen Unternehmen, um festzustellen, welche Unterschiede bestehen, warum diese Unterschiede bestehen und welche Verbesserungsmöglichkeiten es gibt.

ARBEITSAUFTRÄGE

1 Erläutern Sie, warum die VEKUMA AG zusätzliche Kostenstellen eingerichtet hat und nach welchen Maßgaben diese gebildet wurden.

2 Erläutern Sie den Unterschied zwischen Vor- bzw. Hilfskostenstellen auf der einen Seite und Haupt- bzw. Endkostenstellen auf der anderen Seite.

3 Nennen Sie Beispiel für mögliche Vor- und Hilfskostenstellen.

4 Die VEKUMA AG stellt Ihnen den abgebildeten, noch unvollständigen BAB zur Verfügung. Die primären Gemeinkosten sind bereits auf die Kostenstellen verteilt worden.

a) Verteilen Sie die Gemeinkosten der Vorkostenstelle Facility-Service nach folgendem Verteilungsschlüssel anteilsmäßig auf die anderen Kostenstellen. Die Anteile sind:
Fuhrpark: 2, Material: 3, AV: 4, Fertigung I: 3, Fertigung II: 4, Verwaltung: 5, Vertrieb: 4

b) Verteilen Sie die Gemeinkosten der Vorkostenstelle Fuhrpark auf Basis der gefahrenen Kilometer auf die anderen Kostenstellen:
Material: 12 400 km, AV: 1 200 km, Fertigung I: 2 200 km, Fertigung II: 1 900 km, Verwaltung: 3 600 km, Vertrieb: 107 380 km

c) Verteilen Sie die Gemeinkosten der Hilfskostenstelle Arbeitsvorbereitung im Verhältnis 3 : 5 auf die beiden Fertigungsstellen.

GK-Art	Betrag	Facility-Service	Fuhrpark	Material	Arbeitsvorbereitung	Fertigung I	Fertigung II	Verwaltung	Vertrieb
Hilfsstoffe	72 700,00 €	1 200,00 €	1 500,00 €	2 000,00 €	14 000,00 €	16 000,00 €	22 000,00 €	1 000,00 €	15 000,00 €
FIS	46 500,00 €	1 500,00 €	12 000,00 €	4 500,00 €	3 700,00 €	9 800,00 €	12 000,00 €	1 400,00 €	1 600,00 €
Gehälter	85 500,00 €	4 000,00 €	4 200,00 €	7 800,00 €	11 800,00 €	8 700,00 €	12 000,00 €	22 000,00 €	15 000,00 €
kalk. AfA	108 700,00 €	700,00 €	25 000,00 €	7 000,00 €	4 000,00 €	29 000,00 €	34 000,00 €	5 000,00 €	4 000,00 €
kalk. Zinsen	86 600,00 €	600,00 €	21 000,00 €	4 500,00 €	3 500,00 €	24 000,00 €	26 000,00 €	4 000,00 €	3 000,00 €
Summe	400 000,00 €	8 000,00 €	63 700,00 €	25 800,00 €	37 000,00 €	87 500,00 €	106 000,00 €	33 400,00 €	38 600,00 €
	–	↳							
Summe	–	–							
	–	–	↳						
Summe	–	–	–						
	–	–	–	–	↳			–	–
Summe	400 000,00 €	–	–		–				

5 Erläutern Sie Ihr Vorgehen und die von Ihnen ermittelten Ergebnisse.

Ergänzende Übung

Die Meier KG ist ein mittelständischer Hersteller von Türzargen und Fensterahmen mit Sitz in Leipzig. Ihnen liegt der abgebildete Ausschnitt des mehrstufigen BAB für den Monat Mai vor.

Kantine	Material	Arbeitsvorbereitung	Fertigung I	Fertigung II	Verwaltung	Vertrieb
50 000,00 €	220 000,00 €	125 000,00 €	400 000,00 €	275 000,00 €	150 000,00 €	200 000,00 €
↳						

Kantine	Material	Arbeits-vorbereitung	Fertigung I	Fertigung II	Verwaltung	Vertrieb
Zwischen-summe						
		↳				
Gesamt-summe						

a) Die Meier KG beschäftigt 200 Mitarbeiterinnen und Mitarbeiter. Verteilen Sie die Gemeinkosten der Vorkostenstelle Kantine auf die nachfolgenden Kostenstellen, wenn in der Kostenstelle Material 20 Mitarbeitende, in der Arbeitsvorbereitung 32 Mitarbeitende, in der Fertigung I 55 Mitarbeitende, in der Fertigung II 44 Mitarbeitende, in der Verwaltung 33 Mitarbeitende und im Vertrieb 16 Mitarbeitende beschäftigt sind.

b) Verteilen Sie Gemeinkosten der Hilfskostenstelle Arbeitsvorbereitung im Verhältnis 3 : 2 auf die beiden Fertigungshauptstellen.

Lernsituation 28: Gemeinkostenzuschlagssätze im BAB ermitteln und eine Kostenträgerzeitrechnung durchführen

Ausgangssituation I: Die Gemeinkostenzuschlagssätze im BAB ermitteln

Emilia Schaub und Leon Heller finden sich im Büro von Jussuf Önder ein, um noch einmal die negative Entwicklung in einzelnen Kostenstellen und Produktgruppen zu besprechen.

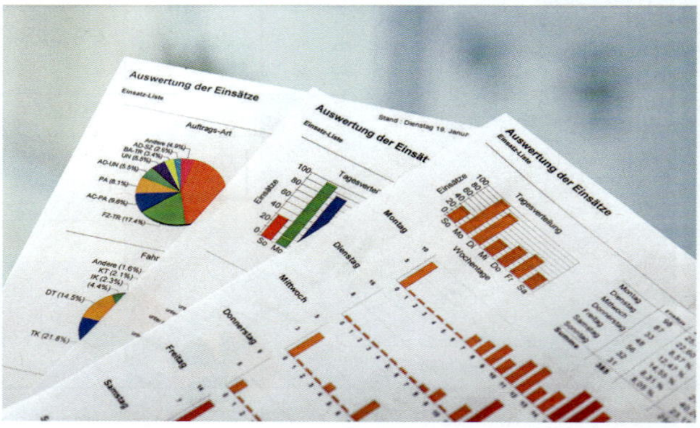

Emilia Schaub: „Da hat Herr Weselberg wohl doch Recht gehabt. Die Kostenentwicklung in der Kostenstelle Produktion ist auf jeden Fall besser als in den anderen Bereichen des Betriebes."

Leon Heller: „Stimmt, aber was ist eigentlich mit der Behauptung von Frau Farthmann, die Umstrukturierungen in der Produktgruppe „Pause, Speisen, Aufenthalt" hätten nichts gebracht und es gäbe dort immer noch Verluste? Letztlich wollen wir doch auch herausfinden, welche Produktgruppen für das negative Betriebsergebnis im Oktober verantwortlich sind."

Emilia Schaub: „Aber wie? Das Problem ist doch, dass wir nur die Einzelkosten, also die Fertigungslöhne und die Rohstoffaufwendungen, den Kostenträgern direkt zurechnen können. Die Gemeinkosten können wir ja nicht direkt den einzelnen Produktgruppen zuordnen."

Jussuf Önder: „Richtig, Sie haben das Problem erkannt. Deshalb verteilen wir die Gemeinkosten der Kostenstellen mithilfe von Zuschlagssätzen auf die Produkte. Wie ein Zuschlagssatz ermittelt wird und was er aussagt, darum werden wir uns jetzt kümmern."

ARBEITSAUFTRÄGE

1 Vervollständigen Sie den vorliegenden Betriebsabrechnungsbogen (siehe auch LS 26.II auf Seite 95), indem Sie

- die Zuschlagsgrundlagen übertragen (siehe Ergebnistabelle der LS 25.II auf Seite 88) bzw. berechnen (siehe nachfolgendes Schema zur Berechnung der Herstellkosten des Umsatzes)
- und die Zuschlagssätze für die einzelnen Kostenstellen ermitteln.

Betriebsabrechnungsbogen (BAB) der Sommerfeld Bürosysteme GmbH (Monat: Oktober)					
Gemeinkostenart	**Betrag**	**Kostenstellen**			
		Material	**Fertigung**	**Verwaltung**	**Vertrieb**
6020 Hilfsstoffaufwand	185 000,00 €	27 000,00 €	156 000,00 €	800,00 €	1 200,00 €
6030 Betriebsstoffaufwand	155 000,00 €	26 000,00 €	126 000,00 €	1 000,00 €	2 000,00 €
6050 Energieaufwand	56 000,00 €	5 000,00 €	40 250,00 €	5 500,00 €	5 250,00 €
6160 Fremdinstandsetzung	83 000,00 €	21 000,00 €	34 000,00 €	6 500,00 €	21 500,00 €
6300 Gehälter	522 000,00 €	39 000,00 €	98 000,00 €	254 000,00 €	131 000,00 €
6800 Büromaterial	22 000,00 €	2 000,00 €	1 000,00 €	12 000,00 €	7 000,00 €
Kalkulatorische AfA	141 000,00 €	21 150,00 €	91 650,00 €	18 330,00 €	9 870,00 €
Kalkulatorische Zinsen	55 550,00 €	5 555,00 €	33 330,00 €	11 110,00 €	5 555,00 €
Summe Gemeinkosten	**1 219 550,00 €**	**146 705,00 €**	**580 230,00 €**	**309 240,00 €**	**183 375,00 €**
Zuschlagsgrundlage					
Zuschlagssatz					

HINWEIS

Die Zuschlagssätze werden für die nächste Ausgangssituation benötigt. Achten Sie bitte darauf, dass Ihre Ergebnisse korrekt sind.

Schema zur Berechnung der Herstellkosten des Umsatzes

	€
Materialeinzelkosten (MEK)	
+ Materialgemeinkosten (MGK)	
= Materialkosten (MK)	
Fertigungseinzelkosten (FEK)	
+ Fertigungsgemeinkosten (FGK)	
= Fertigungskosten (FK)	
MK + FK = Herstellkosten der Rechnungsperiode (HK_{RP})	
– Bestandsmehrungen (vgl. Ergebnistabelle für Oktober, LS 3)	
= Herstellkosten des Umsatzes (HK_{Ums})	

2 Begründen Sie,
a) warum die Herstellkosten des Umsatzes für die Berechnung der Verwaltungs- und Vertriebsgemeinkostenzuschlagssätze zugrunde gelegt werden und
b) wie die Bestandsveränderungen an fertigen und unfertigen Erzeugnissen bei der Berechnung der Herstellkosten des Umsatzes zu berücksichtigen sind.

3 Erläutern Sie, was die von ihnen ermittelten Gemeinkostenzuschlagssätze aussagen.

Ausgangssituation II: Die Selbstkosten in der Kostenträgerzeitrechnung ermitteln

Emilia Schaub: „Wir haben ja jetzt die Zuschlagssätze für die einzelnen Kostenstellen errechnet, aber auf die Frage, ob die Umstrukturierungen in der Produkte „Pause, Speisen, Aufenthalt“ erfolgreich waren, haben wir immer noch keine Antwort.“

Jussuf Önder: „Richtig, aber jetzt ist es nur noch ein kleiner Schritt, um darauf eine Antwort zu geben. Bedenken Sie, was ein Zuschlagsatz angibt.“

Leon Heller: „Er gibt das prozentuale Verhältnis von Gemeinkosten zu Einzel- bzw. Herstellkosten an.“

Jussuf Önder: „Und genau das machen wir uns jetzt zunutze. Wir übernehmen die Zuschlagssätze für unsere Produktgruppen.“

ARBEITSAUFTRÄGE

1 Vervollständigen Sie das Kostenträgerzeitblatt für den Monat Oktober und ermitteln Sie
a) die Selbstkosten des Umsatzes,
b) das Betriebsergebnis und
c) die Wirtschaftlichkeit des Gesamtbetriebes sowie der einzelnen Produktgruppen.

Bezeichnung	Gesamtbetrieb	GKZS	Warten und Empfang	Am Schreibtisch	Konferenz	Pause, Speisen, Aufenthalt
MEK	2957000,00 €		652000,00 €	865000,00 €	990000,00 €	450000,00 €
+ MGK	146705,00 €	4,96 %				
= MK	3103705,00 €					
FEK	520000,00 €		110000,00 €	130000,00 €	195000,00 €	85000,00 €
+ FGK	580230,00 €	111,58 %				

Bezeichnung	Gesamtbetrieb	GKZS	Warten und Empfang	Am Schreibtisch	Konferenz	Pause, Speisen, Aufenthalt
= FK	1 100 230,00 €					
MK + FK = HK_{RP}	4 203 935,00 €					
– BVÄ	–545 000,00 €		–30 000,00 €	–45 000,00 €	–449 000,00 €	–21 000,00 €
HK_U	3 658 935,00 €					
+ VwGK	309 240,00 €	8,45 %				
+ VtGK	183 375,00 €	5,01 %				
SK_U	4 151 550,00 €					
Umsatzerlöse	3 875 000,00 €		1 055 000,00 €	1 315 000,00 €	765 000,00 €	740 000,00 €
Betriebsergebnis	–276 550,00 €					
Wirtschaftlichkeit	0,93					

2 Diskutieren Sie die von Ihnen ermittelten Ergebnisse und prüfen Sie, ob die Umstrukturierungen in der Produktgruppe „Pause, Speisen, Aufenthalt" erfolgreich waren.

Ergänzende Übungen

1 Vervollständigen Sie den BAB und erstellen Sie auf Basis der nachfolgenden Angaben das Kostenträgerzeitblatt für den Gesamtbetrieb. Berücksichtigen Sie dabei die auf der nächsten Seite angegebenen Bestandsveränderungen.

Betriebsabrechnungsbogen (BAB) für den Monat August					
		Kostenstellen			
Gemeinkostenart	Betrag	Material	Fertigung	Verwaltung	Vertrieb
6160 FIS	298 400,00 €	23 000,00 €	245 000,00 €	18 000,00 €	12 400,00 €
6300 Gehälter	422 000,00 €	22 000,00 €	54 000,00 €	157 000,00 €	189 000,00 €
6700 Miete	42 000,00 €	14 000,00 €	15 000,00 €	7 000,00 €	6 000,00 €
6800 Büromaterial	14 800,00 €	2 100,00 €	1 100,00 €	5 400,00 €	6 200,00 €
6900 Versicherungen	136 000,00 €	35 000,00 €	46 000,00 €	34 000,00 €	21 000,00 €
kalk. AfA	322 000,00 €	24 000,00 €	175 000,00 €	34 000,00 €	89 000,00 €
kalk. Zinsen	114 500,00 €	9 500,00 €	62 000,00 €	14 000,00 €	29 000,00 €
Summe	**1 349 700,00 €**	**129 600,00 €**	**598 100,00 €**	**269 400,00 €**	**352 600,00 €**
Rohstoffkosten		1 000 000,00 €			
Lohnkosten			487 000,00 €		
HK_{Ums}					
Zuschlagssatz					

S	2100 UFE		H
AB	14 000,00	SB	12 000,00

S	2200 FE		H
AB	3 100,00	SB	4 500,00

2 Ergänzen Sie das abgebildete Kostenträgerzeitblatt der Kampmann Metallwerke OHG für den Monat April.

Bezeichnung	Gesamtbetrieb	GKZS	Produktgruppe A	Produktgruppe B	Produktgruppe C
MEK	250 000,00 €		65 000,00 €	145 000,00 €	40 000,00 €
+ MGK	16 250,00 €				
= MK	266 250,00 €				
FEK	310 000,00 €		80 000,00 €	147 000,00 €	83 000,00 €
+ FGK	418 500,00 €				
= FK	728 500,00 €				
HK_{RP}	994 750,00 €				
+/- BVÄ UFE	21 000,00 €		5 000,00 €	9 000,00 €	7 000,00 €
$HK_{Prod.}$	1 015 750,00 €				
+/– BVÄ FE	–2 500,00 €		–2 000,00 €	1 000,00 €	–1 500,00 €
HK_U	1 013 250,00 €				
+ VwGK	86 126,25 €				
+ VtGK	53 702,25 €				
SK_U	1 153 078,50 €				

Umsatzerlöse	1 500 000,00 €		471 000,00 €	645 000,00 €	384 000,00 €
Betriebsergebnis					
Wirtschaftlichkeit					

3 Die Baumkötter GmbH fertigt die Produkte A, B und C, für welche folgende Angaben vorliegen:

	Kostenträgergruppen			Gesamt
	A	B	C	
Herstellkosten der Abrechnungsperiode	150 000,00 €		80 000,00 €	450 000,00 €
Herstellkosten des Umsatzes	145 000,00 €	226 000,00 €	75 000,00 €	
Verwaltungs- & Vertriebsgemeinkosten	7 250,00 €	11 300,00 €	3 750,00 €	22 300,00 €
Selbstkosten des Umsatzes		237 300,00 €		
Netto-Verkaufserlöse	168 000,00 €	253 000,00 €		524 000,00 €
Betriebsergebnis				

Ermitteln Sie
a) die Bestandsveränderung insgesamt,
b) die Selbstkosten des Umsatzes insgesamt,
c) das Betriebsergebnis insgesamt,
d) den Verwaltungs- und Vertriebsgemeinkostenzuschlagssatz.

Lernsituation 29: Eine Kostenträgerzeitrechnung mit Ist- und Normalkosten durchführen

Ausgangssituation: Kostenabweichungen bei einem der Hauptlieferanten der Sommerfeld Bürosysteme GmbH

Als einer der Hauptlieferanten der Sommerfeld Bürosysteme GmbH stellt die Wollux GmbH mit Sitz in Magdeburg Bezugs- und Polstermaterialien für Möbel her. Am Ende eines jeden Monats überprüft die Wollux GmbH, ob die verwendeten Gemeinkostenzuschlagssätze auch für die kommende Rechnungsperiode beibehalten werden können oder ob diese angepasst werden müssen.

Für den vergangenen Monat wurden aus der Controlling-Abteilung folgende Zahlen (Ist-Kosten) gemeldet:

Kosten und Leistungen	insgesamt	Anteile der Produktgruppen	
		Produktgruppe A (Bezugsmaterialien)	Produktgruppe B (Polstermaterialien)
Fertigungsmaterial	85 000,00	52 000,00	33 000,00
Fertigungslöhne	46 000,00	34 000,00	12 000,00
Materialgemeinkosten	9 640,00		
Fertigungsgemeinkosten	88 450,00		
Verwaltungsgemeinkosten	21 340,00		
Vertriebsgemeinkosten	8 480,00		
Unfertige Erzeugnisse:			
Anfangsbestand	10 000,00	6 000,00	4 000,00
Endbestand	14 000,00	9 000,00	5 000,00
Fertige Erzeugnisse:			
Anfangsbestand	16 000,00	10 000,00	6 000,00
Endbestand	22 000,00	15 000,00	7 000,00
Netto-Umsatzerlöse	289 600,00	188 400,00	101 200,00

Darüber hinaus erfahren Sie aus dem Controlling, dass im Monat November im Rahmen der Vorkalkulation (bei identischen Einzelkosten) mit folgenden Normal-Gemeinkostenzuschlagssätzen kalkuliert wurde:

Materialgemeinkosten	11 %
Fertigungsgemeinkosten	200 %
Verwaltungsgemeinkosten	10 %
Vertriebsgemeinkosten	6 %

ARBEITSAUFTRÄGE

1 Erstellen Sie das Kostenträgerzeitblatt, indem Sie die Ist-Gemeinkostenzuschlagssätze berechnen und dann sowohl im Rahmen der Ist-Kostenrechnung als auch im Rahmen der Normal-Kostenrechnung die Selbstkosten des Umsatzes ermitteln.

Kostenarten	Ist-Kostenrechnung			
	Kosten insgesamt	Ist-Zuschlagssätze	Kosten Produktgruppe A	Kosten Produktgruppe B
Materialeinzelkosten				
Materialgemeinkosten				
Materialkosten				
Fertigungseinzelkosten				
Fertigungsgemeinkosten				
Fertigungskosten				
HK der Rechnungsperiode				
HK der Produktion				
HK des Umsatzes				
Verwaltungsgemeinkosten				
Vertriebsgemeinkosten				
SK des Umsatzes				

Kostenarten	Normal-Kostenrechnung			
	Kosten insgesamt	Normal-Zuschlagssätze	Kosten Produktgruppe A	Kosten Produktgruppe B
Materialeinzelkosten				
Materialgemeinkosten				
Materialkosten				
Fertigungseinzelkosten				
Fertigungsgemeinkosten				
Fertigungskosten				
HK der Rechnungsperiode				
HK der Produktion				
HK des Umsatzes				
Verwaltungsgemeinkosten				
Vertriebsgemeinkosten				
SK des Umsatzes				

2 Ermitteln Sie die entstandenen Kostenüber- bzw. Kostenunterdeckungen in den Kostenstellen „Material“, „Fertigung“, „Verwaltung“ und „Vertrieb“ sowohl für die Produktgruppen „Bezugsmaterialien“ und „Polstermaterialien“ als auch insgesamt.

	Gemeinkosten insgesamt	
	Ist	Normal
Materialgemeinkosten		
Fertigungsgemeinkosten		
Verwaltungsgemeinkosten		
Vertriebsgemeinkosten		
Summe		

	Gemeinkosten der Produktgruppe A	
	Ist	Normal
Materialgemeinkosten		
Fertigungsgemeinkosten		
Verwaltungsgemeinkosten		
Vertriebsgemeinkosten		
Summe		

	Gemeinkosten der Produktgruppe B	
	Ist	Normal
Materialgemeinkosten		
Fertigungsgemeinkosten		
Verwaltungsgemeinkosten		
Vertriebsgemeinkosten		
Summe		

3 Ermitteln Sie das Betriebsergebnis und das Umsatzergebnis der beiden Produktgruppen.

	insgesamt	Produktgruppe A	Produktgruppe B
erzielte Umsatzerlöse			
SK des Umsatzes (Ist-Kostenrechnung)			
Betriebsergebnis			
	insgesamt	**Produktgruppe A**	**Produktgruppe B**
erzielte Umsatzerlöse			
SK des Umsatzes (Normal-Kostenrechnung)			
Umsatzergebnis			

4 Führen Sie mögliche Ursachen für die in den einzelnen Kostenstellen entstandenen Kostenabweichungen (vgl. Aufgabe 2) an.

5 Vergleichen Sie Betriebs- und Umsatzergebnis (vgl. Aufgabe 3) und erläutern Sie, aus welchem Grund diese unterschiedlich hoch ausfallen.

Lernsituation 30: Die Kostenträgerstückrechnung als Zuschlagskalkulation durchführen

Ausgangssituation I: Ein Angebot kalkulieren

Jussuf Önder hat Peter Kraus, den Vertriebsleiter, gebeten, eine Kundenanfrage an ihn weiterzuleiten. Leon Heller und Emilia Schaub sollen lernen, wie Angebote bei der Sommerfeld Bürosysteme GmbH kalkuliert werden.

MÖBELKONTOR KG
Waldstraße 456, 51147 Köln

Möbelkontor KG · Waldstraße 456 · 51147 Köln

Sommerfeld Bürosysteme GmbH
Gladbecker Str. 85–91
45141 Essen

Ansprechpartner: Herr Bingöl
Unser Zeichen: pb-mobi
Telefon: 0221 4 46 66 60
e-Mail: bingoel@moeko.de

Datum: 03.03.20..

Anfrage Stühle „Modus Freischwinger"

Sehr geehrter Herr Kraus,

bitte senden Sie uns schnellstmöglich ein aussagekräftiges Angebot über 20 Stühle „Modus Freischwinger" zu. Der gewünschte Liefertermin ist der 15. Mai.

Mit freundlichen Grüßen

Peter Bingöl

Einkaufsleiter MÖBELKONTO KG

„Denken Sie daran, dass sämtliche betrieblich bedingten Kosten berücksichtigt werden", mahnt Herr Önder. „Kein Problem, eine Kostenträgerzeitrechnung haben wir ja bereits durchgeführt, da sollte uns eine Kostenträgerstückrechnung wohl auch gelingen", antwortet Emilia Schaub.

ARBEITSAUFTRÄGE

1 Unterscheiden Sie zwischen einer Kostenträgerzeitrechnung und einer Kostenträgerstückrechnung.

2 Begründen Sie, welche Kosten Emilia Schaub und Leon Heller berücksichtigen müssen.

3 Berechnen Sie den Angebotspreis (Listenverkaufspreis) unter Berücksichtigung der folgenden Angaben:

Kosten für Fertigungsmaterial:	85,00 € je Stück
Lohnkosten:	95,00 € je Stück
Gewinnzuschlag:	20 %
Skontosatz:	2 %
Kundenrabatt:	8 %
Lieferbedingung:	frei Haus

Für die Vorkalkulation sollen die folgenden Normal-Zuschlagssätze genutzt werden.

	Material	Fertigung	Verwaltung	Vertrieb
Zuschlagssatz	4,72 %	108,48 %	8,62 %	4,86 %

Kalkulationsschema		1 Modus Freischwinger	20 Modus Freischwinger
Materialeinzelkosten (MEK)			
Materialgemeinkosten (MGK)			
Materialkosten (MK)			
Fertigungseinzelkosten (FEK)			
Fertigungsgemeinkosten (FGK)			
Fertigungskosten (FK)			
Herstellkosten (MK+ FK)			
Verwaltungsgemeinkosten (VwGK)			
Vertriebsgemeinkosten (VtGK)			
Selbstkosten (SK)			
Gewinnzuschlag			
Barverkaufspreis (BVP)			
Skonto			
Zielverkaufspreis (ZVP)			
Rabatt			
Listenverkaufspreis (LVP)			

4 Erläutern Sie die von Ihnen berechneten Werte.

Ausgangssituation II: Sondereinzelkosten berücksichtigen

Peter Kraus telefoniert mit Jussuf Önder und spricht über das Angebot an die MÖBELKONTOR KG.

Peter Kraus: „Herr Bingöl von der MÖBELKONTOR KG war sehr zufrieden mit unserem Angebot, er möchte fünf weitere „Modus Freischwinger“ bestellen, hat hierfür aber kleinere Änderungswünsche. Die örtliche Sparkasse kauft sie und möchte sie im Rahmen eines Sommerfestes verlosen. Daher sollen die Stühle eine Sonderlackierung und eine werbewirksame Umverpackung mit dem Logo der Sparkasse Köln erhalten.“

Jussuf Önder: „Kein Problem, ich spreche mit Herrn Weselberg aus der Produktion und lasse das unsere beiden Auszubildenden durchkalkulieren.“

ARBEITSAUFTRÄGE

1 Herr Weselberg gibt an, dass durch die Sonderwünsche Sondereinzelkosten der Fertigung in Höhe von 28,00 € und Sondereinzelkosten des Vertriebs in Höhe von 9,00 € anfallen. Führen Sie die Kostenträgerstückrechnung nach dem Verfahren der Zuschlagskalkulation durch und ermitteln Sie den Angebotspreis.

Kalkulationsschema		1 Modus Freischwinger	5 Modus Freischwinger
Materialeinzelkosten (MEK)			
Materialgemeinkosten (MGK)			
Materialkosten (MK)			
Fertigungseinzelkosten (FEK)			
Fertigungsgemeinkosten (FGK			
Sondereinzelkosten der Fertigung (SEKF)			
Fertigungskosten (FK)			
Herstellkosten (MK+FK)			
Verwaltungsgemeinkosten (VwGK)			
Vertriebsgemeinkosten (VtGK)			
Sondereinzelkosten des Vertriebs (SEKV)			
Selbstkosten (SK)			
Gewinnzuschlag			
Barverkaufspreis (BVP)			
Skonto			
Zielverkaufspreis (ZVP)			
Rabatt			
Listenverkaufspreis (LVP)			

2 Erläutern Sie die Auswirkungen der Sondereinzelkosten auf den Angebotspreis und den Stückgewinn.

Ausgangssituation III: Eine Nachkalkulation durchführen

Herr Önder berichtet Emilia Schaub und Leon Heller, dass der Auftrag der MÖBELKONTOR KG auf Basis ihrer Kalkulation mittlerweile abgewickelt worden ist.

Leon Heller: „Super, unsere erste Kalkulation hat gleich zu einem Auftrag geführt."

Emilia Schaub: „Aber ich würde natürlich gerne wissen, ob wir mit unserer Kalkulation auch richtig lagen. Haben wir den kalkulierten Gewinn realisiert?"

Jussuf Önder: „Das können Sie ganz leicht feststellen, mit Normal- und Istkosten kennen Sie sich ja bereits aus. Ich habe Ihnen die Auftragsdaten schon zusammengestellt, damit Sie eine Nachkalkulation durchführen können."

ARBEITSAUFTRÄGE

1 Führen Sie auf Basis der folgenden Daten eine Nachkalkulation durch und berechnen Sie den tatsächlich realisierten Gewinn.
Materialeinzelkosten/Fertigungsmaterial (Ist): 1 680,00 €
Fertigungseinzelkosten/Lohnkosten (Ist): 1 910,00 €
Für die Nachkalkulation wurden die folgenden Ist-Zuschlagssätze ermittelt.

	Material	Fertigung	Verwaltung	Vertrieb
Ist-Zuschlagssatz	4,96 %	111,58 %	8,45 %	5,01 %

Kalkulation Auftrag MOBI KG (20 Modus Freischwinger)				
	Vorkalkulation		Nachkalkulation	
Materialeinzelkosten (MEK)		1 700,00 €		
Materialgemeinkosten (MGK)	4,72 %	80,24 €		
Materialkosten (MK)		**1 780,24 €**		
Fertigungseinzelkosten (FEK)		1 900,00 €		
Fertigungsgemeinkosten (FGK)	108,48 %	2 061,12 €		
Fertigungskosten (FK)		**3 961,12 €**		
Herstellkosten (MK+FK)		**5 741,36 €**		
Verwaltungsgemeinkosten (VwGK)	8,62 %	494,91 €		
Vertriebsgemeinkosten (VtGK)	4,86 %	279,03 €		
Selbstkosten (SK)		**6 515,30 €**		
Gewinnzuschlag	20,00 %	1 303,06 €		
Barverkaufspreis (BVP)		**7 818,35 €**	→	**7 818,35 €**
Skonto	2,00 %	159,56 €		
Zielverkaufspreis (ZVP)		**7 977,91 €**		
Rabatt	8,00 %	693,73 €		
Listenverkaufspreis (LVP)		**8 671,64 €**		

2 Interpretieren Sie Ihr Ergebnis.

Ergänzende Übungen

1 Die TV-Manufaktur Dresden GmbH produziert Fernsehgeräte für den europäischen Markt. Vervollständigen Sie das abgebildete Kalkulationsschema zur Ermittlung des Katalogpreises für das neue Modell RX-50.

Materialeinzelkosten (MEK)		159,00 €
Materialgemeinkosten (MGK)	6,35 %	
Materialkosten (MK)		
Fertigungseinzelkosten (FEK)		87,00 €
Fertigungsgemeinkosten (FGK)	130,00 %	
Fertigungskosten (FK)		
Herstellkosten (MK+FK)		
Verwaltungsgemeinkosten (VwGK)	4,50 %	
Vertriebsgemeinkosten (VtGK)	6,20 %	
Selbstkosten (SK)		
Gewinnzuschlag	30,00 %	
Barverkaufspreis (BVP)		

Skonto	2,00 %	
Zielverkaufspreis (ZVP)		
Rabatt	5,00 %	
Listenverkaufspreis (LVP)		

2 Die Münsteraner Zweiradwerke GmbH hat ein neues E-Bike entwickelt. Kalkulieren Sie den Listenverkaufspreis, wenn folgenden Angaben gelten.

Fertigungsmaterial lt. Stückliste:
Stahlrohr für Rahmen: 30,00 € je Fahrrad
Felgen: 20,00 € je Fahrrad
Elektroantrieb incl. Akku: 250,00 € je Fahrrad
Sonstige Fremdbauteile: 50,00 € je Fahrrad

Fertigungslöhne lt. Zeitvorgabe:
Fertigungsstufe I (Rahmen- und Felgenbau): 90 Minuten je Fahrrad
Fertigungsstufe II (Lackiererei und Montage): 140 Minuten je Fahrrad

Die Arbeitsstunde wird in der Fertigungsstufe I mit 50,00 € und in der Fertigungsstufe II mit 36,00 € verrechnet.

Die **Normalzuschlagssätze** betragen:
Material 10 %, Fertigung I 70 %, Fertigung II 90 %, Verwaltung 6 %, Vertrieb 5 %.

Folgende **Verkaufszuschläge** sind zu berücksichtigen:
Gewinn 15 %, Skonto 2 %, Rabatt 10 %.

3 Ein mittelständischer Küchenhersteller aus Ostwestfalen erstellt ein Angebot für eine Einbauküche. Vervollständigen Sie das abgebildete Kalkulationsschema.

Materialeinzelkosten (MEK)		1 500,00 €
Materialgemeinkosten (MGK)	5,15 %	
Materialkosten (MK)		
Fertigungseinzelkosten (FEK)		950,00 €
Fertigungsgemeinkosten (FGK	167,85 %	
Sondereinzelkosten der Fertigung (SEKF)		12,00 €
Fertigungskosten (FK)		
Herstellkosten (MK+FK)		
Verwaltungsgemeinkosten (VwGK)	3,95 %	
Vertriebsgemeinkosten (VtGK)	6,25 %	
Sondereinzelkosten des Vertriebs (SEKV)		14,00 €
Selbstkosten (SK)		
Gewinnzuschlag	35,00 %	
Barverkaufspreis (BVP)		
Skonto	3,00 %	
Zielverkaufspreis (ZVP)		
Rabatt	4,00 %	
Listenverkaufspreis (LVP)		

4 Der Lackieranlagen-Maschinenbau AG liegen zur Ermittlung eines Angebotspreises die folgenden Daten vor:

Fertigungsmaterial	140 000,00 €
Fertigungslöhne	80 000,00 €
Sondereinzelkosten der Fertigung	13 000,00 €
Sondereinzelkosten des Vertriebs	14 200,00 €
Materialgemeinkosten	10 %
Fertigungsgemeinkosten	240 %
Verwaltungsgemeinkosten	12 %
Vertriebsgemeinkosten	8 %
Gewinn	6 %
Skonto	2 %

Berechnen Sie
a) die Materialkosten,
b) die Fertigungskosten,
c) die Selbstkosten,
d) den Angebotspreis.

Lernsituation 31: Eine Maschinenstundensatzrechnung durchführen

Ausgangssituation: Der Maschinenstundensatz – die bessere Verteilungsgrundlage?

Von der ProBike GmbH aus Emsdetten bezieht die Sommerfeld Bürosysteme GmbH Fahrräder, um diese ihren Angestellten als Firmenrad zur Verfügung zu stellen. Seit neuestem bietet die Probike GmbH ihre Fahrräder in nahezu jeder Farbkombination an. Um dies gewährleisten zu können, hat die ProBike GmbH in einen neuen vollautomatischen Lackierautomaten investiert. Lackierungen in Standardfarben erfolgen nun vollautomatisch durch den neuen Lackierautomaten, während Lackierungen in Sonderfarben weitgehend manuell in einer Lackierkabine vorgenommen werden.

Die hohen Investitionen in den Lackierautomaten sowie Versetzungen von Lackierern in andere Abteilungen haben dazu geführt, dass der Fertigungsgemeinkostensatz in der Lackiererei deutlich gestiegen ist.

Die Kunden der ProBike GmbH reagieren allerdings verhalten auf die angebotene Farbenvielfalt. Fast 90 % der bestellten Räder werden in Standardfarben ausgeliefert, lediglich 10 % der Räder erhalten eine Sonderlackierung. Begründet wird dies von den Kunden damit, dass die Aufschläge für Sonderlackierungen deutlich zu hoch, dagegen die Räder mit einer Standardlackierung unschlagbar günstig seien. Die nachfolgenden Daten aus der Lackiererei belegen das Problem.

Kostenarten	Gemeinkosten der Kostenstelle Lackiererei
Hilfsstoffaufwand	11 000,00 €
Betriebsstoffe	2 500,00 €
Hilfslöhne	3 000,00 €
Gehälter	7 500,00 €
Soziale Abgaben	5 000,00 €
Fremdinstandhaltung	6 000,00 €
Büromaterial	1 000,00 €
Betriebssteuern	6 000,00 €
Mieten	10 000,00 €
Kalk. Zinsen	6 000,00 €
Kalk. Abschreibung	35 000,00 €
Summe Gemeinkosten	93 000,00 €
Fertigungslöhne	36 000,00 €
Zuschlagssatz	258,33 %

Ein Lackiervorgang mit dem Vollautomaten dauert lediglich 10 Minuten pro Fahrrad, dagegen werden für einen Lackiervorgang in einer Lackierkabine 80 Minuten pro Fahrrad angesetzt. Sowohl die Bedienung und Überwachung des Lackierautomaten als auch das Lackieren in der Lackierkabine werden von einer Arbeitskraft vorgenommen. Der Lohnkosten werden mit 30,00 € je Stunde veranschlagt. Damit setzt die ProBike GmbH folgende Lackierkosten pro Fahrrad an:

	Standardlackierung (Lackierautomat)	Sonderlackierung (Lackierkabine)
Fertigungslöhne	5,00 €	40,00 €
Fertigungsgemeinkosten	12,92 €	103,33 €
Fertigungskosten	17,92 €	143,33 €

Als Herr Mengert, der Geschäftsführer der ProBike GmbH, die Zahlen prüft, zweifelt er.

Herr Mengert: „Wenn wir bei einer Sonderlackierung über 100,00 € und bei einer Standardlackierung lediglich etwas über 10,00 € an Gemeinkosten verrechnen, geben wir die Produktionsverhältnisse in unserer Kalkulation nicht richtig wieder. Schließlich werden die Gemeinkosten doch hauptsächlich durch den neuen Lackierautomaten und weniger durch die Lackierkabine verursacht. Da muss es doch alternative Verrechnungsmöglichkeiten für die Gemeinkosten geben."

ARBEITSAUFTRÄGE

1 Geben Sie die Problematik der Ausgangssituation in eigenen Worten wieder.

2 Entwickeln Sie einen Lösungsvorschlag, um eine verursachungsgerechtere Verteilung der Fertigungsgemeinkosten zu erreichen.

3 Die ProBike GmbH entscheidet sich, den Lackierautomaten als Maschinenplatz in der Kostenstellenrechnung zu führen. Sie hat die Kosten der Lackiererei aufgeteilt in variable und fixe maschinenabhängige Fertigungsgemeinkosten sowie Restgemeinkosten.

Kostenarten	Zahlen der KLR	Fertigungshauptstellen			
		Maschinenplatz „Lackiererei"			
		masch.-abhängige FGK		Restgemeinkosten	
		variabel	fix		
Hilfsstoffaufwand	11 000,00		–	1 000,00	
Brenn-/Betriebsst.	2 500,00	1 000,00		1 000,00	
Hilfslöhne	3 000,00	–	–		
Gehälter	7 500,00	–		2 500,00	
Soziale Abgaben	5 000,00	–	2 000,00		
Fremdinstandhaltung	6 000,00		3 000,00	2 000,00	
Büromaterial	1 000,00	–	–	1 000,00	
Betriebssteuern	6 000,00	–		1 000,00	
Mieten/Pachten	10 000,00	–	5 000,00		
Kalk. Zinsen	6 000,00	–		1 000,00	
Kalk. Abschreibung	35 000,00	–	30 000,00		
Summe Gemeinkosten:	93 000,00				
	Summe masch.-abhängige FGK:				
	Zuschlagsgrundlage:	315	Maschinenstunden	**Fertigungslöhne:**	36 000,00 €
	Maschinenstundensatz:		€/Stunde	**RGK-Zuschlagssatz:**	

Verteilen Sie die restlichen Kosten und berechnen Sie den Maschinenstundensatz für den Lackierautomaten sowie den Restgemeinkostenzuschlagssatz.

4 Kalkulieren Sie die Kosten für einen Lackierauftrag bei einem Fertigungsstundenlohn von 30,00 €. Es ist von folgenden Zeitbedarfen auszugehen.

	Standardlackierung (Lackierautomat)		Sonderlackierung (Lackierkabine)	
Maschinenkosten	für 10 Minuten	€	für 0 Minuten	€
Fertigungslohn	für 10 Minuten	€	für 80 Minuten	€
Restgemeinkosten	%	€	%	€
Gesamtkosten	–	€	–	€

5 Beurteilen Sie die Kalkulation der Lackieraufträge mithilfe der Maschinenstundensatzrechnung im Vergleich zur lohnabhängigen Zuschlagskalkulation.

6 Berechnen Sie den Maschinenstundensatz, wenn bei gleicher Kostenstruktur die Beschäftigung des Maschinenplatzes auf

a) 300 Maschinenstunden sinkt,
b) 350 Maschinenstunden steigt.

Maschinenstunden	maschinenabhängige FGK			Maschinenstundensatz
	variabel	fix	Gesamt	
300				
350				

Begründen Sie jeweils die Entwicklung des Maschinenstundensatzes.

Ergänzende Übungen

1 Die Beckwermert + Berger Metallbau GmbH weist die Fräserei als Maschinenplatz in der Kostenstellenrechnung aus. Es liegen folgende Kosten vor:

Kostenarten	Zahlen der KLR	Fertigungshauptstellen			
		Maschinenplatz „Fräserei“			
		masch.-abhängige FGK		Restgemeinkosten	
		variabel	fix		
Hilfsstoffaufwand	24000,00		–	2000,00	
Brenn-/Betriebsst.	5500,00	4000,00	500,00		
Hilfslöhne	4000,00	–	–		
Gehälter	16000,00	–	10000,00		
Soziale Abgaben	8000,00	–		4000,00	
Fremdinstandhaltung	11000,00		6000,00	1000,00	
Büromaterial	1000,00	–	–		
Betriebssteuern	6000,00	–		1000,00	
Miete/Pacht	12000,00	–	9000,00		
Kalk. Zinsen	12000,00	–		2000,00	
Kalk. Abschreibung		–	40000,00	8000,00	
Summe Gemeinkosten:	147500,00				
	Summe masch.-abhängige FGK:				
	Zuschlagsgrundlage:	160	Maschinenstunden	**Fertigungslöhne:**	60000,00 €
	Maschinenstundensatz:		€/Stunde	**RGK-Satz:**	

a) Verteilen Sie die restlichen Kosten und berechnen Sie den Maschinenstundensatz für die Fräserei sowie den Restgemeinkostenzuschlagssatz.

b) Kalkulieren Sie die Kosten der Fräserei für einen Auftrag. Es ist von folgenden Vorgaben auszugehen:
Maschinenlaufzeit: 50 Min.
Fertigungslöhne: 100 Min. zu 36,00 €/Std.
Restgemeinkostenzuschlagssatz: siehe a)

c) Berechnen Sie den Maschinenstundensatz, wenn bei gleicher Kostenstruktur die Beschäftigung des Maschinenplatzes auf
ca) 145 Maschinenstunden sinkt,
cb) 175 Maschinenstunden steigt.

2 Bei der TSM AG, einem Hersteller von Systemmöbeln, werden zwei Maschinenplätze neu organisiert.

a) Berechnen Sie die jährliche Maschinenlaufzeit, die für beide Plätze identisch ist, mithilfe der folgenden Angaben:
- Es werden 52 Wochen pro Jahr im Zweischichtbetrieb gearbeitet.
- Bei einer 5-Tage-Woche (Mo.–Fr.) arbeitet jeder Arbeiter 8 Stunden täglich.
- Wegen Krankheit fallen durchschnittlich 26 Stunden pro Schicht im Jahr aus.
- Im Kalenderjahr gibt es 11 Feiertage.
- Die durchschnittliche jährliche urlaubsbedingte Ausfallzeit beträgt 120 Stunden pro Schicht.
- Für Reinigung und Wartung werden je Schicht 0,25 Stunden pro Woche angesetzt.
- In beiden Schichten zusammen fallen jährlich insgesamt 52 Stunden durch Störungen aus.

b) Ermitteln sie anhand der folgenden Angaben die jährlichen maschinenabhängigen Kosten.

	Maschinenplatz I	Maschinenplatz II
Anschaffungskosten in €	750 000,00	720 000,00
Wiederbeschaffungskosten in €	780 000,00	760 000,00
Nutzungsdauer in Jahren	10	10
Kalkulatorischer Zinssatz in %	5	5
Instandsetzung und Wartungskosten pro Jahr in €	2 160,00	2 160,00
Flächenbedarf in m^2	80	100
Verrechnungssatz je m^2 pro Monat in €	20	20
Energiebedarf je Maschinenstunde in kW	12	17
Preis je kWh in €	0,20	0,20
Werkzeugkosten je Monat in €	500,00	1 500,00
Betriebsstoffkosten je Monat in €	60,00	70,00

c) Berechnen Sie den Maschinenstundensatz.

3 Der Markisenhersteller SunProtect aus Leipzig nutzt für die Fertigung der Markisenarme eine Multifunktionsanlage, die in einem Fertigungsschritt die Funktionen „Schweißen“, „Bohren“ und „Schrauben“ übernimmt. Die jährliche Normallaufzeit der Anlage beträgt 3 500 Stunden. Es ergeben sich die folgenden Kosten.

		Zusammensetzung	
Gemeinkosten	Gesamtkosten in €	fix	variabel
Kalkulatorische Abschreibung	98 000,00	100 %	–
Kalkulatorische Zinsen	21 750,00	100 %	–
Instandsetzungs- und Wartungskosten	4 670,00	60 %	40 %
Raumkosten	19 250,00	100 %	–
Energiekosten	8 200,00	20 %	80 %
Werkzeugkosten	4 150,00	10 %	90 %
Betriebsstoffkosten	830,00	–	100 %

a) Berechnen Sie den Maschinenstundensatz bei Normallaufzeit (3500 Stunden), bei Überbeschäftigung (3650 Stunden) und bei Unterbeschäftigung (3300 Stunden). Berücksichtigen Sie die Kostenspaltung in fixe und variable Kosten
b) Errechnen Sie bei Normal- sowie bei Über- und Unterbeschäftigung die Maschinenkosten für die Armfertigung einer Markise. Eine Markise besteht aus zwei Armen, die Fertigung eines Arms dauert fünf Minuten.

4 Der BAB der Metallbau AG weist für die Fertigungshauptkostenstelle „Dreherei" die folgenden Zahlen aus:

Maschinenplatz „Dreherei"			
Summe	**masch.-abhängige FGK**		**Restgemeinkosten**
	variabel	**fix**	
122000,00	36000,00	74000,00	12000,00
Fertigungslöhne (in €):	18600,00		
Maschinenlaufzeit (in Stunden):	320,00		

a) Berechnen Sie den Maschinenstundensatz und den Restgemeinkostenzuschlagssatz.

b) Kalkulieren Sie die Kosten der Dreherei für einen Auftrag. Es werden folgende Zeitbedarfe veranschlagt:
Maschinenstunden 3 Stunden
Lohnkosten 3 Stunden zu je 32,00 €

c) Nach der Durchführung des Auftrages ergeben sich im Rahmen der Nachkalkulation die folgenden Daten:
- Die Kapazitätsauslastung in der Dreherei ist um 10 % (gegenüber der Normalbeschäftigung) gestiegen.
- Für die Fertigstellung des Auftrages wurden insgesamt je 165 Minuten an Maschinenlaufzeit und Fertigungszeit benötigt.
- Der für die Nachkalkulation zugrunde zu legende Restfertigungsgemeinkostenzuschlagssatz beträgt 62 %.

Berechnen Sie die tatsächlichen Kosten (Ist-Kosten) des Auftrages unter den geänderten Rahmenbedingungen.

5 Bei der TSM AG betragen die Fertigungskosten eines Maschinenplatzes 5680,00 € für einen Auftrag. In den Fertigungskosten sind Fertigungslöhne in Höhe von 2800,00 enthalten. Der Restfertigungsgemeinkostenzuschlagssatz beträgt 60 %. Ermitteln Sie die Maschinenlaufzeit, wenn der Maschinenstundensatz 400,00 € beträgt.

Lernsituation 32: Eine Divisionskalkulation im Einproduktunternehmen durchführen

Ausgangssituation: Nur ein Produkt? Einfach kalkulieren!

Schon seit vielen Jahren bestellt die Sommerfeld Bürosysteme GmbH für ihre Betriebsfeste das Bier bei der Münsteraner Brauerei Biskup OHG. Hartmut Sommer ist mit dem Inhaber der kleinen Brauerei gut befreundet. Diese hat eine Marktnische gefunden und sich auf die Herstellung eines extra herben Pilsener spezialisiert, das sich über die Stadtgrenzen hinaus großer Beliebtheit erfreut. „Für eine kleine Brauerei wie unsere ist es sinnvoll, sich auf die Herstellung von nur einer Biersorte zu konzentrieren. Dafür sind wir berühmt, das ist unsere Nische. Vor ein paar Jahren hatten wir noch vier Sorten im Produktionsprogramm, aber erfolgreich sind wir erst, seit wir uns auf unser *MünsterSpezial* konzentrieren", erläutert Walter Biskup im Rahmen einer privaten Betriebsbesichtigung und zeigt seinem Freund Rainer Flender die Zahlen des vergangenen Monats:

Produktionsmenge	700 Hektoliter (1 Hektoliter = 100 Liter)
Verkaufte Menge	680 Hektoliter
Materialkosten (Hopfe, Gerste, Malz, Wasser)	34 800,00 €
Lohnkosten in der Produktion	21 700,00 €
Abschreibungen auf Produktionsanlagen	4 500,00 €
Sonstige Herstellkosten	2 700,00 €
Gehälter der Verwaltungs- und Vertriebsbeschäftigten	12 500,00 €
Sonstige Verwaltungs- und Vertriebskosten	2 200,00 €

Als Hartmut Sommer die Zahlen sichtet, meint er: „Bei euch ist alles viel einfacher als bei uns, die Kosten für einen Liter kann man ja ganz schnell ermitteln."

ARBEITSAUFTRÄGE

1 Erläutern Sie, warum die Kalkulation des Verkaufspreises für einen Liter Bier bei der Biskup OHG relativ einfach möglich ist.

2 Erläutern Sie, warum die Brauerei Biskup OHG nicht auf die Unterscheidung von Herstellkosten und Verwaltungs- und Vertriebskosten verzichten kann.

3 Berechnen Sie
a) die Herstellkosten,
b) die Verwaltungs- und Vertriebskosten und
c) die Selbstkosten
je Liter *MünsterSpezial*.

a) Herstellkosten

b) Verwaltungs- und Vertriebskosten

c) Selbstkosten

4 Ermitteln Sie den Listenverkaufspreis für einen Hektoliter *MünsterSpezial*, wenn die Brauerei Biskup OHG mit einem Gewinnzuschlag von 40 %, Skonto in Höhe von 3 % sowie einem Geschäftskundenrabatt von 25 % kalkuliert.

Ergänzende Übungen

1 Im Monat Mai produzierte und verkaufte die SiloLack GmbH 240 000 kg Lack. Dabei entstanden folgende Einzelkosten: Fertigungsmaterial in Höhe von 300 000,00 € sowie Fertigungslöhne in Höhe von 200 000,00 €.

Die Gemeinkosten verteilten sich laut BAB auf folgende Bereiche:

I. Material	230 000,00 €	II. Fertigung	380 000,00 €
III. Verwaltung	320 000,00 €	IV. Vertrieb	130 000,00 €

Ermitteln Sie

a) die Selbstkosten insgesamt und je kg,
b) den Gewinn insgesamt und je kg (bei einem Absatz der Gesamtproduktion zu 8,45 € je kg Nettoverkaufspreis),
c) den Gewinnzuschlagssatz.

2 Der BayernBräu GmbH entstanden bei der Produktion von 1 500 Hektolitern (hl) ihrer einzigen Biersorte im Monat Juni folgende Kosten:

Kostenarten	gesamt	Herstellung	Verwaltung/Vertrieb
Löhne	42 000,00	35 000,00	7 000,00
Gehälter	8 000,00	4 000,00	4 000,00
Hopfen, Malz (FM)	19 000,00	19 000,00	–
Sonstige Stoffe (GKM)	6 000,00	6 000,00	–
Abschreibungen	4 000,00	3 000,00	1 000,00
Sonstige Kosten	21 000,00	8 000,00	13 000,00
Gesamtkosten	100 000,00	75 000,00	25 000,00

a) Die BayernBräu GmbH lagert im Juni 700 Hektoliter ihres Biers aufgrund von Vorbestellungen für diverse große Sommer- und Dorffeste im Juli ein. Berechnen Sie
   aa) die Herstellkosten je Hektoliter,
   ab) die Verwaltungs- und Vertriebskosten je Hektoliter,
   ac) die Selbstkosten je Hektoliter.
b) Ermitteln Sie den Listenverkaufspreis je Hektoliter, wenn die BayernBräu GmbH mit einem Gewinnzuschlag von 50 %, Skonto in Höhe von 2 % und einem Rabatt von 10 % kalkuliert.
c) Im Juli produziert die BayernBräu GmbH bei identischen Kosten erneut 1 500 Hektoliter, verkauft aber zusätzlich die 700 eingelagerten Hektoliter, insgesamt also 2 200 Hektoliter. Berechnen Sie
   ca) die Herstellkosten je Hektoliter,
   cb) die Verwaltungs- und Vertriebskosten je Hektoliter,
   cc) die Selbstkosten je Hektoliter.
d) Ermitteln Sie den Gewinn je Hektoliter in Euro und in Prozent im Juli, wenn die gesamte Menge zum in b) berechneten Barverkaufspreis verkauft wird.

Lernsituation 33: Mit Äquivalenzziffern kalkulieren

Ausgangssituation: Gemeinkosten auf Sorten verteilen

Die Sommerfeld Bürosysteme GmbH bezieht von den Vereinigten Walzwerken aus Duisburg Aluminiumbleche, die zu Tisch- und Stuhlgestellen weiterverarbeitet werden. Insgesamt stellen die Vereinigten Walzwerke vier Sorten Aluminiumbleche her, die sich durch Materialstärke und Fertigungszeiten unterscheiden. Die dünnen Feinbleche benötigen zwar weniger Material als die etwas dickeren, müssen aber länger gewalzt werden. Ansonsten unterscheiden sich die Aluminiumbleche nicht voneinander.

Herr Dizlek, der Leiter des Controllings der Vereinigten Walzwerke sagt: „Eine komplizierte Zuschlagskalkulation müssen wir in der Aluminiumfertigung nicht anwenden, weil unsere Produkte sehr ähnlich sind, aber die einfache Divisionskalkulation ist auch nicht ausreichend, weil wir ja mehr als eine Sorte herstellen.“

ARBEITSAUFTRÄGE

1 Erläutern Sie, warum die Vereinigten Walzwerke Duisburg die Äquivalenzziffernrechnung zur Verteilung der Gemeinkosten auf die vier Sorten Aluminiumbleche anwenden können.

2 Führen Sie eine vollständige Äquivalenzziffernrechnung auf Basis der nachfolgenden Daten durch. Die Gemeinkosten für die Herstellung der Aluminiumbleche betragen 4 032 600,00 € je Monat.

Aluminiumblech Sorte	Produktions-menge (m^2)	Äquivalenz-ziffer	Rechen-einheiten	Gemeinkosten je m^2	Gemeinkosten je Sorte
Typ I	45 000	0,7			
Typ II	32 000	0,9			
Typ III	63 000	1,0			
Typ IV	50 000	1,2			

3 Erläutern Sie die Vor- und die Nachteile der Äquivalenzziffernrechnung.

4 Berechnen Sie den Listenverkaufspreis für 100 m^2 des Aluminiumblechs Typ III anhand folgender Angaben:

Einzelkosten je 100 m^2	1 300,00 €
Gewinnzuschlag	20 %
Skonto	2 %
Rabatt	10 %

Rechenschema	Beträge in €
Einzelkosten	
+ Gemeinkosten	
= Selbstkosten	
+ Gewinnzuschlag	
= Barverkaufspreis	
+ Skonto	
= Zielverkaufspreis	
+ Rabatt	
= Listenverkaufspreis	

Ergänzende Übungen

1 In der Zementfabrik Nentwig OHG werden drei unterschiedliche Sorten Zement hergestellt. Die Gemeinkosten je Monat betragen 1 557 750,00 €.

a) Verteilen Sie die Gemeinkosten mithilfe der Äquivalenzziffernrechnung auf die drei Sorten:

Zement Sorte	Produktions-menge (Stück)	Äquivalenz-ziffer	Rechen-einheiten	Gemeinkosten je t	Gemeinkosten je Sorte
A	2 000 t	1,0			
B	400 t	1,1			
C	700 t	1,3			

b) Kalkulieren Sie den Zielverkaufspreis für einen Sack (50 kg) Zement der Sorte C, wenn die Einzelkosten 12,00 € betragen und mit 25 % Gewinnzuschlag und 2 % Skonto gerechnet wird.

2 Eine Betonfabrik stellte im März vier Sorten Bodenplatten her:

Sorte	Produktionsmenge in m²	Einzelkosten gesamt in €
I	2000	12000,00
II	5000	27000,00
III	5000	36000,00
IV	2500	22500,00

An Gemeinkosten entstanden insgesamt 105625,00 €. Diese sind mithilfe von Äquivalenzziffern, die auf der Grundlage der Einzelkosten je m² zu ermitteln sind, auf die 4 Sorten zu verteilen (Sorte I = Äquivalenzziffer 1).
Ermitteln Sie die Selbstkosten je m² jeder Sorte.

3 Die Passauer Küchenmöbel KG stellte im vergangenen Monat drei Standard-Küchentische her, die sich nur unwesentlich voneinander unterschieden haben. Die Selbstkosten in Höhe von 1818880,00 € sind im Verhältnis der im Vorjahr ermittelten Einzelkosten (= Materialkosten + Fertigungslöhne) auf die 3 Modelle zu verteilen.

Modelle	Produktionsmenge in Stück	Materialkosten und Fertigungslöhne in €
I	2500	96,00
II	3800	120,00
III	4800	139,20

Berechnen Sie die Selbstkosten je Tisch.

Lernsituation 34: Den Break-even-Point ermitteln

Ausgangssituation: Kostenverläufe bei der Primus GmbH

Die Primus GmbH mit Sitz in Duisburg beliefert die Sommerfeld Bürosysteme GmbH seit vielen Jahren mit technischen Geräten für den Eigenbedarf. In den letzten Monaten hat sich die Absatzsituation der Primus GmbH jedoch deutlich verschlechtert, viele Kunden sind auf andere Lieferanten ausgewichen. Aus der Abteilung Controlling der Primus GmbH liegen für die vergangenen beiden Geschäftsjahre für Basis-Kopiergeräte folgende Daten vor:

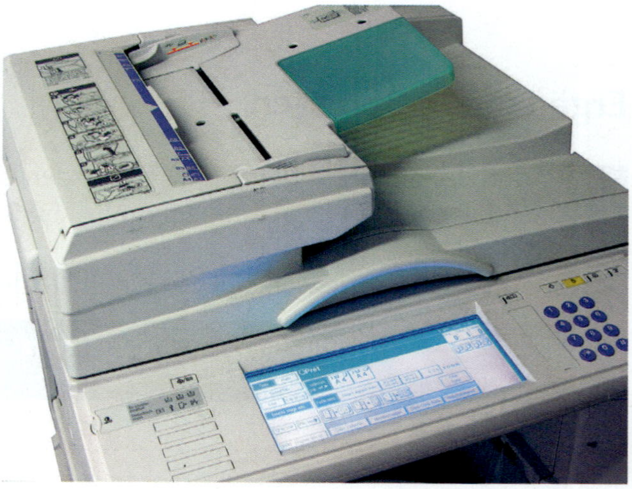

Produktionskapazität	12000 Stück
Geplante Produktionsmenge (= Verkaufsmenge)	10000 Stück
Erzielte Umsatzerlöse	6950000,00 €
Fixe Kosten	2437500,00 €
Variable Gesamtkosten bei geplanter Kapazitätsauslastung	4062500,00 €
Geplantes Betriebsergebnis (= kalkulierter Gewinn)	450000,00 €

ARBEITSAUFTRÄGE

1 Ermitteln Sie
a) die fixen Stückkosten bei der geplanten Kapazitätsauslastung
b) die variablen Stückkosten
c) den Stückerlös
d) den Stückdeckungsbeitrag (db)
e) die Gewinnschwelle (Break-Even-Point)

2 Welche der in Aufgabe 1 ermittelten Werte würden sich verändern, wenn die tatsächliche Produktionsmenge (= Verkaufsmenge) nur 8000 Stück betragen würde? Welche Auswirkungen hätte dies auf das Betriebsergebnis.

3 Beurteilen Sie vor diesem Hintergrund den Vorschlag der Geschäftsleitung, den Abgabepreis für die Basiskopiergeräte auf 650,00 € zu senken, um Konkurrenten Marktanteile abzunehmen und so eine volle Auslastung der Produktionskapazitäten sicherzustellen.

Ergänzende Übungen

1 Die Coffees Finest GmbH stellt sechs unterschiedliche Kaffeevollautomaten her. Aus dem Controlling werden die nachfolgenden Daten übermittelt.

	Erzeugnisgruppe I		Erzeugnisgruppe II		Erzeugnisgruppe III	
	A	B	C	D	E	F
Umsatzerlöse	221450,00 €	154825,00 €	216540,00 €	124500,00 €	255480,00 €	175840,00 €
variable Kosten	98540,00 €	93525,00 €	87450,00 €	65220,00 €	95000,00 €	81600,00 €
Deckungsbeitrag I						
erzeugnisfixe Kosten	51500,00 €	44000,00 €	79000,00 €	65000,00 €	71000,00 €	63500,00 €
Deckungsbeitrag II						
erzeugnisgruppenfixe Kosten	52500,00 €		45000,00 €		21000,00 €	
Deckungsbeitrag III						
unternehmensfixe Kosten	52000,00 €					
Gewinn						

a) Vervollständigen Sie die mehrstufige Deckungsbeitragsrechnung.
b) Diskutieren Sie die von Ihnen ermittelten Ergebnisse.

2 Die Sommerfeld Bürosysteme GmbH produzierte im vergangenen Monat 400 Schreibtische des Typs „EcoOffice“. Dabei fielen variable Kosten in Höhe von 162,00 € je Stück und fixe Kosten in Höhe 54 000,00 € an. Der Listenverkaufspreis je Schreibtisch beträgt 379,00 €.

a) Berechnen Sie den Stückdeckungsbeitrag (db).
b) Berechnen Sie den möglichen Gewinn, wenn die TSM AG alle Schreibtische zum Listenverkaufspreis verkaufen könnte.
c) Berechnen Sie die Gewinnschwelle.
d) Wegen unerwarteter Absatzschwierigkeiten gewährt die TSM AG einen Sonderrabatt in Höhe von 20 % auf die Schreibtische. Berechnen Sie den Deckungsbeitrag und die Gewinnschwelle.

Lernsituation 35: Preisuntergrenzen bestimmen

Ausgangssituation: Sind unsere neuen Fußhocker zu teuer?

Als Ergänzung ihres Absatzprogramms plant die Sommerfeld Bürosysteme GmbH künftig die Produktion von Fußhockern, die ergonomisches Sitzen erleichtern sollen. Ein kleiner Fertigungsbereich ist bereits vollständig eingerichtet, die Maximalkapazität liegt bei 500 Stück pro Jahr. Der Verkaufsleiter Peter Kraus hat auf Basis der Kalkulationen des Controlling den Listenverkaufspreis für den *Fußhocker mobil* auf 69,00 € festgelegt. Doch die Nachfrage bleibt aus, kaum ein Möbelhändler ist bereit, den *Fußhocker mobil* zu listen, auch weil die Produkte der Mitbewerber bei vergleichbarer Qualität deutlich günstiger seien. In einem Telefonat informiert Herr Kraus Hartmut Sommer über den Sachverhalt.

Hartmut Sommer: Das kann doch nicht sein, die Konkurrenz muss doch auch kalkulieren.

Peter Kraus: Ja, aber offensichtlich kalkuliert sie anders, denn wir liegen leider deutlich über dem Marktpreis von 55,00 €.

ARBEITSAUFTRÄGE

1 Erläutern Sie das Grundproblem, das in der Ausgangssituation angesprochen wird, und gehen Sie in diesem Zusammenhang auch auf den Begriff des Marktpreises ein.

2 Als Reaktion auf die ausbleibende Nachfrage sollen Sie die Kostensituation für den *Fußhocker mobil* auf Basis der folgenden Daten analysieren:

Produktionsmenge:	500 Stück pro Jahr
Verkaufspreis:	69,00 € je Stück
Materialkosten:	31,00 € je Stück
Fertigungslöhne:	14,00 € je Stück
Sonstige variable Kosten:	1,50 € je Stück
Anteilige kalk. Abschreibungen:	3 800,00 € pro Jahr
Anteilige kalk. Zinsen:	700,00 € pro Jahr
Sonstige fixe Kosten:	400,00 € pro Jahr

a) Berechnen Sie die variablen, fixen und gesamten Stückkosten.
b) Erläutern Sie, wie hoch der Verlust der Sommerfeld Bürosysteme GmbH wäre, wenn sie wegen der ausbleibenden Nachfrage zwar keine *Fußhocker mobil* produzieren würden, der Fertigungsbereich aber nicht anderweitig genutzt werden könnte.

3 Mehrere Möbelhändler haben signalisiert, dass sie den *Fußhocker mobil* listen würden, wenn dieser günstiger angeboten werden würde. Zu einem Verkaufspreis von 54,00 € könnte die Sommerfeld Bürosysteme die maximale Produktionsmenge von 500 Stück absetzen.
a) Berechnen Sie den Stückdeckungsbeitrag bei einem Verkaufspreis von 54,00 €.
b) Berechnen Sie den Gesamtgewinn bzw. -verlust bei einem Verkaufspreis von 54,00 €.

4 Erläutern Sie, warum es sinnvoll sein könnte, den *Fußhocker mobil* für 54,00 € zu verkaufen.

5 Bestimmen Sie die kurzfristige Preisuntergrenze für den *Fußhocker mobil* und erläutern Sie, warum die Sommerfeld Bürosysteme GmbH den *Fußhocker mobil* nicht unterhalb dieser Grenze anbieten kann.

6 Bestimmen Sie die langfristige Preisuntergrenze für den *Fußhocker mobil* und erläutern Sie, warum die Sommerfeld Bürosysteme GmbH ihre Produkte nicht langfristig unterhalb dieser Grenze anbieten kann.

Ergänzende Übungen

1 Bei der Sommerfeld Bürosysteme GmbH verursacht die Produktion von Bürostühlen auf einem Fertigungsautomaten folgende Kosten.

monatliche kalkulatorische Abschreibungen:	2 000,00 €
monatliche kalkulatorische Zinsen:	1 000,00 €
monatliche Versicherungskosten:	150,00 €
monatliche Gehaltskosten für die Überwachung des Automaten:	2 800,00 €
Verbrauch von Fertigungsmaterial:	22,40 € je Stuhl
Lohnkosten:	8,30 € je Stuhl

Die maximale Fertigungskapazität des Automaten beträgt 500 Stück monatlich. Der Listenverkaufspreis für einen Stuhl liegt bei 45,90 €. Berechnen Sie

a) die kurzfristige Preisuntergrenze je Stuhl,
b) die mittelfristige (liquiditätsorientierte) Preisuntergrenze je Stuhl,
c) die langfristige Preisuntergrenze je Stuhl.

2 Die Schreinerei Velguth GmbH produziert monatlich 400 Küchenstühle (Kapazitätsauslastung 80 %). Dabei entstehen variable Kosten in Höhe von 13 200,00 €. Die fixen Kosten betragen 12 500,00 €, davon sind 10 % ausgabenwirksam. Der Listenverkaufspreis eines Küchenstuhls beträgt 79,00 € netto. Zur Verbesserung der Kapazitätsauslastung könnte die Sommerfeld Bürosysteme GmbH den Auftrag eines Discounters über 50 Bürostühle monatlich annehmen, müsste aber einen Rabatt in Höhe von 20 % auf den LVP gewähren.

a) Treffen Sie eine begründete Entscheidung, ob die Schreinerei Velguth GmbH den Auftrag annehmen soll.
b) Berechnen Sie die mittelfristige und die langfristige Preisuntergrenze bei voller Kapazitätsauslastung.

Lernsituation 36: Das optimale Produktionsprogramm mithilfe des relativen Deckungsbeitrags bestimmen

Ausgangssituation: Jetzt wird´s eng – die Zeit reicht nicht aus!

Peter Kraus vom Vertrieb kommt freudestrahlend in die Sitzung der Abteilungsleitungen: „Alle Welt will unsere neuen mobilen Büro-Container. Der Home-Office-Boom sorgt für einen echten Nachfrageschub.“ Der Leiter der Produktion Horst Weselberg schaut schon weniger glücklich aus: „Du hast gut reden, aber ich weiß nicht, ob wir Deine Aufträge auch unterbringen können. Schließlich sind unsere Produktionskapazitäten begrenzt.“

ARBEITSAUFTRÄGE

1 Ermitteln Sie die im Monat März zur Verfügung stehenden Produktionskapazitäten für die Fertigung der mobilen Büro-Container.

Anzahl Beschäftigte	Arbeitstage	Arbeitsstunden je Tag	Gesamtkapazität (Stunden)	Gesamtkapazität (Minuten)
17	22	8		

2 Berechnen Sie die benötigte Fertigungszeit, wenn alle vorliegenden Aufträge im März vollständig bearbeitet werden sollen.

Produkt	MBC small	MBC medium	MBC large	MBC extra-large
Nachgefragte Menge	300 Stück	220 Stück	250 Stück	180 Stück
Fertigungszeit je Stück	180 Minuten	210 Minuten	240 Minuten	275 Minuten
Gesamtfertigungszeit				

Benötigte Gesamtkapazität	

3 Erläutern Sie, welches Problem sich aus den von Ihnen ermittelten Berechnungen ergibt.

4 Berechnen Sie die relativen Deckungsbeiträge und legen Sie die Reihenfolge fest, in denen die Produkte gefertigt werden müssen, um einen möglichst hohen Gewinn zu erzielen.

	MBC small	MBC medium	MBC large	MBC extra-large
e	295,00 €	595,00 €	895,00 €	1 195,00 €
k_v	88,00 €	364,00 €	595,00 €	898,00 €
db				
Fertigungszeit	180 Min.	210 Min.	240 Min.	275 Min.
rel. db				
Rangfolge				

5 Bestimmen Sie das optimale Produktionsprogramm.

Rangfolge	Produkt	Produktions-menge	Fertigungszeit je Stück	(Rest-) Fertigungszeit
				179520 Min.
1.				
2.				
3.				
4.				

6 Berechnen Sie das Betriebsergebnis für den Monat März im Fertigungsbereich für die mobilen Büro-Container, wenn dort fixe Kosten in Höhe von 125000,00 € anfallen.

7 Diskutieren Sie das von Ihnen festgelegte optimale Produktionsprogramm.

Ergänzende Übungen

1 Im Engpass stehen der Almaron AG 1696 Fertigungsstunden zur Verfügung. Bestimmen Sie das optimale Produktionsprogramm, indem Sie die nachfolgenden Tabellen ergänzen.

	A	B	C	D
e	150,00 €	220,00 €	180,00 €	400,00 €
k_v	92,00 €	145,00 €	155,00 €	220,00 €
db				
Fertigungszeit	29 Min.	50 Min.	25 Min.	135 Min.
rel. db				
nachgefragte Menge	400 Stück	750 Stück	650 Stück	500 Stück
Fertigungszeit				

Rang	Produkt	Produktionsmenge		Fertigungszeit	DB
				101 760 Min.	
1.					
2.					
3.					
				DB	
				K_f	120 000,00 €
				Gewinn	

2 Der FIT FOR LIFE AG liegen fünf Aufträge über die Fertigung von Crosstrainern vor. Zur Fertigstellung der Crosstrainer müssen alle Modelle eine Fertigungsstraße durchlaufen, die sich bereits in der Vergangenheit als Engpass herausgestellt hat. Für den Planungszeitraum stehen auf dieser Fertigungsstraße insgesamt 13 000 Fertigungsminuten zur Verfügung.

In diesem Zusammenhang liegen folgende Daten aus den Abteilungen Absatz und Kostenrechnung vor:

Kunde	gewünschtes Modell	Auftrags-menge (in Stück)	Zeitbedarf je Stück (in Minuten)	Erzielbarer Preis je Stück (in €)	Variable Kosten je Stück (in €)
Adams OHG	Alpha	75	50	1 300,00	1 180,00
Berger KG	Beta	45	80	1 500,00	1 260,00
Caspers GmbH	Gamma	90	45	950,00	770,00
Dohm GmbH	Delta	70	50	1 100,00	975,00
Eilers AG	Epsilon	18	100	1 250,00	1 075,00

Ermitteln Sie den maximal möglichen Gewinn, wenn auf dieser Fertigungsstraße insgesamt 28 750,00 € fixe Kosten anfallen.

Lernsituation 37: Den Gesamtzuammenhang in der KLR verstehen

Ausgangssituation I: Eine Abgrenzungsrechnung durchführen und die Ergebnistabelle erstellen

Die Metallwerke Bauer & Söhne OHG ist ein kleines mittelständisches Unternehmen mit Sitz in Dortmund und einer der Hauptlieferanten der Sommerfeld Bürosysteme GmbH. Sie stellt neben Stahlrohrgestellen und Alugussteilen auch Alupressprofile und Schrauben her.

Die Abteilung Finanzbuchhaltung der Metallwerke Bauer & Söhne OHG hat für das abgelaufene Geschäftsjahr folgende Gewinn- und Verlustrechnung erstellt:

SOLL	8020 GuV		HABEN
6000 Aufw. für Rohstoffe	445 000,00	5000 Umsatzerlöse	625 000,00
6050 Energie-Aufwand	107 000,00	5200 Bestandsmehrungen	218 000,00
6200 Löhne	214 000,00	5400 Mieterträge	221 000,00
6300 Gehälter	118 000,00	5410 Sonstige Erlöse	199 500,00
6520 Afa	126 500,00	5710 Zinsen u. ähnliche Erträge	123 000,00
6979 Anlagenabgänge	100 000,00		
7000 Unternehmenssteuern	26 000,00		
7510 Zinsaufwendungen	38 000,00		
3000 EK	212 000,00		
	1 386 500,00 €		**1 386 500,00 €**

Zu der Gewinn- und Verlustrechnung liegen weiterhin folgende Informationen vor:

- **5400:** Sämtliche Mieterträge sind Erträge aus der Vermietung von Wohnungen an Werksangehörige und ihre Familienmitglieder.
- **5410:** Die Erträge stammen aus dem Verkauf nicht mehr benötigter Fertigungsanlagen über Buchwert.
- **5710:** Die Erträge stammen aus Wertpapiergeschäften.
- **6000:** Insgesamt sind Rohstoffe im Wert von 12 800,00 € durch unsachgemäße Lagerung verdorben.
- **6200:** Es wurden Löhne in Höhe von 17 000,00 € für Arbeitsleistungen an vermieteten Wohngebäuden bezahlt.
- **6300:** Von den Gehältern entfielen 26 500,00 € auf die Verwaltung vermieteter Wohngebäude.
- **6520:** 28 000,00 € entfallen auf die vermieteten Wohngebäude.
- **7000:** 11 000,00 € mussten an Grundsteuer für vermietete Wohngebäude entrichtet werden.
- Des Weiteren sind folgende kalkulatorische Kosten anzusetzen:
  - kalkulatorische Abschreibungen 105 000,00 €
  - kalkulatorische Zinsen 41 000,00 €
  - kalkulatorischer Unternehmerlohn 48 000,00 €

ARBEITSAUFTRÄGE

1 Führen Sie die Abgrenzungsrechnung durch und stimmen Sie die Ergebnisse miteinander ab. Nutzen Sie hierzu die Ergebnistabelle auf der nächsten Seite.

2 Analysieren Sie das von Ihnen ermittelte Ergebnis der Abgrenzungsrechnung, indem Sie Unternehmensergebnis, neutrales Ergebnis und Betriebsergebnis miteinander vergleichen. Erläutern Sie, wie sich die wirtschaftliche Situation der Metallwerke Bauer & Söhne OHG aus Ihrer Sicht darstellt. Nennen Sie mögliche Ursachen und gehen Sie dabei auf einzelne, markante Positionen der Abgrenzungsrechnung ein.

Aufwands- und Ertragspositionen / Abgrenzungsrechnung			I. Werte der Finanzbuchhaltung		II. Unternehmensbezogene Abgrenzungsrechnung		III. Betriebsbezogene Abgrenzungsrechnung/ KLR-Korrekturen		IV. Kosten- und Leistungsarten	
			1	2	3	4	5	6	7	8
Zeile	Konto	Bezeichnung	Auf-wendungen	Erträge	Betriebsfremde Aufwendungen	Betriebs-fremde Erträge	Betriebliche a. o. Aufwendungen	Betriebliche a. o. Erträge	Kosten	Leistungen
1										
2										
3										
4										
5										
6										
7										
8										
9										
10										
11										
12										
13										
14										
15										
16										
17	Summe									
18	Saldo									
19	Summe									

Ausgangssituation II: Die Gemeinkosten auf die Kostenstellen verteilen und den BAB erstellen

Nachdem die Metallwerke Bauer & Söhne OHG die Abgrenzungsrechnung mithilfe einer Ergebnistabelle durchgeführt und die Ergebnisse analysiert hat, sollen Sie nunmehr auf Basis der durchgeführten Abgrenzungsrechnung einzelne Betriebsbereiche im Rahmen der Kostenstellenrechnung näher analysieren. Dazu liegen folgende Angaben zur Verteilung der Gemeinkosten auf die einzelnen Kostenstellen vor:

Gemeinkostenarten	Kostenstellen				
	Material	Fertigung I	Fertigung II	Verwaltung	Vertrieb
6050 Energieaufwand	Verbrauch: 975 000 kWh	Verbrauch: 1 695 000 kWh	Verbrauch: 1 940 000 kWh	Verbrauch: 350 000 kWh	Verbrauch: 390 000 kWh
6300 Gehälter	11 000,00 € lt. Gehaltsliste	15 900,00 € lt. Gehaltsliste	12 600,00 € lt. Gehaltsliste	29 000,00 € lt. Gehaltsliste	23 000,00 € lt. Gehaltsliste
7000 Betriebliche Steuern	Verteilung auf die Kostenstellen im Verhältnis 2 :	5 :	6 :	4 :	3
Kalkulatorische Abschreibungen	Verteilung auf die Kostenstellen im Verhältnis 8 :	13 :	17 :	2 :	2
Kalkulatorische Zinsen (Zinssatz: 8 % p. a.)	Betriebsnotwendiges Vermögen: 100 000,00 €	Betriebsnotwendiges Vermögen: 140 000,00 €	Betriebsnotwendiges Vermögen: 170 000,00 €	Betriebsnotwendiges Vermögen: 32 500,00 €	Betriebsnotwendiges Vermögen: 70 000,00 €
Kalkulatorischer Unternehmerlohn	–	–	–	48 000,00 €	–

ARBEITSAUFTRAG

Ermitteln Sie die auf die einzelnen Kostenstellen zu verteilenden Gemeinkosten gemäß den oben angeführten Angaben und nehmen Sie die Verteilung der Gemeinkosten auf die einzelnen Kostenstellen vor. Nutzen Sie hierzu den beigefügten Betriebsabrechnungsbogen (BAB).

Betriebsabrechnungsbogen (BAB)						
Gemeinkostenart	Betrag	Kostenstellen				
		Material	Fertigung I	Fertigung II	Verwaltung	Vertrieb

Ausgangssituation III: Die Kostenträgerrechnung durchführen und einen Angebotspreis kalkulieren

Nach Durchführung der Kostenartenrechnung und der Kostenstellenrechnung müssen bei Metallwerke Bauer & Söhne OHG nun die Preise für unterschiedliche Produkte bzw. Aufträge ermittelt werden. Dafür müssen Sie auf Ihre Ergebnisse der vorangegangenen Ausgangssituationen zurückgreifen.

ARBEITSAUFTRÄGE

1 Ermitteln Sie die jeweilige Zuschlagsgrundlage und die jeweiligen Gemeinkostenzuschlagssätze (auf zwei Nachkommastellen runden) für die einzelnen Kostenstellen. Berücksichtigen Sie hierbei die folgenden Angaben:

- Die in der Produktion angefallenen Fertigungslöhne (Kontonummer 6200) lassen sich über Lohnabrechnungen und Einsatzpläne zu 40 % der Kostenstelle „Fertigung I“ und zu 60 % der Kostenstelle „Fertigung II“ zuordnen.
- Aus der Finanzbuchhaltung werden darüber hinaus folgende Daten übermittelt (vgl. Gewinn und Verlustrechnung der Lernsituation 29):

S	2100 UFE		H
AB	122 000,00	BVÄ	2 000,00
		SB	120 000,00
	122 000,00		

S	2200 FE		H
AB	35 000,00		
BVÄ	220 000,00	SB	255 000,00
	255 000,00		255 000,00

Ermittlung der Zuschlagsgrundlagen:

MEK	
MGK	
FEK I	
FGK I	
FEK II	
FGK II	
= HK (Rechnungsperiode)	
+ AB 2100 UFE	
– SB 2100 UFE	
= HK (Produktion)	
+ AB 2200 FE	
– SB 2200 FE	
= HK (Umsatz)	

Betriebsabrechnungsbogen (BAB)					
	Kostenstellen				
	Material	Fertigung I	Fertigung II	Verwaltung	Vertrieb
Summe Gemeinkosten					
Zuschlagsgrundlage					
GKZS					

2 Für die Produktion eines Alupressprofils wird Fertigungsmaterial zum Preis von 19,00 € netto benötigt. In der Kostenstelle „Fertigung I" verdienen die Beschäftigten 16,00 €/Stunde und produzieren zwei Alupressprofile je Stunde. In der Kostenstelle „Fertigung II" verursacht die Produktion eines Alupressprofils Lohnkosten in Höhe von 9,00 €. Ermitteln Sie den Zielverkaufspreis für ein Alupressprofil, wenn ein Gewinnzuschlag von 10 % realisiert und den Kunden die Möglichkeit zur Zahlung unter Abzug von 2 % Skonto gewährt werden soll.

	Zuschlagssatz in %	Betrag in €
MEK		
MGK		
MK		
FEK I		
FGK I		
FK I		
FEK II		
FGK II		
FK II		
FK gesamt		
HK (MK + FK)		
VwGK		
VtGK		
Selbstkosten		
Gewinnzuschlag		
Barverkaufspreis		
Skonto		
Zielverkaufspreis		

3 Wie viel € dürften die Selbstkosten maximal betragen, wenn bei identischer Preisgestaltung ein Gewinnzuschlag von 15 % realisiert werden soll?

Ausgangssituation IV: Eine Entscheidung über die Annahme eines Auftrags treffen (Vollkostenrechnung vs. Teilkostenrechnung)

Im Rahmen einer Anfrage über die Lieferung von 1 000 Stahlrohrgestellen bietet ein Kunde der Metallwerke Bauer & Söhne OHG einen Netto-Preis von 98,00 € je Stahlrohrgestell. Für die Fertigung der Stahlrohrgestelle würden Materialeinzelkosten in Höhe von 22,00 €, in der Kostenstelle „Fertigung I" Lohnkosten in Höhe von 15,00 €/Stück und in der Kostenstelle „Fertigung II" Lohnkosten in Höhe von 18,00 €/Stück anfallen. Darüber hinaus wären aufgrund von Sonderwünschen des Kunden Sondereinzelkosten der Fertigung in Höhe von 750,00 € zu berücksichtigen. Die Berücksichtigung der Gemeinkosten erfolgt auf Basis der zuvor ermittelten Gemeinkostenzuschlagssätze (Ausgangssituation III).

ARBEITSAUFTRÄGE

1 Belegen Sie rechnerisch, ob es sinnvoll ist, den Auftrag anzunehmen. Führen Sie in diesem Zusammenhang zunächst eine Kalkulation unter Berücksichtigung aller angefallenen Kosten (Vollkostenrechnung) durch.

	Zuschlagssatz	Gesamte Auftragsmenge	je Stück
MEK			
MGK			
MK			
FEK I			
FGK I			
FK I			
FEK II			
FGK II			
FK II			
SEK			
FK gesamt			
HK (MK + FK)			
VwGK			
VtGK			
Selbstkosten			

	Zuschlagssatz	Gesamte Auftragsmenge	je Stück
Umsatzerlöse			
Gewinn/Verlust			

2 Überprüfen Sie Ihr Ergebnis der Aufgabe 1 mithilfe der Teilkostenrechnung. Dazu liegen Ihnen folgende Informationen vor:

- Sämtliche Einzelkosten sind zu 100 % variabel.
- Die Materialgemeinkosten sind zu 30 % fix und zu 70 % variabel.
- Die Fertigungsgemeinkosten (I und II) sind zu 40 % fix und zu 60 % variabel.
- Die Verwaltungs- und die Vertriebsgemeinkosten sind zu 60 % fix und zu 40 % variabel.

	gesamte Auftragsmenge	je Stück
MEK		
MGK (anteilig)		
MK		
FEK I		
FGK I (anteilig)		
FK I		
FEK II		
FGK II (anteilig)		
FK II		
SEK		
FK gesamt		
HK (MK + FK)		
VwGK (anteilig)		
VtGK (anteilig)		
Selbstkosten		
Umsatzerlöse		
Deckungsbeitrag		

Lernsituation 38: Die flexible Plankostenrechnung als Instrument des Controllings kennenlernen

Ausgangssituation: Eine Alternative zur Normalkostenrechnung

Da es in den vergangenen Monaten immer wieder zu deutlichen Kostenabweichungen bei einzelnen Produktgruppen gekommen ist, hat der Leiter des Rechnungswesens, Jens Effer, beschlossen, die flexible Plankostenrechnung als eine Möglichkeit zur Verrechnung, Kalkulation und Kontrolle anzuwenden. Im Unterschied zur Normalkostenrechnung werden die Plankosten bei der Plankostenrechnung unabhängig von den Ist-Kosten der Vergangenheit ermittelt. Da Jens Effer mit den Leistungen von Leon Heller bislang sehr zufrieden ist, beauftragt er ihn, das Instrument der Plankostenrechnung für einen von den gewerblichen Auszubildenden entworfenen Schreibtisch anzuwenden.

ARBEITSAUFTRAG

1. Schritt: Berechnung der geplanten Kosten

Planfertigungsmaterial

Holzverbrauch je Regal lt. Stückliste:	5,00 m^2
+ Aballmenge/Verschnitt (4 %):	
= Bruttoplanverbrauchsmenge:	

Planproduktionsmenge:	100 Schreibtische
Gesamtbruttoplanverbrauchsmenge (m^2):	
Planverrechnungspreis je m^2:	12,00 €/m^2
Kosten für Planfertigungsmaterial:	

HINWEIS

Die geplanten Einzelkosten für das Fertigungsmaterial gelten in voller Höhe als variabel und werden den Kostenträgern direkt zugeordnet. Im weiteren Verlauf der Lernsituation werden diese daher nicht weiter betrachtet.

Planfertigungslohn

Planproduktionsmenge:	100 Schreibtische
Vorgabezeit je Schreibtisch:	75 Minuten
Erwarteter Akkordrichtsatz je Stunde:	15,00 €/m^2

Planminutenfaktor:	

Planlohneinzelkosten:

HINWEIS

Die Planlohneinzelkosten gelten in voller Höhe als variabel, gehen aber dennoch in die Kostenstellenrechnung (vgl. Schritt 2) ein.

2. Schritt: Auflösung der geplanten Gemeinkosten in variable und fixe Bestandteile

Kostenart	Planmenge	Planpreis je Einheit	Plankosten		
			gesamt	variabel	fix
Fertigungslöhne		15,00 €/Std.			
Energie	1 000 kWh	0,19 €/kWh	190,00 €	190,00 €	5,00 €
GK-Material			980,00 €	180,00 €	800,00 €
Instandsetzung	10 Stunden	18,00 €/Std.	180,00 €	20,00 €	160,00 €
Kalk. AfA			700,00 €	0,00 €	700,00 €
Kalk. Zinsen			500,00 €	0,00 €	500,00 €
Sonstige Koster			1 200,00 €	200,00 €	1 000,00 €
Plankostensumme					
Planbezugsgröße: 125 Stunden					
Plankostenverrechnungssatz					

3. Schritt: Ermittlung der Plankosten und der Sollkosten

Plankosten

Verrechnete Plankosten = Plankostenverrechnungssatz · Planbeschäftigung

Ermittlung der Sollkosten bei einer Ist-Beschäftigung von 125 Stunden

Sollkosten = variable Plankosten · Ist-Beschäftigung + fixe Plankosten

Ermittlung der Sollkosten bei einer Ist-Beschäftigung von 100 Stunden

Sollkosten = variable Plankosten · Ist-Beschäftigung + fixe Plankosten

4. Schritt: Abweichungsanalyse

Verrechnete Plankosten bei Ist-Beschäftigung: 100 Stunden · 45,00 €/Std. =

Sollkosten bei Ist-Beschäftigung: 100 Stunden · 19,68 € + 3 165,00 € =

Beschäftigungsabweichung:

HINWEIS

Eine Beschäftigungsabweichung ist von der Leitung der Kostenstelle nicht zu verantworten.

Sollkosten bei Ist-Beschäftigung: 100 Stunden · 19,68 € + 3 165,00 € =

Ist-Kosten: 5 800,00 €

Verbrauchsabweichung:

HINWEIS

Eine Verbrauchsabweichung liegt im Verantwortungsbereich der Leitung der Kostenstelle und ist von diesem zu begründen. Hier übersteigen die tatsächlich angefallenen Kosten (Ist-Kosten) die Sollkosten bei Ist-Beschäftigung, es liegt also eine Kostenunterdeckung vor.

Beschäftigungsabweichung:

Verbrauchsabweichung:

Gesamtabweichung:

Lernsituation 39: Eine Prozesskostenrechnung durchführen

Ausgangssituation: Geschäftsprozesse als Basis für die Kalkulation

Jens Effer bittet Jussuf Önder und Klaus Lage zu einer Besprechung in sein Büro. „In letzter Zeit ist es häufiger zu Beschwerden einzelner Produktmanager gekommen. Sie beklagen, dass ihre Produkte mit Gemeinkosten für indirekte Leistungen belastet werden, welche diese nicht verursacht hätten. Durch einen Anstieg dieser Gemeinkosten würde das Betriebsergebnis in ihrem Bereich negativ belastet, wofür sie letztlich verantwortlich gemacht würden, obwohl sie keine Möglichkeiten hätten, diese Gemeinkosten zu beeinflussen.“ Klaus Lage, der vor Kurzem eine Fortbildung zum Thema „Moderne Kostenrechnungssysteme“ besucht hat, antwortet: „Ich kann den Unmut der Kolleginnen und Kollegen nachvollziehen. Ein weiteres Problem ist, dass jeder auch noch so kleine Auftrag eine ähnliche Bearbeitung erfordert. Ob wir nun eine Bestellung über zwei oder zweihundert Schreibtische bearbeiten, die Bestellung muss erfasst, das Material disponiert, die Produktion geplant, die Rechnung geschrieben, die Ware kommissioniert und der Zahlungseingang überwacht werden. Im Rahmen der Zuschlagskalkulation haben wir die Gemeinkosten über einen Zuschlagssatz berücksichtigt, wodurch aber letztlich kleinere Aufträge durch Großaufträge ‚subventioniert‘ werden. Ein solches Vorgehen ist unter dem Blickwinkel der zunehmenden Geschäftsprozessorientierung eigentlich nicht mehr zeitgemäß und führt zwangsläufig zu Ungenauigkeiten bei der Kalkulation der Verkaufspreise. Daher sollten wir versuchen, die Gemeinkosten der indirekten Kostenstellen (Beschaffung, Verwaltung, Vertrieb) prozessorientiert zu erfassen.“

ARBEITSAUFTRÄGE

1 Ermitteln Sie die Prozesskostensätze für die folgenden, exemplarischen Teilprozesse:

Abteilung „Beschaffung“

Teilprozess	Kostentreiber (Cost Driver)	Prozessmenge je Monat	Prozesskosten je Monat	Prozesskosten-satz
Angebote vergleichen	Anzahl der Angebote	2100	92400,00 €	
Terminüberwachung	Anzahl der Bestellungen	1200	38400,00 €	

Abteilung „Allgemeine Verwaltung“

Teilprozess	Kostentreiber (Cost Driver)	Prozessmenge je Monat	Prozesskosten je Monat	Prozesskosten-satz
Überprüfung von Eingangsrechnungen	Anzahl der Rechnungen	1500	37500,00 €	
Erstellung von Ausgangsrechnungen	Anzahl der Rechnungen	1900	58900,00 €	

Abteilung „Vertrieb“

Teilprozess	Kostentreiber (Cost Driver)	Prozessmenge je Monat	Prozesskosten je Monat	Prozesskosten-satz
Anfragen erfassen	Anzahl der Anfragen	1800	64800,00 €	
Angebote erstellen	Anzahl der Angebote	1700	76500,00 €	

Teilprozess	Kostentreiber (Cost Driver)	Prozessmenge je Monat	Prozesskosten je Monat	Prozesskosten-satz
Bestellungen erfassen	Anzahl der Bestellungen	1 200	46 800,00 €	
Besuch von Kunden	Anzahl der Kundenbesuche	500	62 500,00 €	
Bearbeitung von Reklamationen	Anzahl der Reklamationen	150	4 350,00 €	

2 Kalkulieren Sie den Angebotspreis für die Anfrage eines Kunden über 50 Schreibtische, wenn Sie folgende Daten zugrunde legen:

Materialkosten

Materialeinzelkosten je Stück: 62,40 €
Zuschlagssatz für nicht über Prozesse verrechnete Materialgemeinkosten: 5 %
50 Stück · 62,40 € =
+ leistungsmengenneutrale Gemeinkosten (5 %)

Zu verrechnende Prozesskosten der Materialbeschaffung

Teilprozess	Prozessmenge	Prozesskosten	Summe
Angebote vergleichen	4		
Terminüberwachung	1		
		Prozesskosten insgesamt	

Fertigungskosten

Fertigungseinzelkosten je Stück: 29,00 €
Zuschlagssatz für nicht über Prozesse verrechnete Fertigungsgemeinkosten: 70 %
50 Stück · 29,00 € =
+ leistungsmengenneutrale Gemeinkosten (70 %)

Zu verrechnende Prozesskosten der Allgemeinen Verwaltung

Teilprozess	Prozessmenge	Prozesskosten	Summe
Überprüfung ER	1		
Erstellung AR	1		
		Prozesskosten insgesamt	

Zu verrechnende Prozesskosten des Vertriebs

Teilprozess	Prozessmenge	Prozesskosten	Summe
Anfragen erfassen	1		
Angebot erstellen	1		
Bestellung erfassen	1		
		Prozesskosten insgesamt	

Materialeinzelkosten:
Materialgemeinkosten:
Prozesskosten Beschaffung:
Fertigungseinzelkosten:
Fertigungsgemeinkosten:
Prozesskosten Verwaltung:
Prozesskosten Vertrieb:
Gesamtkosten:
Kosten je Stück:

Lernsituation 40: Investitionen planen

Ausgangssituation: Wünsch' dir was ...

Auf der turnusmäßigen Sitzung der Abteilungsleitungen der Sommerfeld Bürosysteme GmbH geht es heute hoch her: „Gedankenaustausch zum Investitionsplan für das kommende Geschäftsjahr" steht auf der Tagesordnung und die „alten Hasen" wissen: Hier und heute muss man Präsenz zeigen, wenn von den eigenen Investitionswünschen am Ende noch etwas übrig bleiben soll. Leon ist für die Protokollführung zuständig. Herr Feld eröffnet die Sitzung.

Lambert Feld: „Ich begrüße Sie zur heutigen Sitzung. Ich denke, wir können es kurz machen und direkt mit den Investitionswünschen beginnen, die aus Ihrer Sicht Priorität genießen sollten. Herr Heller übernimmt die Protokollführung. Herr Weselberg, vielleicht können Sie für die Produktionsabteilung beginnen."

Horst Weselberg: „Tja, in der Produktion stehen ja noch so einige Maschinen herum, die schon ziemlich alt sind und eigentlich aussortiert werden müssten. Da das hier aber kein Wunschkonzert ist, nenne ich nur die wichtigsten Investitionen: Wir benötigen dringend eine neue Bandsäge, da unsere alte Anlage viel zu langsam arbeitet. Einen Standbohrer und zwei Pendelkreissägen brauchen wir zusätzlich, da unsere Kapazitäten in diesem Bereich einfach nicht ausreichen. Zudem arbeiten viele unserer Konkurrenten mittlerweile mit vollautomatischen Stichsägen. Wir sollten hier dem technischen Fortschritt nicht länger hinterherlaufen. Darüber hinaus sollten wir zwingend ein neues Filtersystem für das vollautomatische Spritzgerät in der Lackiererei beschaffen, wenn wir weiterhin klimaschonend produzieren wollen."

Emilio Lanzetti: „Wenn ich da kurz einhaken darf: Unser Materiallager platzt mittlerweile aus allen Nähten. Entweder wir vereinbaren also mit unseren Zulieferern mehr Just-in-time-Anlieferungen oder wir brauchen ganz einfach eine neue Lagerhalle."

Lambert Feld: „Okay, danke für den ersten Überblick. Wir machen weiter mit der Personalabteilung, die ja sicherlich weniger investitionsintensiv ist."

Franz Krämer: „Weniger investitionsintensiv? Na ja, im kommenden Jahr sind Investitionen in die Weiterbildung unserer Mitarbeitenden zwingend erforderlich. Gerade im Bereich der Computertechnologie, aber auch bei Verkaufsschulungen haben wird dringenden Fortbildungsbedarf. Wenn ich dann noch höre, in welchem Umfang neue Fertigungsanlagen angeschafft werden sollen, dann fallen für unsere Produktionsmitarbeitenden sicherlich auch entsprechende Schulungen an. Wir benötigen eben hoch qualifiziertes Personal, um konkurrenzfähig zu bleiben."

Ute Stefer: „Als Betriebsratsvorsitzende muss ich darauf hinweisen, dass wir bei allen wirtschaftlichen Zielen nicht vergessen dürfen, dass es auch um die Verbesserung der Arbeitsumgebung und um Vermeidung von Unfallgefahren geht, wenn wir über zukünftige Investitionen sprechen."

Lambert Feld: „Sicher, sicher, Frau Stefer und vielen Dank, Herr Krämer. Wir haben alle unsere Wünsche. Sicherlich auch Herr Kraus vom Vertrieb, oder?"

Peter Kraus: „Wünsche? Zwingend notwendige Investitionen im Bereich der Werbung trifft es wohl eher. Wenn wir unsere neuen Produkte erfolgreich auf dem Markt platzieren wollen, ist eine umfangreiche Werbekampagne unvermeidbar. Eine Überlegung wert wäre es, auch mal in Fernsehwerbung zu investieren. Schließlich sollte es doch unser Ziel sein, unser Unternehmen auch beim Endverbraucher bekannter zu machen, damit die privaten Verbraucher in den Möbelhäusern gezielt nach unseren Produkten fragen."

Lambert Feld: „Vielen Dank, Herr Kraus, das sind interessante Gedanken, die Sie da äußern. Vielleicht sollten wir nun Frau Lange und Herrn Kurz von der Finanzabteilung zu Wort kommen lassen."

Jessica Lange: „'Same procedure as every year', kann ich da nur sagen. Jede Menge Investitionswünsche – aber ich gebe zu bedenken: All das, was Sie gerade so schön aufgezählt haben, muss auch irgendwie finanziert werden. Woher sollen wir denn das Kapital nehmen? Soll ich eine Bank ausrauben? Außerdem sollten wir auch darüber nachdenken, uns an jungen aufstrebenden Unternehmen zu beteiligen. Ich habe da zwei Unternehmen im Kopf, die eine saftige Rendite versprechen, wenn wir unser Kapital dort investieren."

Lambert Feld: „Gut, gut. An dieser Stelle möchte ich dann doch kurz unterbrechen. Ich werde Frau Farthmann und Herrn Sommer von der Sitzung unterrichten. Leon, wenn Sie bitte zeitnah das Protokoll der heutigen Sitzung anfertigen würden."

Als Leon den Konferenzraum verlässt, schwirrt ihm der Kopf: „Wie soll ich denn jetzt die ganzen verschiedenen Investitionswünsche in einem Protokoll zusammenfassen? Emilia, hast du nicht eine Idee?" Emilia antwortet: „Versuch doch zunächst mal das, was du gehört hast, sinnvoll zu strukturieren."

ARBEITSAUFTRÄGE

1 Unterstützen Sie Leon bei der Erstellung des Protokolls, indem Sie die auf der Sitzung genannten Investitionswünsche einer der Investitionsarten zuordnen.

Arten von Investitionen		
Sachinvestitionen	Finanzinvestitionen	Immaterielle Investitionen

2 Nennen Sie mögliche Ziele, welche die Sommerfeld Bürosysteme GmbH mit den oben genannten Investitionswünschen verfolgt.

Ziele von Investitionen		
Ökonomische Ziele	Soziale Ziele	Ökologische Ziele

3 Führen Sie an, in welchen Schritten ein Investitionsentscheidungsprozess verläuft.

1. ______
2. ______
3. ______
4. ______
5. ______
6. ______
7. ______

4 Erläutern Sie kurz, welche betrieblichen Teilpläne maßgeblich für die Erstellung eines Investitionsplanes sind und welche Angaben der Finanzierungsplan enthält.

______

______

______

______

______

______

______

Lernsituation 41: Statische Investitionsrechnungen durchführen

Ausgangssituation: Investitionsentscheidungen treffen

Zwei Wochen nach dem Abteilungsleitungsmeeting der Sommerfeld Bürosysteme GmbH kommt es im Konferenzzimmer zwischen Herrn Feld und Herrn Weselberg zu folgendem Gespräch.

Lambert Feld: „Guten Morgen, Herr Weselberg. Nach langen Diskussionen mit den anderen Gesellschaftern haben wir uns dazu entschlossen, dem Kauf einer vollautomatischen Bandsäge, wie von

Ihnen vorgeschlagen, Priorität einzuräumen. Wir stehen nämlich in Verhandlungen mit mehreren Baumärkten, die ein großes Interesse daran haben, von uns passgenau zugeschnittene hochwertige Regalbretter aus Massivholz, die der Kunde dann individuell zu Regalsystemen zusammensetzen kann, zu beziehen. Wir könnten bei einem anfänglichen Auftragsvolumen von 45000 Brettern durchschnittlich rund 27,00 € je Stück erlösen."

Horst Weselberg: „Sie hatten so etwas ja schon letzte Woche angedeutet, daher habe ich ein entsprechende Entscheidung erwartet und schon mal etwas vorgearbeitet: Mit unserer aktuellen Säge können wir 35000 Teile im Jahr passgenau zusägen. Diese Menge reicht aber gerade mal, um unseren aktuellen Bedarf zu decken. Wenn wir tatsächlich mit den Baumärkten ins Geschäft kommen, benötigen wir zusätzliche Kapazitäten. Deswegen habe ich mich bei den Maschinenherstellern schon mal umgehört, Angebote eingeholt und miteinander verglichen. Das beste Angebot kommt von der Höfler Maschinenbau GmbH aus Obernzell bei Passau, ein Unternehmen mit einem hervorragenden Ruf. Beste Qualität und absolut zuverlässig! Zwei unterschiedliche Varianten einer vollautomatischen Bandsäge mit integriertem Kanten- und Breitbandschleifer kommen für uns infrage. Ich habe die wesentlichen Daten in der folgenden Übersicht mal kurz zusammengefasst."

Sommerfeld
Bürosysteme GmbH
Ein ökologisch orientiertes Unternehmen mit Zukunft

Angebotsvergleich

Vollautomatischen Bandsäge

Angebot 1: XT 2020

- Anschaffungskosten: 1500000,00 € (= Wiederbeschaffungswert)
- Betriebsindividuelle Nutzungsdauer: 10 Jahre
- Maximalkapazität: 58000 Stück
- Sonstige Fixkosten (u. a. Raum- und Wartungskosten): 25000,00 €
- Zur Bedienung der Fertigungsanlage werden drei Arbeitskräfte benötigt
  → Lohnkosten: 5,40 € je Stück
- Sonstige variable Kosten (u. a. Energieverbrauch): 1,40 € je Stück
- Durchschnittliche Materialkosten: 14,00 € je Stück

Angebot 2: RX 1900

- Anschaffungskosten: 1700000,00 € (= Wiederbeschaffungswert)
- Betriebsindividuelle Nutzungsdauer: 10 Jahre
- Maximalkapazität: 55000 Stück
- Sonstige Fixkosten (u. a. Raum- und Wartungskosten): 25000,00 €
- Zur Bedienung der Fertigungsanlage werden zwei Arbeitskräfte benötigt
  → Lohnkosten 3,60 € je Stück
- Sonstige variable Kosten (u. a. Energieverbrauch): 0,60 € je Stück
- Durchschnittliche Materialkosten: 14,00 € je Stück

Grüße

Weselberg

ARBEITSAUFTRAG

Treffen Sie mithilfe der statischen Investitionsrechenverfahren eine rechnerisch begründete Entscheidung, welche der beiden Fertigungsanlagen angeschafft werden sollte.

a) Kostenvergleichsrechnung:

	XT 2020	RX 1900
Allgemeine Angaben		
Anschaffungskosten (€)		
Nutzungsdauer (Jahre)		
Maximale Leistungsmenge (Stück)		
Geplante Auslastung in Stück	45 000	45 000
Jährliche Fixkosten (€)		
Kalk. Abschreibungen (linear)		
Kalk. Zinsen (6 % vom halben Anschaffungswert)		
Sonstige Fixkosten		
Fixe Gesamtkosten		
Fixe Stückkosten bei geplanter Auslastung		
Fixe Stückkosten bei Maximalkapazität		
Jährliche variable Kosten (€)		
Lohnkosten je Stück		
Fertigungsmaterial je Stück		
Sonst. variable Kosten je Stück		
Variable Stückkosten		
Variable Gesamtkosten bei geplanter Auslastung		
Variable Gesamtkosten bei Maximalkapazität		
Gesamtkosten bei geplanter Auslastung		
Stückkosten bei geplanter Auslastung		
Gesamtkosten bei Maximalkapazität		
Stückkosten bei Maximalkapazität		

b) Gewinnvergleichsrechnung

XT 2020				
	je Stück		für die Gesamtmenge	
	bei geplanter Auslastung	bei Maximalkapazität	bei geplanter Auslastung	bei Maximalkapazität
Erlöse				
Kosten				
Gewinn				

RX 1900				
	je Stück		für die Gesamtmenge	
	bei geplanter Auslastung	bei Maximalkapazität	bei geplanter Auslastung	bei Maximalkapazität
Erlöse				
Kosten				
Gewinn				

c) **Rentabilitätsvergleichsrechnung**

d) **Amortisationsvergleichsrechnung**

Entscheidung: ______________________________

____

Begründung: ______________________________

____

____

____

____

____

Kompetenzcheck: Aufgaben zur Wiederholung und zur Prüfungsvorbereitung

Aufgabe 1
Welche der unten stehenden Aussagen zur Kostenrechnung in einer Industrieunternehmung betreffen die

(1) Grundkosten,
(2) kalkulatorischen Anderskosten,
(3) kalkulatorischen Zusatzkosten,
(4) neutralen Aufwendungen?

a) Die Lohnkosten werden in voller Höhe aus der Gewinn- und Verlustrechnung übernommen. ☐
b) An vermieteten Gebäuden sind Reparaturen vorgenommen worden. ☐
c) In Höhe eines vergleichbaren Geschäftsführergehalts wird Unternehmerlohn angesetzt. ☐
d) Der Verbrauch von Rohstoffen wird zu Verrechnungspreisen bewertet. ☐
e) Die Kosten für Fremdbauteile werden dem Konto „Aufwendungen für Fremdbauteile" entnommen. ☐
f) Beim Verkauf von Wertpapieren fallen „Kosten des Geldverkehrs" an. ☐

Aufgabe 2
In einem Betrieb werden die Kostenstellen „Material", „Fertigung I", „Fertigung II", „Verwaltung" und „Vertrieb" geführt. Die Stromkosten des Betriebes belaufen sich auf 643 020,00 €, die Verteilung auf die einzelnen Kostenstellen erfolgt nach dem Verbrauch laut Zählerstand:

- Material: 228 000 kWh
- Fertigung I: 1 160 000 kWh
- Fertigung II: 1 200 000 kWh
- Verwaltung: 280 000 kWh
- Vertrieb: 194 000 kWh

Ermitteln Sie

a) den Preis für eine kWh in Cent.

b) den prozentualen Anteil der Stromkosten, der auf die Kostenstelle „Material" entfällt.

c) die auf die Kostenstelle „Verwaltung“ entfallenden Stromkosten.

Aufgabe 3

Ihnen liegt der abgebildete Auszug aus der Anlagendatei der Metallwerke AG vor.

Inventar-Nr. : 501	**Bezeichnung: Drehautomat**	**Kostenstelle: 40-110**
Anlagenkonto: 0720	Abschreibungskonto: 6520	Abschreibungsbeginn: 15.03.20..
Nutzungsdauer laut AfA-Tabelle: 12 Jahre	Bilanzielle Abschreibung: linear	Anschaffungskosten: 240 000,00 €
Betriebsindividuelle Nutzungsdauer: 18 Jahre	Kalkulatorische Abschreibung: linear vom Wiederbeschaffungswert	Wiederbeschaffungswert: 288 000,00 €

a) Ermitteln Sie den Betrag, mit dem der Drehautomat im ersten Jahr der Nutzung bilanziell abzuschreiben war (auf zwei Stellen nach dem Komma runden).

b) Ermitteln Sie den Wert, mit dem der Drehautomaten in der Schlussbilanz des zweiten Nutzungsjahres anzusetzen ist.

c) Ermitteln Sie den Betrag, mit dem der Drehautomat monatlich kalkulatorisch abzuschreiben ist.

d) Welche zwei der folgenden Aussagen sind falsch? Kreuzen Sie die beiden falschen Aussagen an.

a) Der kalkulatorische Abschreibungsbetrag übersteigt den bilanziellen Abschreibungsbetrag. ☐
b) Die geschätzten Wiederbeschaffungskosten liegen 20 % über den Anschaffungskosten. ☐
c) Die betriebsindividuelle Nutzungsdauer übersteigt die Nutzungsdauer laut AfA-Tabelle. ☐
d) Der bilanzielle Abschreibungsbetrag übersteigt den kalkulatorischen Abschreibungsbetrag. ☐
e) Der bilanzielle Abschreibungssatz beträgt 8 2/3 %. ☐

e) Welche zwei der folgenden Aussagen sind wahr? Kreuzen Sie die beiden richtigen Aussagen an.

a) Die lineare Abschreibung arbeitet mit gleichbleibenden Abschreibungsbeträgen. ☐
b) Kalkulatorische Abschreibungen verbessern das Betriebsergebnis. ☐
c) Bilanzielle Abschreibungen sind immer Kosten. ☐
d) Der Abschreibungssatz bleibt bei der linearen Abschreibung immer gleich hoch. ☐
e) Kalkulatorische Abschreibungen bezeichnet man auch als Grundkosten. ☐

f) Welche zwei der unten angebenden Beträge dürfen nicht bei der Ermittlung der Anschaffungskosten berücksichtigt werden? Kreuzen Sie die beiden entsprechenden Aussagen an.

a) Die Transportkosten in Höhe von 2 495,00 €. ☐
b) Die Umsatzsteuer in Höhe von 45 600,00 €. ☐
c) Die Montagekosten in Höhe von 4 500,00 €. ☐
d) Die Kosten für die Finanzierung des Kaufpreises in Höhe von 900,00 €. ☐
e) Der nachträgliche gewährte Rabatt in Höhe von 5 000,00 €. ☐

g) Der Drehautomat verfügt über eine maximale Fertigungskapazität von 400 Stunden monatlich und verursacht bei voller Kapazitätsauslastung Fertigungsgemeinkosten (zu 70 % fix) in Höhe von 32 000,00 € im Monat. Von diesen sind 80 % maschinenabhängig.

Kapazitätsauslastung		
Februar 20..	März 20..	April 20.. (geplant)
85 %	90 %	95 %

Ermitteln Sie den Maschinenstundensatz für die Monate Februar, März und April.

h) Welche zwei der nachfolgenden Aussagen sind richtig? Kreuzen Sie die beiden wahren Aussagen an.

a) Um den Maschinenstundensatz zu errechnen, muss zuerst zwischen maschinenabhängigen und maschinenunabhängigen Fertigungsgemeinkosten unterschieden werden. ☐
b) Die Ermittlung und Berücksichtigung eines Maschinenstundensatzes führt zu niedrigeren Restfertigungsgemeinkosten. ☐
c) Der Maschinenstundensatz hat unmittelbare Auswirkungen auf die Materialkosten. ☐
d) Die Berücksichtigung von Maschinenstundensätzen führt zu einer Verringerung der Fertigungseinzelkosten. ☐
e) Die maschinenabhängigen Fertigungsgemeinkosten sind nicht Bestandteil der Selbstkosten. ☐

Aufgabe 4

Die Industrieunternehmung Müller AG kalkuliert nach dem Verfahren der Zuschlagskalkulation. Zur Ermittlung des Angebotspreises an die Bernbaum GmbH liegen folgende Daten vor:

Einzelkosten:

• Fertigungsmaterial	120 000,00 €
• Fertigungslöhne	100 000,00 €
• Sondereinzelkosten der Fertigung	12 000,00 €
• Sondereinzelkosten des Vertriebs	8 000,00 €

Zuschlagssätze:

• Fertigungsgemeinkosten	210 %
• Materialgemeinkosten	25 %
• Verwaltungsgemeinkosten	14 %
• Vertriebsgemeinkosten	9 %
• Gewinnzuschlag	15 %

Erstellen Sie das Kalkulationsschema und ermitteln Sie
a) die Materialkosten
b) die Fertigungskosten
c) die Selbstkosten
d) den Angebotspreis
e) den Überweisungsbetrag.

Aufgabe 5

Für die Fertigung eines neuen Produktes sollen die Anlagen ausgewählt werden, mit denen für die eingesetzten Finanzmittel die beste Verzinsung erwirtschaftet werden kann. Zur Auswahl stehen zwei Anlagen:

	Anlage A	Anlage B
Anschaffungsausgabe	100 000,00 €	60 000,00 €
Nutzungsdauer in Jahren	4	5
Jährlicher kalk. Zinssatz in % (vom halben Anschaffungswert)	8	8
Sonstige Fixkosten (außer Abschreibungen)	11 000,00 €	1 600,00 €
variable Kosten je Fertigungseinheit	10,00 €	10,50 €
Maximale Kapazität je Jahr in Stück	50 000	50 000

a) Berechnen Sie, welche der beiden Einrichtungen am kostengünstigsten arbeitet, wenn die gesamte Produktionsmenge abgesetzt werden kann. Berechnen Sie die Gesamtkosten und die Stückkosten.

b) Ermitteln Sie den mit den Anlagen A und B jeweils zu erzielenden Gewinn, wenn sich die gesamte Produktionsmenge zu einem Stückpreis von 11,00 € absetzen lässt.

c) Ermitteln Sie die Rentabilität für beide Anlagen.

d) Erläutern Sie, für welche Anlage Sie sich (abweichend von obiger Aufgabenstellung) bei sehr niedrigen Stückzahlen entscheiden würden. Begründen Sie Ihre Entscheidung.

Aufgabe 6

Die Sommerfeld Bürosysteme GmbH plant die vorhandene, mehr als zwanzig Jahre alte Fertigungsstraße für Regalwände durch eine neue, modernere Fertigungsstraße zu ersetzen. Die neue Fertigungsstraße zeichnet sich durch eine höhere Fertigungskapazität, einen niedrigeren Energieverbrauch, eine leichtere Bedienbarkeit (bessere ergonomischere Gestaltung) und eine größere Flexibilität aus.

a) Erläutern Sie jeweils ein ökologisches, ein ökonomisches und ein soziales Ziel, welches durch die Investition erreicht werden kann.

b) Welche der folgenden Aussagen trifft im Zusammenhang mit der geplanten Investition zu? Kreuzen Sie an.

a) Bei der geplanten Investition handelt es sich um eine Ersatzinvestition, aber nicht um eine Erweiterungsinvestition. ☐
b) Bei der geplanten Investition handelt es sich um eine Erweiterungsinvestition, aber nicht um eine Ersatzinvestition. ☐
c) Bei der geplanten Investition handelt es sich um eine Erweiterungsinvestition, aber nicht um eine Modernisierungsinvestition. ☐
d) Bei der geplanten Investition handelt es sich um eine Ersatzinvestition, aber nicht um eine immaterielle Investition. ☐
e) Bei der geplanten Investition handelt es sich um eine Modernisierungsinvestition, aber nicht um eine Ersatzinvestition. ☐

Marketingkonzepte planen und umsetzen

Lernsituation 42: Das Marketing als zentrale Unternehmensaufgabe verstehen

Ausgangssituation: Marketing – Was ist das eigentlich?

Kurz nach den Sommerferien haben Emilia Schaub und Leon Heller einen Termin bei Hartmut Sommer, dem Geschäftsführer, der bei der Sommerfeld Bürosysteme GmbH für den Bereich „Marketing und Vertrieb“ zuständig ist. „Sie wundern sich sicherlich, dass ich Sie zu mir ins Büro bestelle, aber mir ist es immer ein besonderes Anliegen, dass ich mit den Auszubildenden ein kurzes Gespräch führe, bevor sie bei uns die unterschiedlichen Vertriebsabteilungen durchlaufen. Sie kennen ja sicherlich den Spruch ‚Marketing ist nicht alles, aber ohne Marketing ist alles nichts!‘.“ Leon antwortet: „Na klar. Ein Kumpel von mir sagt außerdem immer: ‚Drei Dinge sind für den Erfolg eines Unternehmens wichtig: 1. Werbung, 2. Werbung und 3. Werbung!‘“ Herr Sommer erwidert: „Ich fürchte, Ihr Freund erfasst nicht die ganze Komplexität der für den Unternehmenserfolg wichtigen Faktoren. Außerdem ist Marketing nicht gleich Werbung.“

ARBEITSAUFTRÄGE

1 Erläutern Sie, was durch den von Hartmut Sommer zitierten Satz „Marketing ist nicht alles, aber ohne Marketing ist alles nichts!“ zum Ausdruck gebracht werden soll.

2 Recherchieren Sie unterschiedliche Definitionen des Begriffs „Marketing“ und geben Sie dann mit eigenen Worten wieder, was Sie unter Marketing verstehen.

3 Erläutern Sie die Aussage „Marketing ist nicht gleich Werbung“.

Lernsituation 43: Die Marktforschung als Grundlage von Marketingentscheidungen nutzen

Ausgangssituation I: Eine solide Datenbasis ist Grundlage aller Entscheidungen!

Andreas Stock, der in der Sommerfeld Bürosysteme GmbH für das „Vertriebsgebiet Nord“ zuständig ist, bestellt Leon Heller und Emilia Schaub in sein Büro. „Die neuen Umsatzzahlen für Norddeutschland sind da und leider hat sich der Trend der letzten Jahre fortgesetzt. Unsere Situation ist zwar noch nicht besorgniserregend, aber so langsam müssen wir uns doch Gedanken machen, wie wir unsere traditionell starke Marktposition in Norddeutschland verteidigen. Ich bitte Sie, die Daten zunächst aufzubereiten, und wir treffen uns morgen um 9.00 Uhr bei mir im Büro zur Analyse. Dann sammeln wir Vorschläge, welche Maßnahmen wir nun ergreifen können.“

Anbieter von Büromöbeln	Umsatz in €				
Jahr	20(0)	20(+1)	20(+2)	20(+3)	20(+4)
Aktuell Büro-Einrichtungen KG, Nürnberg	4 500 725,00	4 431 998,00	4 256 927,00	3 988 765,00	3 376 229,00
Fahrmeier GmbH, Biberach	3 455 670,00	3 348 776,00	3 228 486,00	2 996 539,00	2 474 439,00
Feld OHG, Bremen	12 556 300,00	12 154 990,00	11 587 551,00	10 603 054,00	9 283 457,00
NATURMÖBEL Öko-Design GmbH, Berlin	1 554 289,00	2 187 336,00	3 288 299,00	5 475 997,00	9 885 200,00
Otto Rompf GmbH, Halle	17 882 990,00	17 755 289,00	17 200 665,00	16 675 883,00	15 800 987,00
Sommerfeld Bürosysteme GmbH, Essen	14 955 500,00	14 558 927,00	14 050 271,00	13 500 876,00	12 950 673,00
Sonstige (40 kleinere Mitbewerber)	22 552 786,00	21 287 225,00	20 667 875,00	19 700 534,00	18 732 958,00
Gesamtmarkt (Norddeutschland)	**77 458 260,00**	**75 724 541,00**	**74 280 074,00**	**72 941 648,00**	**72 503 943,00**

ARBEITSAUFTRÄGE

1 Analysieren Sie einzeln oder in arbeitsteiligen Kleingruppen die vorliegenden Umsatzzahlen, indem Sie

a) die jeweilige prozentualen Umsatzänderung der einzelnen Anbieter sowie des Marktvolumens ermitteln;

Anbieter von Büromöbeln	Umsatzentwicklung in %				
Jahr	20(0)	20(+1)	20(+2)	20(+3)	20(+4)
Aktuell Büro-Einrichtungen KG, Nürnberg					
Fahrmeier GmbH, Biberach					
Feld OHG, Bremen					
NATURMÖBEL Öko-Design GmbH, Berlin					
Otto Rompf GmbH, Halle					
Sommerfeld Bürosysteme GmbH, Essen					
Sonstige (40 kleinere Mitbewerber)					
Gesamtmarkt (Norddeutschland)					

b) den jeweiligen Marktanteil der einzelnen Anbieter für alle Jahre ermitteln.

Anbieter von Büromöbeln	Marktanteil in %				
Jahr	20(0)	20(+1)	20(+2)	20(+3)	20(+4)
Aktuell Büro-Einrichtungen KG, Nürnberg					
Fahrmeier GmbH, Biberach					
Feld OHG, Bremen					
NATURMÖBEL Öko-Design GmbH, Berlin					
Otto Rompf GmbH, Halle					
Sommerfeld Bürosysteme GmbH, Essen					
Sonstige (40 kleinere Mitbewerber)					
Gesamtmarkt (Norddeutschland)					

Nutzen Sie, falls möglich, ein Tabellenkalkulationsprogramm zur Aufbereitung Ihrer Ergebnisse.

2 Stellen Sie die Umsatzentwicklung der einzelnen Marktteilnehmer grafisch dar. Nutzen Sie hierfür ggf. ein Tabellenkalkulationsprogramm. Präsentieren Sie Ihre Grafik anschließend der Klasse und beschreiben Sie die wesentlichen Änderungen bei der Umsatzentwicklung.

3 Erstellen Sie jeweils ein Kreisdiagramm für die Jahre 20(0) und 20(+4), indem Sie die Marktanteile der einzelnen Marktteilnehmer darstellen. Nutzen Sie hierfür ggf. ein Tabellenkalkulationsprogramm. Präsentieren Sie Ihre Grafik anschließend der Klasse und beschreiben Sie die wesentlichen Änderungen bei den Marktanteilen.

4 Erläutern Sie, welche Art von Marktforschung die Sommerfeld Bürosysteme GmbH bis zu diesem Zeitpunkt betrieben hat, und beschreiben Sie, aus welchen Quellen die vorliegenden Daten stammen können.

5 Erläutern Sie, durch welche Instrumente die Sommerfeld Bürosysteme GmbH weitere wichtige Erkenntnisse gewinnen könnte.

Ausgangssituation II: Wissen, was die Kunden denken

Am folgenden Tag präsentieren Emilia Schaub und Leon Heller die von ihnen aufbereiteten Zahlen. Hartmut Sommer bedankt sich: „Das war sehr informativ. Vielen Dank! Aber nun müssen wir über unser weiteres Vorgehen sprechen."

ARBEITSAUFTRÄGE

1 Beschreiben Sie mögliche nächste Schritte der Sommerfeld Bürosysteme GmbH. Orientieren Sie sich dabei an folgenden Begriffen:

Kundenanalyse – Primärforschung (Field Research) – Marktanalyse/Marktbeobachtung

2 Erläutern Sie, warum und in welchem Ausmaß die Sommerfeld Bürosysteme GmbH eine Marktsegmentierung betreiben sollte.

3 Als eine erste Maßnahme plant die Sommerfeld Bürosysteme GmbH mittels einer Kundenbefragung herauszufinden, welche Produkteigenschaften bei Büromöbeln besonders wichtig sind. Finden Sie sich in Kleingruppen zusammen und erstellen Sie unter Zuhilfenahme der Informationen aus Ihrem Lehrbuch einen Fragebogen, den Sie anschließend in der Klasse vorstellen. Präzisieren Sie das Untersuchungsziel zunächst im Klassenverband und achten Sie darauf, dass Sie die Fragen sprachlich genau und verständlich formulieren.

Lernsituation 44: Marketing-Mix: Die absatzpolitischen Marketinginstrumente sinnvoll kombinieren

Ausgangssituation: Den Flughafen Köln/Bonn mit einem adressatengerechten Marketing-Mix ansprechen und als Neukunden gewinnen

Neue Projekte sind immer wieder spannend! Emilia Schaub und Leon Heller haben die Chance, von Beginn an bei einem neuen Projekt dabei zu sein. Der Flughafen Köln/Bonn hat eine Ausschreibung veröffentlicht, an der sich die Sommerfeld Bürosysteme GmbH beteiligen möchte. Konkret geht es darum, die Ausstattung des Flughafens modernen, zeitgemäßen Ansprüchen anzupassen. Von Konferenzräumen über Wartezonen bis hin zu den Aufenthaltsräumen für die Beschäftigten des Duty-free-Bereiches sind beinah alle Bereiche des Flughafens betroffen. Ein Projekt, das nicht nur vielversprechend hinsichtlich des Auftragsvolumens ist und folglich die Position in der Branche verbessern könnte, sondern zudem einen enormen Imagegewinn einbringen könnte. Dadurch, dass das komplette Projekt unter dem Aspekt „Fortschritt und Nachhaltigkeit im Einklang mit der Umwelt" ausgeschrieben wird, werden zudem Parallelen zum Unternehmensleitbild der Sommerfeld Bürosysteme GmbH geknüpft, die besonders gut zu bedienen sein sollten. Auf Anhieb scheint somit alles unter einem guten Stern zu stehen.

Die beiden Azubis haben von Hartmut Sommer den Auftrag erhalten, sich auf die Mitarbeit im Marketingteam vorzubereiten. Sie sollen sich über die notwendigen Zusammenhänge schlau machen und erste Gedanken sammeln, damit sie später kreativ mitarbeiten können.

Leon Heller erinnert sich, dass die Sommerfeld Bürosysteme GmbH vor ca. einem Jahr für ein vergleichbares Projekt in Frankfurt ein Marketing-Konzept ausgearbeitet hatte, aber seinerzeit war es nicht zum Abschluss gekommen. In der Kommunikation zwischen den Beteiligten gab es offenbar Abstimmungsschwierigkeiten, die zu Fehlern in der Konzeption geführt hatten. Dennoch greift Leon nach dem alten Ordner und macht sich gemeinsam mit Emilia schlau. Warum sollte man nicht aus alten Fehlern lernen können? In den Unterlagen finden sie ein paar Notizen, die sich ein Kollege, Herr Georgio Travlos, damals bei einem ersten Brainstorming auf seinen Block geschrieben hatte:

Warum überhaupt?! Ziele klar machen: für Flughafen, für alle Beteiligten, für uns
Was soll passieren?/Marktforschung!!! Was will der Kunde überhaupt?
Auftrags- bzw. Umsatzvolumen klären – über wie viel Geld reden wir hier?
Budget für Marketing ableiten (Vorschlag für Herrn Sommer ausarbeiten)

Wer ist eigentlich die Zielgruppe? (Oder sind es mehrere Interessengruppen?)
- Wen wollen wir überzeugen?
- Welche Ansprache wählen und wo/wie erreiche ich die Kontaktpersonen?
- Möglichst viele Infos sammeln/was ist üblich, was ist besonders?

Wer kümmert sich um was – Projekt-Team festlegen – EILT!!!
- Projekt in PPS anlegen und erste Infos einpflegen
- Einladung zum Start-Meeting entwerfen (Montag 16:00 Uhr)
- Raum + Catering klären
- Erste Infomappe zusammenstellen
- Kapazitäten „Werbeagentur Peters“ für die nächsten 2 Wochen abstimmen und ggf. frei blocken, dann Frau Peters zu erstem Projektmeeting einladen

Welche Produkte können wir anbieten? Oder ggf. neue entwickeln?
- Von Horst Weselberg Kapazitäten in der Produktion abklären lassen
- Rainer Kunze fragen, welche Produktideen er aktuell in petto hat

Ggf. jetzt schon Anzeigen in Fachliteratur schalten, damit wir im Vorfeld wahrgenommen werden

Soweit Zeit frei: Homepage anpassen (Kompetenz in Großprojekten betonen)
Peter Kraus aus dem Vertrieb einbinden!
Kontakt zu „Logistik Adler“ aufnehmen, um Möglichkeit Supply-Chain zu klären
Welcher Service ist in der Branche üblich, welchen davon können wir bedienen?
Unbedingt mal persönlich zum Flughafen fahren und vor Ort ein Bild machen!

ARBEITSAUFTRÄGE

1 Fassen Sie die Ausgangssituation in eigenen Worten zusammen und benennen Sie das Kernproblem, das in dieser Situation vorliegt. Was sollten die beiden Azubis Ihrer Meinung nach konkret tun, um bestmöglich vorbereitet zu sein.

2 a) Beschreiben Sie den Weg, den Leon Heller geht, um sich auf die Mitarbeit im Marketingteam vorzubereiten. Worauf würden Sie achten, wenn Sie in seiner Situation wären?

b) Überlegen Sie sich zunächst alleine, welche Fehler bei der letzten Ausschreibung dazu geführt haben könnten, dass es nicht zum Vertragsabschluss gekommen ist. Tauschen Sie sich anschließend mit Ihrem Tischnachbarn aus.

3 Ergänzen Sie auf einem separaten Blatt gemeinsam in Partnerarbeit Stichworte zu den folgenden Fragen, um sich eine gute Informationsgrundlage für weitere Entscheidungen zu verschaffen.

a) Welche Ziele verfolgt die Abteilung „Marketing“ mit der Teilnahme an der Ausschreibung und wie können diese den Unternehmenszielen der Sommerfeld Bürosysteme GmbH dienen?
b) Notieren Sie zunächst alleine alle Beteiligten, die die Marketing-Abteilung bei der Erstellung ihres Konzeptes mit ihren jeweiligen Wünschen berücksichtigen sollte, und unterstreichen Sie die Beteiligten, die das Marketing als Zielgruppe besonders ins Auge fassen sollte. Gleichen Sie Ihr Ergebnis im Zweierteam ab.
c) Notieren Sie zunächst anhand Ihres Schulbuches die fünf möglichen Marketinginstrumente, die einem Unternehmen grundsätzlich zur Verfügung stehen. Ordnen Sie dann die genannten Maßnahmen den Instrumenten passend zu und prüfen Sie anschließend, welche Marketinginstrumente Herr Travlos in seinem ursprünglichen Brainstorming ins Auge gefasst hatte bzw. welches Instrument bislang außer Acht gelassen wurde.

4 Zielgruppen werden je nachdem, in welcher Beziehung man zu ihnen steht, mit unterschiedlichen Kriterien beschrieben.

Im **B2C-Markt** nutzt man hierzu z. B.
- soziodemografische Aspekte (Alter, Geschlecht, Einkommen, Familienstand, Bildungsgrad, Beruf, Wohnort etc.),
- psychografische Merkmale (Einstellungen, Motive, Meinungen, Werte etc.),
- Merkmale zum Kaufverhalten (Trendsetter, Preissensibilität, Qualitätsorientierung etc.).

Im **B2B-Markt** nutzt man
- organisatorische Aspekte (Rechtsform, Standort, Größe, Anzahl der Beschäftigten etc.),
- wirtschaftliche Aspekte (Wirtschaftszweig, Art der Leistung, Häufigkeit der Leistungserstellung, Fertigungsorganisation, Marktposition, Liquidität, Kapitalstruktur etc.),
- Merkmale bzw. Charakteristika derjenigen Personen, die letztlich die Kaufentscheidungen für das Unternehmen treffen (hier wiederum soziodemografische u. psychografische Merkmale sowie Muster des geschäftlichen Kaufverhaltens, z. B. Zeitdruck, Lieferantentreue, Entscheidungsfreudigkeit, Innovationsbereitschaft etc.),

a) Beschreiben Sie zu dritt in Kleingruppen den Flughafen Köln/Bonn bzw. den Verantwortlichen für den Bereich „Einkauf“ im Flughafen Köln/Bonn sowie die typischen Fluggäste als anvisierte Zielgruppe der Sommerfeld Bürosysteme GmbH. Leiten Sie hieraus Wege ab, wie man sinnvoll mit dem Flughafen in Kontakt treten könnte (akquirieren).

Flughafen	
Entscheidungsträger	
Fluggäste	
Kontaktwege	

b) Im folgenden werden mehrere Marketingmaßnahmen aus den fünf unterschiedlichen Marketing-Instrumenten genannt.

Fertigung des *Bürostuhls Picto* als Muster in den Farben des Flughafens – halbseitige Anzeige vierfarbig im Managermagazin – Aktualisierung des Onlineshops – Erstbestuhlung der Wartehalle in Verbindung mit einer kostenlosen Entsorgung der bestehenden Sitzmöbel – Skonto 2 % – Umgestaltung runder Konferenztische zu ovalen, samt Prägung mit dem Logo des Flughafens – Vertreterbesuche – unentgeltliche Imprägnierung aller neuen Sitzmöbel – Entwicklung neuer Sitzreihen speziell nach den ergonomischen Vorgaben des Flughafens – Beratung bei der Innenarchitektur der neuen Wartehallen – Einladung zur Internationalen Möbelmesse in Köln – Neukundenrabatt auf das Auftragsvolumen in Höhe von 3 % – kostenlose Einrichtungsberatung – Versand des monatlichen Newsletters mit Hinweisen auf alle Produktlinien mit neuen ökologischen Standards – Einsatz von Handlungsreisenden – Übernahme der Transportkosten frei Haus – Erweiterung der Produktpalette um Barhocker – Beilage in der Fachzeitschrift „Reisen und mehr“ – Ergänzung der Stuhlserie *Tubis* mit kostenfreien Lederpflegemittel

ba) Wählen Sie vor dem Hintergrund, den Auftrag unbedingt an Land ziehen zu wollen, eine geschickte Kombination aus mindestens vier Maßnahmen aus. Ordnen Sie zu diesem Zweck zunächst alle gegebenen Maßnahmen den jeweiligen Marketing-Instrumenten zu und treffen Sie dann eine Auswahl.

Produktpolitik	
Preispolitik	
Kommunikationspolitik	
Distributionspolitik	
Servicepolitik	

bb) Stimmen Sie Ihr Ergebnis im Zweierteam ab und einigen Sie sich auf eine gemeinsame Lösung. Tragen Sie Ihr Ergebnis in der Klasse vor und begründen Sie hierbei die Wahl Ihres Marketing-Mix.

5 a) Vervollständigen Sie die nachstehenden Aussagen eigenständig, um Ihre Lernergebnisse zu sichern. Überprüfen Sie anschließend die Richtigkeit der Aussagen anhand einer Musterlösung.

- Aus den Marketing- ______________________ werden einzelne Maßnahmen ausgewählt und zu einem Marketing- ______________________ zusammengestellt.
- Der Marketing-Mix sollte so gewählt werden, dass die Ziele des ______________________ verwirklicht werden können.
- Jede Maßnahme des Marketing-Mix sollte auf die Bedürfnisse der ______________________ ausgerichtet sein.
- Die Maßnahmen eines Marketing-Mix sollten sorgsam aufeinander abgestimmt sein, damit sie sich in ihrer Wirkung ______________________.

b) Erstellen Sie eine individuelle Lernkartei, indem Sie jeden neuen Fachbegriff auf der Vorderseite einer Karteikarten notieren, und ergänzen Sie auf der Rückseite die passende Beschreibung oder Definition für den Begriff. Sinnvolle Begriffe wären hier:

Marketing-Ziele (und wie man sie gliedert) – Zielgruppe (und wie man sie beschreibt) – Marketing-Instrumente – Marketing-Mix – Bestandteile einer Marketingstrategie

Ergänzende Übungen

1 a) Marketingziele sollen an Unternehmenszielen ausgerichtet werden. Vervollständigen Sie in der nachfolgenden Tabelle jeweils zwei möglichst konkrete Beispiele.

Ziele	Gesamtes Unternehmen	Marketing
Quantitativ		
Qualitativ		
Ökologisch		

b) Manche Ziele sind messbar (quantitativ), manche dagegen nicht (qualitativ). Wie könnte man das qualitative Ziel „Das Vertrauen der Kunden gewinnen“ so umformulieren, dass es messbar wird? Überlegen Sie erst alleine, bevor Sie sich mit Ihrem Nachbarn austauschen.

2 Beschreiben Sie möglichst präzise die Zielgruppe der „breiten Masse“.

3 Kreuzen Sie für die Maßnahmen 1 bis 5 an, welchen Marketing-Instrumenten sie zuzuordnen sind, und ergänzen Sie am Ende der Tabelle aus Ihrer bisherigen Erfahrung je eine weitere mögliche Maßnahme für die bereits angekreuzten Instrumente.

Maßnahme	Produktpolitik	Preispolitik	Kommunikationspolitik	Distributionspolitik	Servicepolitik
1. Neuer Vertriebskanal für alle gängigen Büromöbel per Online-Versandhandel					
2. Kostenlose Beratung bei der Gestaltung neuer Konferenzräume					
3. Konferenzstuhl Confair unter ergonomischen Gesichtspunkten verändern					
4. Teilnahme an der internationalen Möbelmesse in Köln					
5. Einführungsrabatt in Höhe von 3 % für Januar bis März					
6.	X				
7.		X			
8.			X		
9.				X	
10.					X

4 In dem folgenden Marketing-Mix sind u. a. mit Blick auf die Zielgruppe Unstimmigkeiten enthalten. Finden Sie die Fehler und erläutern Sie, warum der Marketing-Mix nicht funktionieren kann.

Zielgruppe: Trendsetter im Alter zw. 18–22 Jahren, Singles/Paare, mittleres Bildungsniveau, Einkommen zwischen 500,00 € bis 1 000,00 €/Monat, technikaffin, ohne besonderes Umweltbewusstsein, sportlich, an Neuem interessiert

Marketing-Instrument	Maßnahme
Produktpolitik	Produktinnovation: Federmäppchen mit integriertem Tablet mit Touchscreen (10 x 7 cm), das für Internetrecherchen und als Taschenrechner genutzt werden kann (keine weiteren Funktionalitäten). Energiezufuhr per Akku/Solarzellen, ...
Preispolitik	– Listenverkaufspreis: 165,00 € – Schüler- und Studentenrabatt gegen Vorlage eines adäquaten Ausweises
Kommunikationspolitik	– Beilagen in der Tageszeitung mit Coupon-Aktion – Anbindung an das Kundenkarten-System „Payback" – Anzeige in einer Fachzeitschrift als Gemeinschaftswerbung mit einem Anbieter von Solaranlagen – Sponsoring von Schülerzeitung (Druck und Papier) – Digitale Banner und Werbefilme
Distributionspolitik	– Aktionsware in Discountern wie z. B. Netto, Lidl, Aldi etc. – Vertreterbesuche – Promotion-Tour durch aktuelle Szenekneipen
Servicepolitik	– Kostenloser Füllfederhalter mit Sonderfeder für Kalligrafie – 3-Monats-Abo der Zeitschrift „Chip" mit Option auf günstigen Jahresvertrag

5 Bewerten Sie die Aussagen in der folgenden Tabelle mit einem „R", wenn sie richtig sind, und mit einem „F", wenn die Aussagen falsch sind. Korrigieren Sie die falschen Aussagen.

	Aussage	R/F	Korrektur
1	Ein gelungener Marketing-Mix besteht immer aus jeweils einer Maßnahme aus den fünf Marketing-Instrumenten.		
2	Die Maßnahmen aus den Marketing-Instrumenten dienen immer dazu, die Unternehmensziele zu erreichen.		
3	Es ist möglich, Produkte auch völlig ohne Marketing zu vermarkten.		
4	Der Marketing-Mix ist ein wesentlicher Bestandteil einer Marketing-Konzeption; er zeigt, wer erreicht werden soll.		
5	Um die Zielgruppe eines Industrieunternehmens zu beschreiben, muss man nur die Bedürfnisse der Endverbraucher kennen.		

Lernsituation 45: Produktpolitik: Marktgerechte Leistungen anbieten

Ausgangssituation: Neue Besen kehren gut! Die Produktpolitik steht auf dem Prüfstand

Lea Sommer, die Tochter des Geschäftsführers Hartmut Sommer, absolviert ein duales Studium im Bereich Business Administration an der Universität München. In ihren Semesterferien begleitet sie von Zeit zu Zeit die Prozesse der Sommerfeld Bürosysteme GmbH. Erstmals hilft sie im Marketing aus und fordert die Auszubildende Emilia Schaub gewaltig. Wirklich alles wird hinterfragt und im Hinblick auf Optimierungspotenziale unter die Lupe genommen. Jeder einzelne Bestandteil der Produktpolitik wird analysiert und auf Stimmigkeit überprüft. Das Gute an der gewissenhaften Zusammenarbeit mit Lea Sommer ist, dass Emilia ein strukturiertes Denken für die Teilbereiche der Produktpolitik entwickelt und die Bereiche anschließend auch stimmig miteinander verknüpfen kann. Für Veränderungen der Produktpolitik bieten sich scheinbar jede Menge Spielräume.

ARBEITSAUFTRÄGE

1 Benennen Sie die Teilbereiche der Produktpolitik.

2 Definieren Sie, was man unter dem Absatzprogramm eines Industriebetriebes versteht und finden Sie (im Zweifelsfall unter Zuhilfenahme von KI) mindestens 3 Synonyme, die alternativ verwendet werden können.

3 Um eine Veränderung des Absatzprogramms vornehmen zu können, ist es sinnvoll, sich zunächst ein Bild vom aktuellen Portfolio der Sommerfeld Bürosysteme GmbH zu machen.

a) Erläutern Sie die Begriffe:
- Sortimentsbreite
- Sortimentstiefe
- Sortimentserweiterung
- Sortimentsaustausch
- Sortimentsbereinigung

b) Ergänzen Sie mithilfe Ihrer Definitionen die nachstehende Tabelle um je drei beliebige Beispiele für die Sommerfeld Bürosysteme GmbH.

Sortimentserweiterung durch mehr Sortimentsbreite	

Sortiments-erweiterung durch mehr Sortiments-tiefe	
Sortiments-bereinigung	

4 Lea Sommer weist Emilia Schaub darauf hin, dass gesundheitliche Aspekte bei Sitzmöbeln seit gut zwei Jahren voll im Trend liegen und folglich Veränderungen des Absatzprogramms mit Blick auf Ergonomie und eine gesunde Sitzhaltung vielversprechend sind. Bilden Sie zu viert eine Kleingruppe und nutzen Sie eine beliebige Methode zur Ideenfindung (z. B. Brainstorming, Morphologischer Kasten oder 6-3-5-Methode).

a) Erfinden Sie einen neuen Stuhl, mit dem die Sommerfeld Bürosysteme GmbH entweder neue Produktsegmente oder neue Marktsegmente erschließen kann. Legen Sie in Anlehnung an Ihr Lehrbuch wenigstens fünf Eigenschaften zur Produktgestaltung fest, um das Besondere an Ihrem Stuhl zu beschreiben.
b) Welche Überlegungen sollte die Sommerfeld Bürosysteme GmbH anstellen, bevor Sie den von Ihnen neu entwickelten Stuhl tatsächlich produzieren und auf dem Markt einführen würde.
c) Entscheiden Sie, ob es sich bei Ihrem Produkt um eine Produktinnovation oder eine Produktvariation handelt. Grenzen Sie beide Arten der Produktentwicklung voneinander ab.
d) Entscheiden Sie, ob durch das von Ihnen kreierte Produkt lediglich neue Produktsegmente oder zusätzlich auch neue Marktsegmente angesprochen werden. Nennen Sie die beiden Fachbegriffe, die für diese Arten der Absatzprogrammveränderung üblicherweise verwendet werden.

5 Lea Sommer schlägt vor, dass künftig neben der Bezeichnung der Produktlinie („Am Schreibtisch", „Konferenz" etc.) Dachmarken für die einzelnen strategischen Geschäftseinheiten eingeführt werden sollen. Überlegen Sie sich in Kleingruppen eine geeignete Dachmarke für die Produktfamilie „Pause, Speisen, Aufenthalt" und stellen Sie wenigstens drei Argumente zusammen, warum eine Dachmarken-Strategie für die Sommerfeld Bürosysteme GmbH sinnvoll sein könnte.

6 Das Marketing-Team hat von der Werbeagentur die folgenden Markennamen als Vorschläge erhalten: Lounge, vitra, P-A-S (für Pause, Aufenthalt, Speise), Oase 15, Siesta, SZ (Switch Zone), reLAX.

a) Entscheiden Sie, ob es sich hierbei um Namensgebungen aus dem Sprachvorrat oder um Wortschöpfungen handelt.
b) Führen Sie zwei Vorschläge für eine Dachmarke an, die aus dem Unternehmensnamen abgeleitet sind, und treffen Sie eine Entscheidung, ob die Dachmarke mit einem Logo verbunden werden sollte oder welche anderen Elemente zur Markenbildung hinzugezogen werden sollten.

7 Stellen Sie zu dritt Überlegungen an, warum es in der Möbelindustrie weniger sinnvoll ist, sich mit der Gestaltung einer Verkaufsverpackung zu beschäftigen, warum ein Zusatznutzen einer Verkaufsverpackung im Bereich von Lebensmitteln aber durchaus angemessen ist. Nennen Sie wenigstens fünf Produkte, bei denen Ihnen ein Zusatznutzen der Verpackung bekannt ist.

8 Überlegen Sie sich je ein Beispiel, wie die Sommerfeld Bürosysteme GmbH von den in der Tabelle aufgelisteten gewerblichen Schutzrechten Gebrauch machen könnte. Tauschen Sie sich dann zu dritt aus und vervollständigen Sie Ihre Ideen.

Gewerbliche Schutzrechte	Eigene Beispiele	Ergänzende Beispiele des Tischnachbarn
Patent		
Gebrauchs-muster		
Marke		
Geschmacks-muster		

9 Ergänzen Sie Ihre Lernkartei, die Sie bereits in der Lernsituation 3 begonnen haben. Sinnvolle Begriffe wären hier:

> Produktgestaltung – Absatzprogramm – Sortimentstiefe – Sortimentsbreite – Sortimentserweiterung – Austausch/Relaunch/Modifikation – Sortimentsbereinigung – Produktelimination – Diversifikation – Differenzierung – Innovation – Variation – Markenstrategien – Verpackungsgestaltung – gewerbliche Schutzrechte

Ergänzende Übungen

1 Benennen Sie mindestens drei Faktoren, die Einfluss haben auf Veränderungen des Sortiments.

2 Nennen Sie wenigstens drei Gründe, warum es sinnvoll sein kann, dass ein Markenname geschützt wird.

3 Die Sommerfeld Bürosysteme GmbH möchte für eine Sonderaktion ihre Büromöbel mit Produkten aus dem Bereich „Büroorganisation“ ergänzen. Sie haben zu diesem Zweck Kontakt zum Großhändler „Paper & Pencil KG“ aufgenommen. Erklären Sie die Begriffe und ergänzen Sie für jede Verpackungsart je ein Beispiel. Nennen Sie dabei jeweils das Produkt und die Verpackung, wie z. B. Flasche für Coca Cola.

Notwendige Verpackung	
Zusätzliche Verpackung	

4 An Transport, aber auch Verkaufsverpackungen werden hohe Anforderungen gestellt. Nennen Sie vier Eigenschaften, die eine Verpackung aus Sicht der Sommerfeld Bürosysteme GmbH unbedingt haben sollte.

5 Gestalten Sie zur Vorbereitung auf Ihre Klausur einen Spickzettel über die Inhalte der Produktpolitik. Beachten Sie:
- dass der Spickzettel nicht größer sein sollte als eine viertel Seite;
- Sie mit Farben eine geplante, systematische Gestaltung sinnvoll unterstützen können;
- ein Bild besser gelernt werden kann als reiner Fließtext: Setzen Sie also zur besseren Visualisierung Rähmchen, Kreise, Pfeile, Schlängellinien etc.;
- Ihr Spicker später ggf. noch ergänzt werden muss: Lassen Sie also Platz für Notizen.

6 Bewerten Sie die Aussagen in der folgenden Tabelle mit einem „R“, wenn sie richtig sind, und mit einem „F“, wenn die Aussagen falsch sind. Korrigieren Sie die falschen Aussagen.

	Aussage	R/F	Korrektur
1	Für Innovationen gibt es viele Produktalternativen auf dem Absatzmarkt.		
2	Ein Absatzprogramm mit wenig Varianten gilt als schmales Sortiment.		
3	Innovationen können sowohl die Sortimentsbreite als auch die Sortimentstiefe erweitern.		

	Aussage	R/F	Korrektur
4	Auf eine Innovation muss immer ein Patent angemeldet werden, damit sie als Innovation gilt.		
5	Die Gefahr der Dachmarke besteht darin, dass Produkte negativ aufeinander abfärben können.		
6	Jeder Hersteller ist verpflichtet, die Verkaufsverpackungen zurückzunehmen.		
7	Jeder Hersteller ist verpflichtet, die Transportverpackungen zurückzunehmen.		
8	Es ist möglich, dass ein Produkt mit einer notwendigen und einer zusätzlichen Verpackung verkauft wird.		
9	Jede Verpackung mit Zusatznutzen muss folglich auch eine zusätzliche Verpackung sein.		
10	Die Dauer des Patentschutzes für ein Patent beträgt maximal 20 Jahre (ab dem Anmeldetag des Patents). Allerdings muss man über die gesamte Laufzeit die Jahresgebühren bezahlen.		

Lernsituation 46: Preis- und Konditionenpolitik: Preise festlegen und Konditionen gestalten

Ausgangssituation: Der Preis, das Zünglein an der Waage!

Kürzlich wurde eine Unternehmensberatung damit beauftragt, eine komplexe Studie durchzuführen, um mit neutralem Blick die komplette Produktpalette der Sommerfeld Bürosysteme GmbH auf den Prüfstand zu stellen. Es sollten neue Potenziale aufgespürt und jegliche Fehlentwicklungen im Marketing analysiert werden. Zudem sollten entsprechende Verbesserungsvorschläge entwickelt werden, um negativen Entwicklungen zügig gegensteuern zu können. Ein Ergebnis der Studie bestand darin, dass es für die Sommerfeld Bürosysteme GmbH ggf. lohnenswert sein könnte, eine neue Produktlinie im Bereich „Gesundheit und Entspannung“ zu implementieren. Hierbei würde die Sommerfeld Bürosysteme GmbH absolutes Neuland betreten!

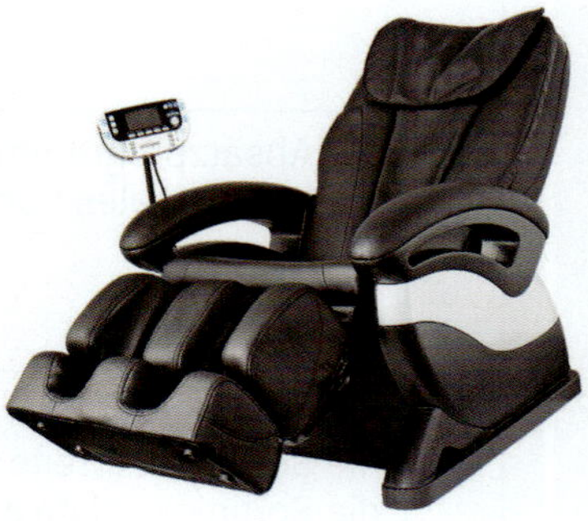

Chillax

Herr Sommer hat darum gebeten, zunächst auf Basis erster Vorgaben aus der Produktentwicklung für einen Relax-Sessel mit Massagefunktion einen groben Handlungsspielraum für preispolitische Maßnahmen zu bestimmen. Zu diesem Zweck soll Leon Heller zuerst alle Bestimmungsgrößen für den Preis zusammenstellen. Er soll zudem Preisunter- sowie Preisobergrenzen festsetzen und letztlich einen ersten Vorschlag unterbreiten, welcher Absatzpreis in Verbindung mit welchen Konditionen tatsächlich auf dem Markt umsetzbar wäre. Der neue Massagesessel, der zunächst noch unter dem Arbeitstitel *Chillax* geführt wird, macht Leon eine Menge Arbeit.

ARBEITSAUFTRÄGE

1 Leon Heller sieht offenbar Arbeit auf sich zukommen. Fassen Sie zusammen, mit welchen Aufgaben sich Leon beschäftigen soll, um die Preisfindung für den Massagesessel Chillax optimal vorzubereiten. Ergänzen Sie die Überlegungen aus der Ausgangssituation mit Ihren eigenen Ideen.

2 a) Überlegen Sie, wo Leon Heller die benötigten Informationen für die Preispolitik in Erfahrung bringen kann bzw. mit wem er unbedingt zusammenarbeiten sollte, um die Daten zu gewinnen. Stellen Sie Ihre Ergebnisse tabellarisch dar und überprüfen und vervollständigen Sie Ihre Liste, indem Sie sich mit einer Person aus Ihrer Klasse austauschen.

Information	Quelle/Ansprechpartner

b) Orientiert man sich mit seiner Preisfindung an klassischen Preisstrategien, so könnte sich die Sommerfeld Bürosysteme GmbH für eine von folgenden drei Strategien entscheiden:
- eine Hochpreisstrategie,
- eine Strategie der Preisüberbietung oder gar für
- eine Strategie der Preisführerschaft.

Erläutern Sie diese drei Strategien und erklären Sie hierbei, was alle Strategien gemeinsam haben bzw. wie sich die Strategien mit Blick auf Zeit und Wettbewerb voneinander unterscheiden.

3 Tragen Sie anhand der folgenden Tabelle innerbetriebliche und außerbetriebliche Einflussgrößen der Preisgestaltung zusammen. Arbeiten Sie erst alleine und ergänzen Sie dann im Austausch mit jemandem aus Ihrer Klasse weitere Ideen.

Einflussgrößen auf die Preisbildung	
außerbetriebliche Einflussgrößen	innerbetriebliche Einflussgrößen

4 Kalkulieren Sie für den Massagesessel *Chillax* einen Absatzpreis unter Beachtung der gegebenen Eckdaten:

- Fertigungsmaterial 500,00 €
- Fertigungslöhne 800,00 €
- MGK 15 %
- FGK 65 %
- Vw/VtGK 5 %
- Einführungsrabatt für den Kunden 4 %
- handelsübliches Skonto 2 %
- Gewinnzuschlag 12 %

Ergänzen Sie das Kalkulationsschema, kalkulieren Sie den Listenverkaufspreis und legen Sie dann unter dem Aspekt einer psychologischen Preisstellung einen endgültigen Absatzpreis fest.

	%	Wert in €
Fertigungsmaterial		
+		
=		
+		
=		
=		
+		
=		
+		
=		
+		
=		
+		
= Listenverkaufspreis		

Psychologische Preisfestlegung:

5 Herr Sommer ist mit der Vorgabe des Listenverkaufspreises nicht einverstanden, weil er befürchtet, dass der Absatzpreis nicht wettbewerbsfähig ist. Finden Sie Wege, um die Absatzpreise zu senken und trotzdem gleichzeitig die Selbstkosten weiter zu decken.

6 Listen Sie mindestens fünf Vorschläge auf, wie die Sommerfeld Bürosysteme GmbH im Rahmen der Preis- und Konditionenpolitik für den Massagesessel *Chillax* Wettbewerbsvorteile erzielen kann.

7 Leon Heller weiß, dass es neben einer kostenorientierten Preisfindung unumgänglich ist, die Nachfrager mit ihrer Bedürfnisstruktur und Kaufkraft im Auge zu behalten. Dennoch hat Frau Braun ihn gebeten, sich bei der Festlegung des Preises im Fall des Massagesessels *Chillax* vornehmlich am Wettbewerb zu orientieren. Sie ist der Meinung, dass man gerade als Neuling in der Branche hieraus Vorteile ziehen kann. Listen Sie drei Vorteile auf, warum es sinnvoll sein kann, sich mit den eigenen Preisen an der Konkurrenz zu orientieren.

8 Recherchen über das Marktsegment der Massagesessel haben gezeigt, dass der Preis für den geplanten Massagesessel *Chillax* bei 2 200,00 € liegen sollte. Das scheint Herrn Sommer aber auf Anhieb zu niedrig zu sein, da die Fixkosten bei 2,4 Mio. € und die variablen Stückkosten höher als ursprünglich geplant, nämlich bei ca. 1 980,00 € liegen. Er lässt deshalb anhand der Break-even-Analyse kalkulieren, wie hoch die Absatzmenge sein müsste, um bei einem Preis von 2 200,00 € dennoch Gewinne zu erwirtschaften.

a) Helfen Sie Leon Heller bei der Berechnung des Stückdeckungsbeitrags und der Gewinnschwelle und skizzieren Sie Ihre Ergebnisse grafisch.

Stückdeckungsbeitrag:

Gewinnschwelle:

Break-Even-Analyse

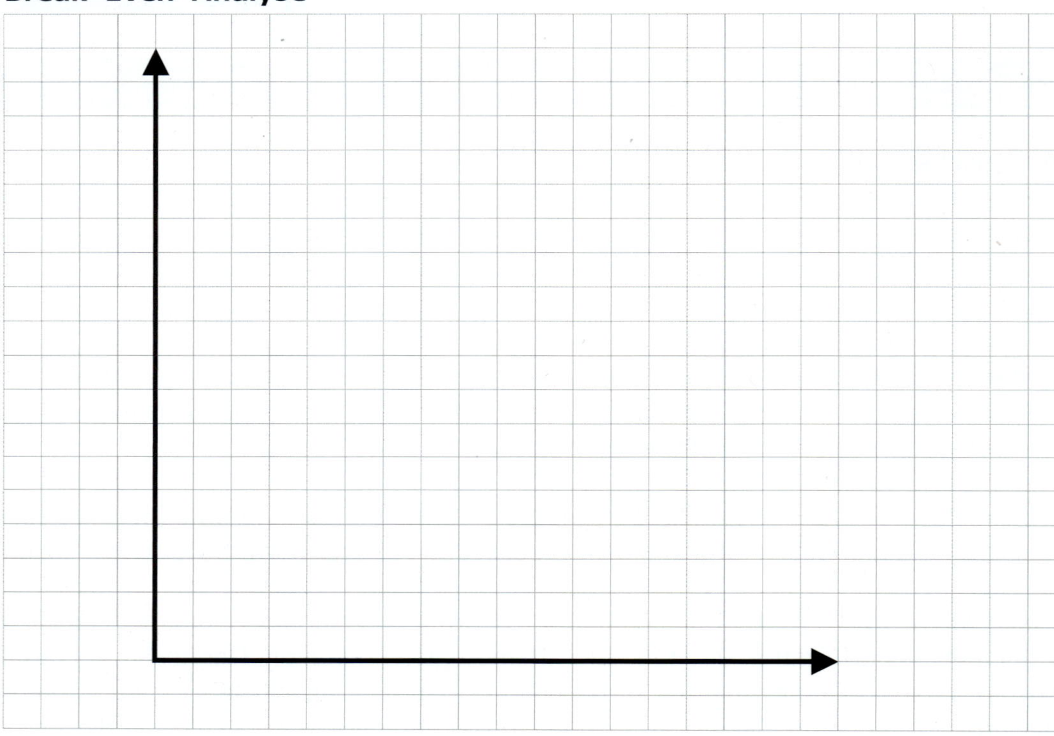

b) Wie bewerten Sie das Ergebnis, wenn im Durchschnitt monatlich voraussichtlich 500 Massagesessel abgesetzt werden könnten?

9 Angenommen, für den neuen Massagesessel soll eine breite Preisdifferenzierung festgesetzt werden. Klären Sie zunächst, unter welcher Voraussetzung eine preisliche Differenzierung für ein und dasselbe Produkt überhaupt möglich ist, und finden Sie dann je zwei Möglichkeiten, wie die Sommerfeld Bürosysteme GmbH den Preis für den Massagesessel zeitlich, räumlich und personell sinnvoll differenzieren könnte.

Voraussetzung:

Preisdifferenzierung:

Zeitliche Differenzierung	
Räumliche Differenzierung	
Personelle Differenzierung	

10 Wenn Leon Heller den Daten des Marktforschungsinstituts Glauben schenken kann, reagieren Kunden ausgehend von einem Preis von 2 375,00 € bereits dann äußerst sensibel, wenn eine Preissenkung von mehr als 150,00 € vorgenommen wird. Bei dieser Preisstellung wäre es denkbar, der Konkurrenz Käufer abzuwerben und Marktanteile zu gewinnen. Genauso empfindlich reagieren Käufer allerdings auch auf Preissteigerungen ab 100,00 €, bei der Käuferschichten ohne Zweifel an den Wettbewerb verloren gehen. Diese Information will Leon grafisch aufbereiten. Skizzieren Sie den Verlauf der Absatzfunktion, achten Sie auf eine Beschriftung der Koordinatenachsen und tragen Sie die Preiselastizitäten in die Grafik ein.

Preis - Absatz - Funktion

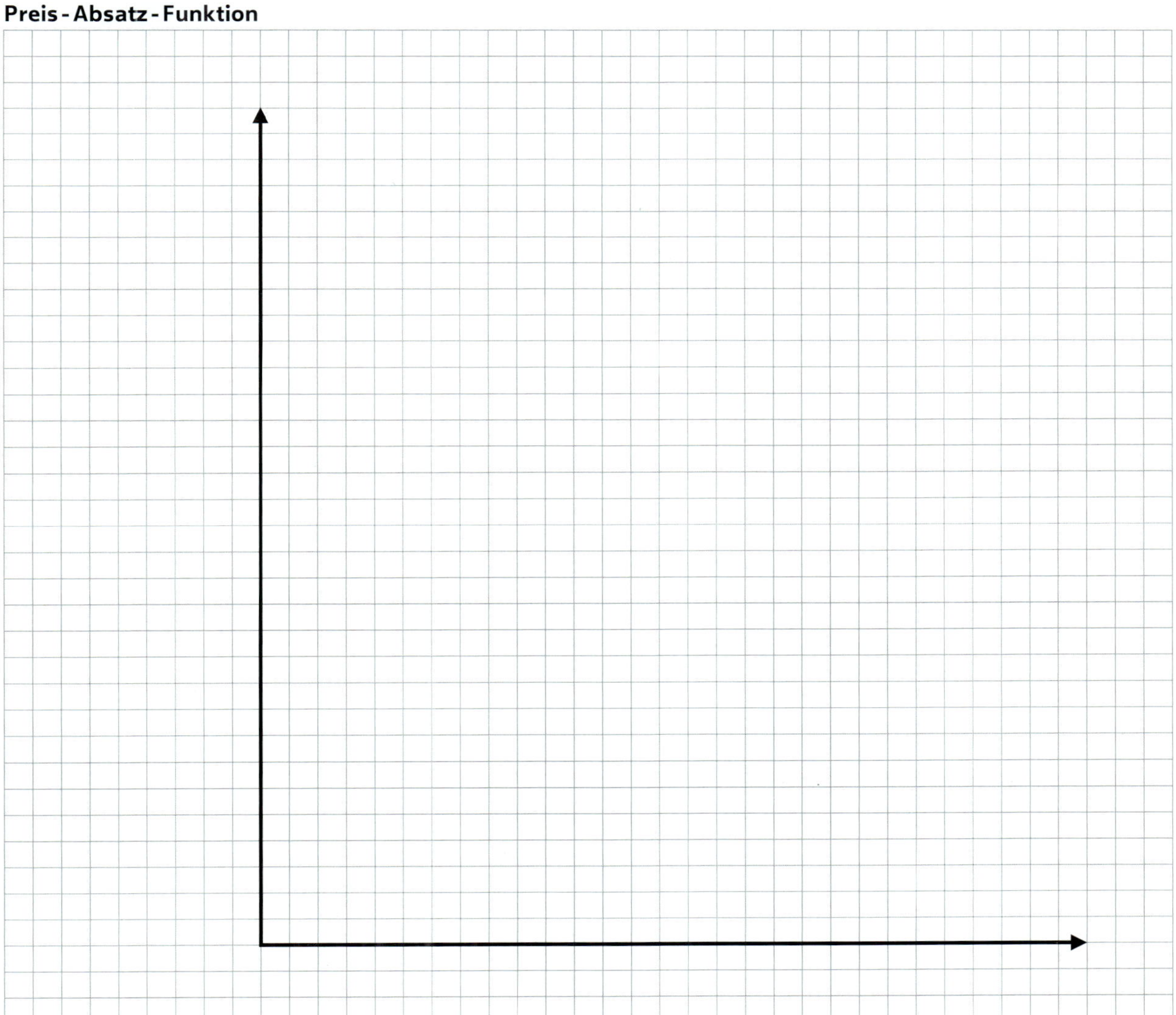

11 In der Praxis ist es üblich, Verkaufspreise in Abhängigkeit von den Kosten zu kalkulieren. Nennen Sie wenigstens drei Gründe, warum diese Preise ggf. doch nicht auf dem Absatzmarkt umgesetzt werden können.

12 a) Bilden Sie sich eine eigene Meinung, ob bzw. wann (oder unter welchen Umständen) der Preis für Sie das kaufentscheidende Kriterium ist und wie es einem Anbieter gelingen kann, Ihren Zuspruch anders als über einen (günstigen) Preis zu erhalten. Sammeln Sie Argumente und diskutieren Sie Ihre Ansichten in Kleingruppen.

b) Ergänzen Sie Ihre Lernkartei (Fachbegriffe auf der Vorderseite einer Karteikarte notieren, passende Beschreibung oder Definition für den Begriff auf der Rückseite). Sinnvolle Begriffe wären hier:

Preisstrategien – Einflussgrößen auf die Preisfindung – kostenorientierte Preisbildung – nachfrageorientierte Preisbildung – konkurrenzorientierte Preisbildung – Target-Pricing – Mischkalkulation – Konditionenpolitik – Rabatte und Zuschläge – Brutto- und Nettopreisstellung

Ergänzende Übungen

1 In der Tabelle finden Sie in Abhängigkeit von der Zielgruppe erste Vorgaben zur Produktpolitik. Stellen Sie Überlegungen an, welche Maßnahmen Sie in der Preispolitik grundsätzlich einbinden könnten, um den Marketing-Mix stimmig zu ergänzen.

Zielgruppe	Produktpolitik	Preispolitik
– Kitas – Kindergärten – Grundschulen – etc. (Kinder als Endverbraucher)	Bürostühle in kindgerechten Maßen, Farben, Materialien unter der Dachmarke „4 Kidz“	

2 Erläutern Sie, was man unter einer Mischkalkulation versteht und wann sie für die Sommerfeld Bürosysteme GmbH sinnvoll erscheinen kann. Wie stehen Sie persönlich dazu, Produkte über eine Mischkalkulation vertreiben zu wollen?

3 Die variablen Stückkosten gelten als kurzfristige Preisuntergrenze, die langfristige Preisuntergrenze wird dagegen von den Selbstkosten bestimmt. Erläutern Sie die Zusammenhänge und erklären Sie, warum es trotzdem nicht reichen kann, die Selbstkosten dauerhaft als Preisuntergrenze anzusetzen.

4 a) Im Rahmen der angedachten Sortimentserweiterung im Bereich „Gesundheit und Entspannung“ wird überlegt ein Stehpult *Office Plus* neu in das Sortiment aufzunehmen. Sie sollen einen Vorschlag für einen Verkaufspreis entwickeln, mit dem der Vertrieb später an den Fachhandel herantreten soll. Kalkulieren Sie auf Basis des Ihnen bekannten Kalkulationsschemas einen Listenverkaufspreis. Berücksichtigen Sie folgende Vorgaben:

Fertigungsmaterial:	220,00 €	Material-GK:	15 %
Fertigungslöhne:	150,00 €	Fertigungs-GK:	80 %
Einführungsrabatt	10 %	Verwaltungs-GK:	4 %
Skonto	2 %	Vertriebs-GK	5 %
Gewinnzuschlag	20 %		

b) Angenommen Sie stellen fest, der Marktpreis beträgt im Durchschnitt 750,00 €, sodass Sie mit einer psychologischen Preisstellung von 749,00 € an Ihre Vertriebspartner aus dem Handel herantreten wollen. Das Controlling bzw. die Produktion bestehen aber auf Einhaltung der bisher kalkulierten Selbstkosten sowie dem üblichen Kundenskonto und Gewinnzuschlag. Bestimmen Sie den Kundenrabatt, den Sie den Vertriebsmitarbeitenden maximal zugestehen können, damit das Stehpult dennoch auf dem Markt angeboten werden kann.

5 Bei der Zuschlagskalkulation gelangt man ausgehend von den Selbstkosten zum Verkaufspreis für ein Produkt. Im Gegensatz dazu geht man beim Target-Pricing von einem Marktpreis aus und passt die Selbstkosten entsprechend an. Formulieren Sie für beide Vorgehensweise Fragestellungen zu den kritischen Aspekten, die Sie bei der endgültigen Preisfestlegung berücksichtigen würden.

6 Der Vertrieb der Sommerfeld Bürosysteme GmbH will zunehmend eine Umstellung auf Bruttopreisstellungen, weil man so sowohl den Stammkunden als auch den Neukunden gerecht werden kann. Vor dem Hintergrund einer klaren Kundenorientierung sei kein anderes Preisstellungssystem zeitgemäß.

a) Erklären Sie, was man unter einer Bruttopreisstellung versteht und welchem Preissystem dieses Vorgehen entgegensteht.

b) Nehmen Sie Stellung zu der Aussage des Vertriebs und führen Sie Gründe an, die die Aussage belegen oder widerlegen.

7 Überlegen Sie sich gemeinsam mit einer Person aus Ihrer Klasse eine geeignete Klausuraufgabe zum Thema Preispolitik. Erarbeiten Sie neben der Aufgabenstellung eine vollständige Musterlösung und geben Sie beides Ihrer Lehrkraft ab.

8 Bewerten Sie die Aussagen in der folgenden Tabelle mit einem „R“, wenn sie richtig sind, und mit einem „F“, wenn die Aussagen falsch sind. Korrigieren Sie die falschen Aussagen.

	Aussage	R/F	Korrektur
1	Die Preisuntergrenze wird durch die Nachfrager und die betrieblichen Kosten begrenzt, während die Preisobergrenze durch den Wettbewerb beeinflusst wird.		
2	Die Preise der Absatzmärkte bilden sich ausschließlich durch Angebot und Nachfrage.		
3	Bei der Preisstrategie „Skimming“ (Abschöpfungsstrategie) werden die Preise sukzessive gesenkt, um mehr Nachfrager gewinnen zu können.		
4	Ein Trick, um einen angemessenen Preis kalkulieren zu können, besteht darin, die Inhaltsmenge zu variieren.		
5	Reagieren Kunden äußerst sensibel auf Preissteigerungen und kaufen folglich erheblich weniger Menge ein, spricht man von unelastischen Märkten.		
6	Variable Stückkosten bilden die kurzfristige Preisuntergrenze, der Deckungsbeitrag dagegen die langfristige.		

	Aussage	R/F	Korrektur
7	Beim Target-Pricing geht es darum, die Selbstkosten so anzupassen, dass ein gegebener Gewinn erzielt werden kann.		
8	Bei einer Mischkalkulation werden die Kosten für Rohstoffe verschiedener Produkte gemischt und als Durchschnittswerte verwendet.		
9	Die Liefer- und Zahlungsbedingungen bieten wertvollen Spielraum für die Grobsteuerung der Absatzpreise.		
10	Bei der Valutierung wird eine Rechnung auf einen späteren Zeitpunkt datiert.		

Lernsituation 47: Kommunikationspolitik: Den Kunden erreichen

Ausgangssituation: Schweigen ist Silber und Reden ist Gold! Nichts geht ohne Kommunikationspolitik

Emilia Schaub hat am Wochenende in der Zeitschrift „Schicker Wohnen“ einen interessanten Artikel über Möbelrecycling gelesen und ist ganz überrascht, dass auch Frau Braun diesem Trend offenbar eine Menge abgewinnen kann.

Sandra Braun: „Es ist noch nicht ganz offiziell, aber Herr Sommer hat meinem Konzept bereits zugestimmt, dass wir künftig für die Sommerfeld Bürosysteme GmbH auf Möbelrecycling setzen. Das passt gut zu unserem Image, ein Pionier in der Möbelbranche zu sein. Und es ist sicher zeitgemäß, sich um eine hohe Gebrauchsdauer bei reduziertem Materialverbrauch zu kümmern. Das entspricht voll unserem Gedanken von Nachhaltigkeit und Umweltbewusstsein. Ausschlaggebend war übrigens, dass wir für den Konferenzstuhl *Versal* dringend einen Relaunch vornehmen müssen. Wir wollen auf die Stapelfähigkeit verzichten und stattdessen aus dem Versal einen Freischwinger machen. Die Kunden, die Stapelstühle kaufen wollen, entscheiden sich ohnehin meistens für unsere moderne *Confair-Linie*.

Emilia Schaub: (überrascht) „Und wie soll bei diesem Relaunch Möbelrecycling greifen?"

Sandra Braun: „Nun, das ist ganz einfach: Die Sitzschalen des *Versal* sind aus sehr hochwertigem Holz, das aufwendig bepolstert ist, und soweit uns die Kunden ihre alten *Versal-Stühle* zum Rückkauf anbieten, verarbeiten wir die gebrauchten Sitzschalen weiter. Wir frischen die Holzoberfläche auf, bepolstern die Schale neu, montieren sie auf entsprechende Gestelle und geben den neuen *Versal Swing* zu Sonderkonditionen wieder an die Kunden ab. So einfach geht das!"

Emilia Schaub: (weiterhin ungläubig) „Aber wie soll der Kunde von diesem neuen Gedanken erfahren? Und wird es den *Versal Swing* nur im Tausch gegen den alten *Versal* geben, oder versuchen wir auch, den *Versal Swing* als Neuprodukt in die bestehende Produktlinie einzubinden?"

Sandra Braun: (nickt zustimmend) „Ja, der *Versal Swing* wird als Neuprodukt geführt und muss folglich genauso kommunikativ begleitet werden wie die Umsetzung unseres neuen Konzeptes zum Möbelrecycling. Das sind alles richtig gute Fragen, Emilia, damit beschäftigen wir uns übrigens beim nächsten Strategiemeeting, zu dem Sie gerne die Einladung verfassen können. Kommen Sie doch gleich mal zu mir ins Büro, dann gebe ich Ihnen alle nötigen Eckdaten."

Arbeitsaufträge

1 Geben Sie die Ausgangssituation in eigenen Worten wieder und erläutern Sie das Problem, das Emilia Schaub erkannt hat.

2 Stellen Sie eine Liste aller Kosten zusammen, die üblicherweise im Rahmen der Kommunikationspolitik anfallen. Vergleichen Sie Ihr Ergebnis mit einer Person Ihrer Klasse.

3 Um die gewünschten Kunden adressatengerecht erreichen und von dem neuen Möbelrecycling überzeugen zu können, müssen vorab eine Menge Überlegungen angestellt werden.

a) Notieren Sie mindestens zehn Marketingaktivitäten, die zur Kommunikationspolitik zählen. Denken Sie hierbei zum Beispiel an Ihren heutigen Tag und prüfen Sie, mit welchen kommunikationspolitischen Maßnahmen Sie seit dem Aufstehen konfrontiert wurden.

b) Ergänzen Sie zur Vorbereitung eines geeigneten Kommunikationsplans die folgende Mindmap.

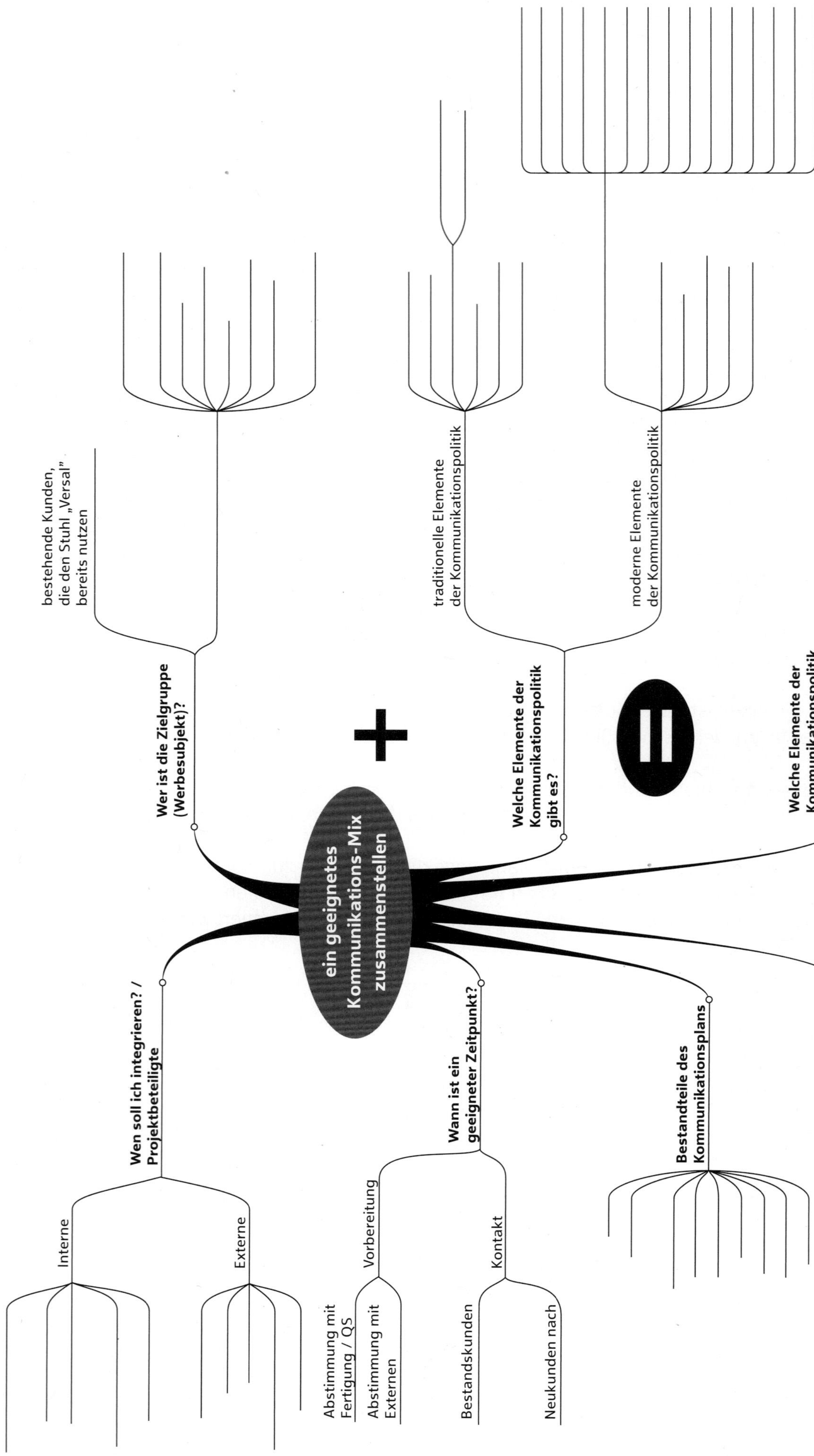
ein geeignetes Kommunikations-Mix zusammenstellen
Wer ist die Zielgruppe (Werbesubjekt)?
bestehende Kunden, die den Stuhl „Versal" bereits nutzen
Welche Elemente der Kommunikationspolitik gibt es?
traditionelle Elemente der Kommunikationspolitik
moderne Elemente der Kommunikationspolitik
Welche Elemente der Kommunikationspolitik sind sinnvoll?
Wen soll ich integrieren? / Projektbeteiligte
Interne
Externe
Wann ist ein geeigneter Zeitpunkt?
Vorbereitung
Abstimmung mit Fertigung / QS
Abstimmung mit Externen
Kontakt
Bestandskunden
Neukunden nach
Bestandteile des Kommunikationsplans
Erfolgskontrolle

4 Aus der Vorgabe der Zielgruppe und den grundsätzlichen Einsatzmöglichkeiten für Kommunikationspolitik soll nun eine Schnittmenge gebildet werden. Geben Sie vor, welche Maßnahmen Sie ergreifen würden, um mit der Zielgruppe (Bestandskunden, die den Stuhl *Versal* bereits gekauft haben, sowie jede Art von Neukunden) in Kontakt zu treten.

5 Es steht bereits fest, dass der neue Freischwinger unter der Marke *Versal Swing* vermarktet werden soll. Zudem wurde eigens für alle Produkte, die dem Gedanken des Möbelrecyclings folgen, ein Logo entworfen. Nun soll Emilia Schaub für einen Flyer einen passenden Slogan formulieren, um den neuen Leitgedanken schlagkräftig zu transportieren. Leider hat Emilia heute einfach keinen kreativen Tag und ihr will kein geeigneter Slogan einfallen. Sie bleibt immer wieder bei „Aus alt mach‘ neu! Der neue *Versal Swing* ...“ hängen, doch dann kommt sie nicht weiter. Sie gibt den Auftrag deshalb an die Agentur ab und ergänzt die Basisbotschaft, Nutzenbotschaft und Nutzenbegründung, die an den Slogan geknüpft werden sollen. Legen Sie die Inhalte der Werbebotschaft fest, sodass die Agentur gut informiert ist.

Basisbotschaft	
Nutzenbotschaft	
Nutzenbegründung	

6 Da das Marketingteam der Sommerfeld Bürosysteme GmbH momentan voll ausgelastet ist, soll die Werbekampagne für den neuen *Versal Swing* von der Mediaagentur Team M-Platin GmbH übernommen werden. Emilia Schaub ergänzt zu diesem Zweck das übliche, hausinterne Formular für den Mediaplan und leitet es dann per E-Mail an die Agentur weiter. Vervollständigen Sie die fehlenden Angaben in dem Formular in Zweierteams und tauschen Sie sich anschließend mit einem weiteren Team über Ihre Ideen aus.

Begriff Mediaplan

Sommerfeld Bürosysteme GmbH
Ein ökologisch orientiertes Unternehmen mit Zukunft

von: Sommerfeld Bürosysteme GmbH

Agentur: Team M-Platin GmbH

Auftrag-Nr.: TMP-37_10-12-20(0)

Datum: 14. November 20(0)

1.	(Werbe-)Ziel Welches Ziel soll erreicht werden?	
2.	(Werbe-) ____________ Was soll beworben werden?	Versal Swing
3.	(Werbe-)Subjekt ____________ ____________ ____________ ____________	– seriöse, eher konservative, aber finanzstarke Neukunden aus dem Fachhandel, der Industrie, medizinischen Pflege, Versicherungen, Banken, Dienstleistungssektor etc., – i. d. R. mit viel Bürokratie, traditionelle Hierarchien, klarer Organisationsstruktur und tendenziell langen Entscheidungswegen, – stark an Profit und Leistung ausgerichtet, folglich preissensibel und an langfristiger Lieferantenbindung interessiert, – Modernem gegenüber aufgeschlossen, offen für ökologisches nachhaltiges Denken etc.
4.	____________ ____________ Wo soll die Zielgruppe erreicht werden?	Nielsen II bzw. NRW, hier speziell Schwerpunkte legen: – Ruhrgebiet – Ballungszentrum Köln/Bonn/Düsseldorf
5.	(Werbe-)Botschaft Welcher Inhalt soll vermittelt werden?	Slogan: „Aus alt mach neu! Mit dem Versal Swing ...“ Trendsetter befürworten mit dem Kauf des Versal Swing das Konzept des Möbelrecyclings, fördern so Nachhaltigkeit und stehen für einen sparsamen Umgang mit Ressourcen.
6.	(Werbe-) ____________ Womit soll geworben werden?	– Anzeigen (1/4 Seite, 4 F), Beilagen, Flyer – ____________ – ____________ – ____________ – ____________
7.	(Werbe-)Träger ____________ ____________ ____________	– Fachzeitschrift, Tageszeitung – Wartehäuschen öffentlicher Verkehrsmittel ____________ ____________ ____________
8.	____________ Wann soll geworben werden?	Anfang Februar bis Ende März

9.	(Werbe-)Druck/ Streuintensität Wie viel soll geworben werden?	Permanente Präsenz, allerdings über alle Medien verstreut
10.	(Werbe-) ______________________ Welcher Etat soll eingesetzt werden?	100 000,00 €
11.	(Werbe-)Treibende ______________________ ______________________ ______________________	Einzelwerbung durch Sommerfeld Bürosysteme GmbH (ohne weitere Partner)
	Sonstiges	Neben der klassischen Absatzwerbung sind umfangreiche, weitere Kommunikationsmaßnahmen geplant!

7 Schlagen Sie zwei Maßnahmen aus der Kommunikationspolitik vor, wie die Sommerfeld Bürosysteme GmbH für mehr Kundenpflege bzw. Kundenbindung sorgen kann. Ergänzen Sie ebenfalls, wie Sie sich privat als Kunde an ein Produkt, einen Hersteller oder eine Einkaufsstätte binden lassen.

8 Von der Agentur wurde folgender Vorschlag entworfen.

Werbeobjekt	Neukunden: in erster Linie Trendsetter mit hoher Affinität zu Umweltschutz, Nachhaltigkeit Sektoren: Fachhandel, Industrie, med. Pflege, Versicherungen, Banken, Dienstleistung				
Werbesubjekt	*Versal Swing*				
Werbebotschaft	Slogan: „Aus alt mach neu! Mit dem *Versal Swing* schwingen Sie gleich mit im Trend“ Trendsetter befürworten mit dem Kauf des *Versal Swing* das Konzept des Möbelrecyclings, fördern so Nachhaltigkeit und stehen für einen sparsamen Umgang mit Ressourcen.				
Werbeziele	* neue Käuferschichten ansprechen und Stammkunden binden * Imagebildung/Einstellungen verändern * Konzeptidee transportieren * Produkteigenschaften betonen mit Blick auf Nachhaltigkeit/hohe Gebrauchsdauer * Beratungskompetenz hervorheben * Bekanntheitsgrad steigern				
Streukreis	Nielsen II: NRW: Großraum Köln/Bonn/Düsseldorf sowie Ruhrgebiet				
Streuzeit	1. Quartal 20(0)				
Werbemittel	Werbeträger	Januar	Februar	März	Summe:
Fachzeitschrift: *Managermagazin*	Anzeige				32 000,00 €
Zeitschrift: *FAZ**	Beilage				4 000,00 €
Plakat-anschlagstellen	Plakat				14 000,00 €
Budget:		22 800,00 €	16 800,00 €	10 400,00 €	50 000,00 €

**FAZ = Frankfurter Allgemeine Zeitung

a) Finden Sie die vier Fehler, die im Mediaplan enthalten sind.
b) Finden Sie sich zu Dritt zusammen und bewerten Sie den Mediaplan gemeinsam vor dem Hintergrund der folgenden Fragestellungen:
   ba) Können die Werbeziele erreicht werden?
   bb) Passen Streukreis, Werbemittel/Werbeträger und Zielgruppe zusammen?
   bc) Wurden geeignete Werbeträger ausgewählt?
   bd) Ist die Streuzeit bezüglich der Zielsetzung ausreichend?
   be) Wo könnte mit Blick auf das Budget sinnvoll gekürzt werden?
   bf) Welche Verbesserungsvorschläge gibt es?

9 Suchen Sie im Team zu viert je ein Beispiel für gelungenes
- Affiliate-Marketing
- Storytelling

10 Stellen Sie eine Liste an Kennzahlen zusammen, mit denen der Erfolg von Kommunikationsmaßnahmen kontrolliert werden kann. Orientieren Sie sich als Hilfe an der AIDA-Formel und fragen Sie sich, wie man die einzelnen Phasen hinsichtlich ihrer Wirksamkeit überprüfen kann.

A	Attention ______	
I	Interest ______	
D	Desire ______	
A	Action ______	
Sonstiges		

11 Obwohl es jede Menge Kennziffern gibt, um den Erfolg einer Werbemaßnahme zu kontrollieren, ist eine eindeutige Beurteilung einer Einzelmaßnahme letztlich doch nicht möglich. Finden Sie Gründe dafür, warum man den Erfolg einer Einzelmaßnahme nicht präzise ermitteln kann.

12 Die Mediaagentur schlägt vor, bewusst auf vergleichende Werbung zu setzen, um dem einzig nennenswerten Wettbewerber in der Branche seine Stellung streitig zu machen und weitere Marktanteile zu gewinnen. Informieren Sie sich über die rechtlichen Rahmenbedingungen des UWG (Gesetz gegen unlauteren Wettbewerb) und stellen Sie alle Bedingungen zusammen, unter denen vergleichende Werbung in Deutschland zulässig ist. (Siehe auch Deutscher Werberat: www.werberat.de)

13 Vervollständigen Sie im folgenden Schaubild die fehlenden Begriffe, Beispiele und Ziele.

Zusammenhänge der Kommunikationspolitik

Werbe ____________________

Unter einem Werbe __________ versteht man das Hilfsmittel, mit dem die Werbebotschaft transportiert werden soll.

(z. B.: __________________________)

Sender (Werbe- _________)

→

enthält Werbe ________________________

(ist nicht = Slogan, sondern mehr!)

1. Basisbotschaft
2. Nutzenbotschaft
3. Nutzenbegründung

Hierbei beachten:

– Grundsätze der „Werbung“
– AIDA
– 10 „W" des Werbeplans

→

Empfänger (_________)

Werbe _________________________

Als Werbe __________ bezeichnet man das Medium, das die Werbung zum Adressaten transportiert. Die Wahl des Werbe __________ hängt folglich stark von der Zielgruppe ab!

(z. B. ______________________________________

__________________________)

↑

Ziele der Kommunikationspolitik

1. ____
2. ____
3. ____
4. ____
5. ____
6. ____
7. ____
8. ____

Werbe-

____

____

14 Ergänzen Sie Ihre Lernkartei. Sinnvolle Begriffe wären hier:

Traditionelle und moderne Elemente der Kommunikationspolitik – Bestandteile des Werbeplans (explizit: Werbebotschaft, Werbemittel, Werbeträger) – Erstellen eines Kommunikations-Mix – Ablauf der Zusammenarbeit mit Agenturen und Druckereien – Werbeerfolgskontrolle

Ergänzende Übungen

1 In der Tabelle finden Sie in Abhängigkeit von der Zielgruppe erste Vorgaben zur Produkt- und Preispolitik. Stellen Sie Überlegungen an, welche Maßnahmen Sie in der Kommunikationspolitik grundsätzlich einbinden könnten, um den Marketing-Mix stimmig zu ergänzen.

Zielgruppe	Produktpolitik	Kommunikationspolitik
– Kitas – Kindergärten – Grundschulen – etc. (Kinder als Endverbraucher)	Bürostühle in kindgerechten Maßen, Farben, Materialien unter der Dachmarke „4Kidz“ **Preispolitik** – Hochpreisstrategie (wg. Marke) – Preisdifferenzierung: Mengenrabatt, Einschulungsrabatt	

2 Ergänzen Sie in der Tabelle, welcher Werbung bzw. Kommunikationspolitik Sie heute schon begegnet sind, und kreuzen Sie dann an, welchem Element der Kommunikationspolitik Sie die Maßnahme zuordnen würden.

Maßnahmen	Werbung			Online-Marketing	Public Relation	Verkaufsförderung	Direkt-Marketing	Event-Marketing	Sponsoring	Product-Placement	Sonstiges
	Printwerbung	Außenwerbung	Sonst. klass. Werb.								
Mail mit Fußnote des Internetportals GMX											
Banner unter Wetternews im Handy											
personalisierter Newsletter											
TV-Spot im Frühstücksfernsehen											
Anzeige in der Zeitschrift											

Maßnahmen	Printwerbung	Außenwerbung	Sonst. klass. Werb.	Online-Marketing	Public Relation	Verkaufsförderung	Direkt-Marketing	Event-Marketing	Sponsoring	Product-Placement	Sonstiges
	Werbung										
Pressefoto Scheckübergabe an Kindergarten											
Anzeige über neue Azubis des Unternehmens											
Beilage in der Tageszeitung											
Radiospot während des Zähneputzens											
Werbebrief											
Plakat an der Bushaltestelle											
Busbedruckung											
Lautsprecherdurchsage in der Einkaufsstätte											
Kundenkarte											
Prospekt im Briefkasten											
Unternehmensbroschüre mit neuem Leitbild											
Messestand											
Probierstand im Laden											
Logo auf dem Fußballtrikot											
Pressespiegel											
Tag der offenen Tür											

3 Welchem Bereich der Kommunikationspolitik ist der Leitspruch „Tue Gutes und sprich darüber!" zuzuordnen? Erläutern Sie Ihre Entscheidung und führen Sie ein Beispiel aus der Praxis an oder erfinden Sie ein passendes Beispiel.

4 Stellen Sie die Begriffe „Absatzwerbung", „Sales Promotion/Verkaufsförderung" und „Public Relations" gegenüber, indem Sie die folgende Tabelle stichwortartig ergänzen.

	Absatzwerbung	Sales Promotion/ Verkaufsförderung	Public Relations
Gegenstand der kommunikations-politischen Maßnahme			

	Absatzwerbung	Sales Promotion/ Verkaufsförderung	Public Relations
Zwei Ziele der kommunikations-politischen Maßnahme			
Drei typische kommunikationspolitische Aktivitäten (z. B. Werbemittel)			

5 Öffentlichkeitsarbeit (PR) wird heutzutage immer häufiger mit Corporate Identity in enger Verbindung gesehen. Nehmen Sie zu dem Zusammenhang von Corporate Identity, Corporate Image und Public Relations Stellung, indem Sie die beiden „CI-Begriffe" kurz erklären und dann die Verbindung der Begriffe über Public Relations erklären.

6 Ergänzen Sie die Lücken in den folgenden Aussagen, indem Sie den umgangssprachlichen Begriff „Werbung" durch die entsprechenden Fachbegriffe präzisieren.

- Werbung, die auf das Unternehmen als Ganzes abzielt, heißt ______________________
- Zielt Werbung dagegen auf die Förderung des Handels oder den Verkauf im Laden ab, so spricht man von ______________________
- Wirbt man direkt, wird die Werbung als ______________________ bezeichnet.
- Wirbt man dagegen mithilfe von Veranstaltungen, spricht man von ______________________ ______________________
- Betrachtet man Werbung als Geben und Nehmen, verwendet man den Begriff ______________
- Schließlich ist das, was umgangssprachlich unter Werbung verstanden wird, diejenige Werbung, die sich auf das Produkt bezieht. Gemeint ist folglich also nur die reine ______________

7 Influencer nehmen eine immer wichtigere Rolle im Online-Marketing ein. Sie sind Persönlichkeiten des öffentlichen Lebens, die in den sozialen Medien hohes Ansehen genießen und als Experten gelten. In den letzten Jahren haben sich unterschiedliche Formen des Influencer-Marketings entwickelt. Recherchieren Sie im Internet oder mittels KI die in der Tabelle aufgelisteten Fachbegriffe. Definieren Sie die Formen des Influencer-Marketings und beschreiben Sie je ein passendes Beispiel aus der Praxis.

Brand Ambassadorship	*Beispiel:*

Event-Hosting	*Beispiel:*
Giveaways	*Beispiel:*
Hacks	*Beispiel:*
Haul	*Beispiel:*
How-To Tutorials	*Beispiel:*
Product Reviews	*Beispiel:*
Sponsored Content	*Beispiel:*
Takeovers	*Beispiel:*
Top Lists	*Beispiel:*
Unboxing Videos	*Beispiel:*

8 Führen Sie im Plenum ein Rollenspiel zum Thema „Kritische Betrachtung von Online-Marketing am Beispiel von Display-Advertising und Tracking" durch. Bereiten Sie sich in Kleingruppen maximal 10 Minuten lang auf das Rollenspiel vor und wählen Sie einen Standpunkt für oder gegen Display-Advertising bzw. Tracking. Sammeln Sie in Ihrer Gruppe sowohl Vor- als auch Nachteile bzw. Risiken und Chancen. Entscheiden Sie dann, wer aus Ihrer Kleingruppe am Rollenspiel Ihre Argumente vertreten soll. Ergänzen Sie bei dem Rollenspiel jeweils einen freien Stuhl, sodass Personen aus der Klasse spontan auf dem freien Stuhl Platz nehmen und sich so in die Diskussion einbinden können.

9 Spekulieren Sie in Dreierteams darüber, welche Inhalte der Kommunikationspolitik besonders wichtig sind und folglich von Ihrer Lehrkraft in der Klausur abgefragt werden könnten. Stellen Sie Ihre Überlegungen in einer Liste zur besseren Vorbereitung auf die Klausur zusammen.

10 Bewerten Sie die Aussagen in der folgenden Tabelle mit einem „R", wenn sie richtig sind, und mit einem „F", wenn die Aussagen falsch sind. Korrigieren Sie die falschen Aussagen.

	Aussage	R/F	Korrektur
1	Das, was umgangssprachlich als „Werbung" bezeichnet wird, ist nur die klassische Absatzwerbung, bestehend aus Printwerbung, Außenwerbung, Handelspromotion und Spots.		
2	Public Relations haben das Ziel, weniger ein Produkt, als vielmehr das Unternehmen verkaufsfördernd in Szene zu setzen.		
3	Während Merchandising dazu dient, den Verkauf am Point of Sale zu fördern, dient Sales Promotion dem verbesserten Verkauf zwischen Hersteller und Handel. Beides ist Bestandteil der Verkaufsförderung.		
4	Newsletter müssen einen Link zum Abbestellen enthalten.		
5	Beim Sponsoring bietet der Hersteller eine Leistung, ohne eine Gegenleistung zu fordern.		
6	Der Grundsatz der Werbe-Klarheit beinhaltet, dass Werbung prägnant, eindeutig und unmissverständlich sein soll.		

	Aussage	R/F	Korrektur
7	Das Werbeobjekt klärt die Frage nach der umworbenen Leistung.		
8	Werbemittel sind die Vermittler von Werbung, also das Fernsehen, Radio oder die Zeitung.		
9	Bei der Durchführung kommunikations-politischer Maßnahmen muss nach der Media-Leistung (Streuen von Werbung) immer eine Freigabe erfolgen.		
10	Da Marketing-Instrumente immer in Wechselwirkungen zueinander stehen, ist es nicht möglich, den Erfolg einzelner Kommunikationsmaßnahmen exakt zu bemessen.		

Lernsituation 48: Distributionspolitik: Absatzwege optimieren

Ausgangssituation: Kehren neue Besen wirklich immer gut?! Die Vertriebsstruktur auf dem Prüfstand

„Jetzt ist es also soweit!", denkt sich Leon Heller, als er die E-Mail von Herrn Sommer liest. „Die Absatzzahlen im Bereich ‚Warten und Empfang' gehen weiter den Bach runter und wahrscheinlich soll jetzt als Konsequenz Personal aus dem Vertrieb entlassen werden, um Kosten zu sparen. Stattdessen ist geplant, externe Handelsvertreter mit dem Vertrieb zu beauftragen und dafür müssen nun im Marketing neue Präsentationsmappen und Schulungsunterlagen vorbereitet werden."

In der Mittagspause tauscht sich Leon mit Emilia über seine Spekulationen aus. „Ja, von den Gerüchten habe ich auch schon gehört. Dave Gilbert vom Vertriebsbereich ‚Lizenzen' ist offenbar betroffen und vielleicht soll auch beim ‚Vertrieb Nord' der Außendienst gekürzt werden, da läuft es wohl im Moment überhaupt nicht gut", gibt Emilia zu bedenken. „Ich bin doch gerade bei Herrn Kraus in der Abteilung Vertrieb und da überlegt man, ob die internen Organisationsstrukturen nicht von Grund auf neu geordnet werden sollen, um die Beschäftigten doch noch halten zu können. Die Alternative, Externe ins Boot zu holen, wollen die Kolleginnen und Kollegen vom Vertrieb jedenfalls überhaupt nicht." „Hm, das kann ich gut verstehen", antwortet Leon, „allerdings wäre es vor dem Hintergrund sinkender Absatzzahlen und den recht hohen Gehältern und Spesen unserer Vertriebler keine schlechte Überlegung, mal über ein Outsourcing nachzudenken, jedenfalls vorübergehend." Emilia schüttelt energisch den Kopf: „Nein, Leon, das kann man doch nicht machen! Du kannst doch nicht vorübergehend eine Vertriebsorganisation ändern – als Unternehmer hat man doch auch soziale Verantwortung zu tragen. Abgesehen davon haben unsere Leute ein ganz anderes Know-how über unsere Produkte, die sind unersetzbar, wenn du mich fragst." Leon entgegnet: „Klar, da hast du schon recht, aber über alternative Vertriebskanäle oder neue Logistikkonzepte kann man ja trotzdem mal nachdenken! Da bieten sich viele Möglichkeiten zur Verbesserung an, ohne dass deshalb gleich jemand entlassen werden muss."

ARBEITSAUFTRÄGE

1 Listen Sie alle Ideen auf, die in der Ausgangssituation zur Veränderung des Vertriebs der Sommerfeld Bürosysteme GmbH bedacht werden.

2 Informieren Sie sich über die aktuelle Vertriebsstruktur (Absatzorganisation und Absatzwege) der Sommerfeld Bürosysteme GmbH. Stellen Sie Aspekte zusammen, wie man den Vertrieb intern grundsätzlich anders organisieren könnte, und notieren Sie, welche Absatzwege bislang von der Sommerfeld Bürosysteme GmbH genutzt bzw. noch nicht genutzt werden.

3 Im Segment „Warten und Empfang" sinken die Absatzzahlen und hier explizit für die Sitzbank *Tubis*. Ursprünglich war geplant, den Norden Deutschlands für diese Produktlinie zu begeistern, aber scheinbar gelingt es nicht, die angedachten Kunden, vornehmlich Krankenhäuser, Arztpraxen und Physiotherapeuten, für die puristische Linie zu gewinnen. Herr Sommer geht davon aus, dass die Besuchsfrequenz nicht ausreicht und der Vertrieb Nord ggf. nicht „die Sprache" der Mediziner spricht und deshalb schlecht verkauft. Aus diesem Grund sollen spezielle Handelsvertreter mit medizinischem Background akquiriert und im Vertrieb eingesetzt werden. Die eigenen Absatzorgane sollen infolgedessen ersetzt werden. Ersten Berechnungen zufolge sind auf diesem Weg allein für die Sitzbank *Tubis* Einsparungen von 2 000,00 € bis 2 700,00 € pro Monat möglich. Die aktuellen Außendienstmitarbeitenden erhalten im Durchschnitt ein Fixum von 4 275,00 € und eine geringe Umsatzprovisionen von 3 %. Die neuen Handelsvertreter sollen dagegen vertraglich mit einer Provision von maximal 12 % gebunden werden. Der momentane Listenverkaufspreis der Sitzbank *Tubis Polsterbank, Gestell eloxiert* beträgt 2 895,00 €.

a) Berechnen Sie, ab welcher monatlichen Absatzmenge sich der Einsatz eigener Außendienstmitarbeitender lohnt.

Bis zu einer Absatzmenge von __________ Stück/Monat sind __________________ sinnvoll.

Ab einer Absatzmenge von __________ Stück/Monat sind __________________ günstiger.

b) Skizzieren Sie das Ergebnis grafisch. Beschriften Sie auch die Achsen und Grafen.

Kritische Absatzmenge (bzw. kritischer Umsatz)

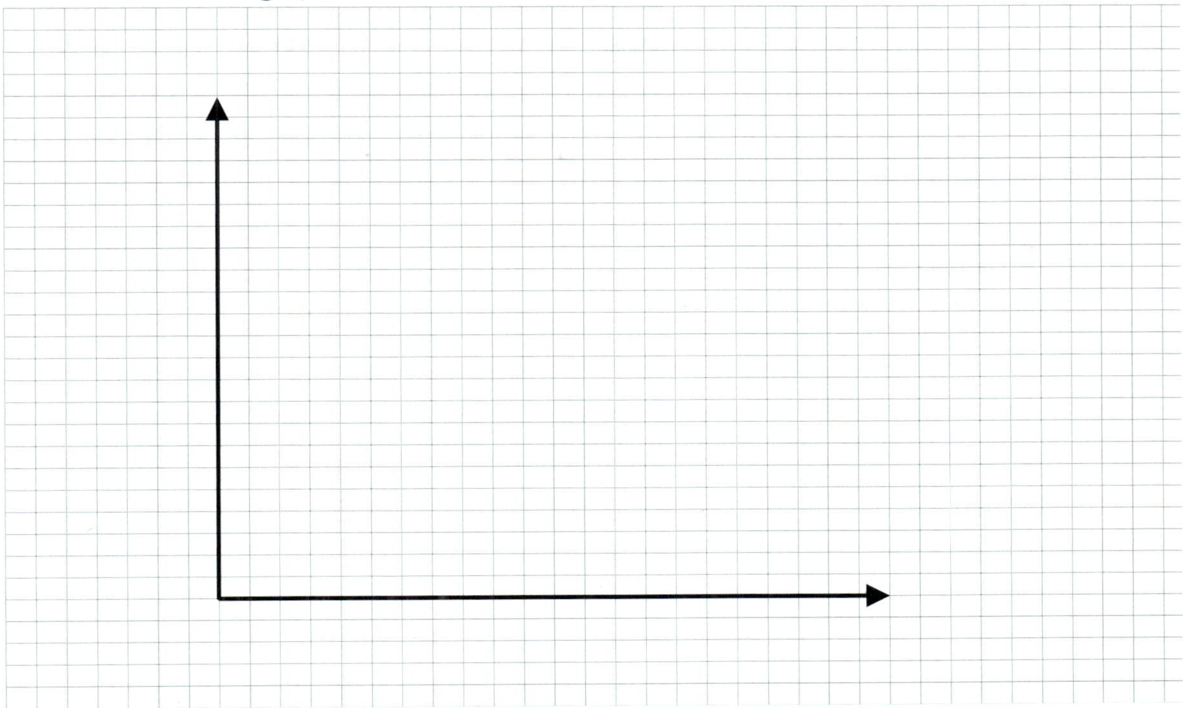

4 a) Stellen Sie die Vorteile externer und eigener Absatzorgane (Handelsvertreter und Reisende) in einem qualitativen Vergleich gegenüber.

Qualitativer Vergleich externer und interner Absatzorgane	
Vorteile externer Handelsvertreter	**Vorteile eigener Reisender**

b) Treffen Sie eine begründete Entscheidung für oder gegen externe Handelsvertreter bzw. eigene Handlungsreisende. Tauschen Sie Ihre Argumente im Plenum aus.

5 Eine weitere Alternative zu eigenen Vertriebsteams im direkten Kontakt könnten indirekte Absatzformen sein wie das Franchising oder Vertragshändler.
a) Grenzen Sie die Begriffe „Franchising" und „Vertragshändler" voneinander ab.
b) Beschreiben Sie möglichst konkret, wie diese Absatzformen für die Sommerfeld Bürosysteme GmbH genutzt werden könnten.

6 Stellen Sie in einer Tabelle Pro- und Kontra-Argumente eines Online-Vertriebs der Produktpalette der Sommerfeld Bürosysteme GmbH gegenüber. Gehen Sie dann in den Austausch mit zwei Personen ihrer Klasse. Beachten Sie bei Ihrer Diskussion die Problematik, ob durch E-Commerce zusätzliche Marktpotenziale geschaffen werden oder ob durch den Internethandel die Gefahr wächst, dass dem traditionellen Fachhandel Marktvolumen entzogen wird.

7 a) Diskutieren Sie in Kleingruppen, unter welchen Voraussetzungen es für die Sommerfeld Bürosysteme GmbH sinnvoll wäre, sich mit ausgewählten Produkten einem Anbieter für Versandhandel anzuschließen und Büromöbel folglich zusätzlich per Katalog zu verkaufen.
b) Erstellen Sie ein Ranking zu den bestehenden Vertriebswegen der Sommerfeld Bürosysteme GmbH und den bereits diskutierten Alternativen (Vertrieb über Fachhandel, Factory-Outlet/Werksverkauf, Handlungsreisende, Handelsvertreter, Franchising, Vertragshandel, E-Commerce, Versandhandel). Auf Platz 1 sollte der Vertriebsweg genannt werden, den Sie der Sommerfeld Bürosysteme GmbH als besten Absatzkanal empfehlen würden. Begründen Sie Ihre Meinung. (Hinweis: Überlegen Sie im Zweifelsfall, auf welchen Vertriebsweg Sie am ehesten verzichten würden.)

Rang	Vertriebsweg
1	
2	
3	
4	
5	
6	
7	
8	

8 Ergänzen Sie Ihre Lernkartei, die Sie bereits in der Lernsituation 3 begonnen haben. Sinnvolle Begriffe wären hier:

> Bestandteile der Distributionspolitik – Absatzorganisation – Absatzwege (hier explizit: Handelsvertreter, Reisender, Franchising, Vertragshandel, E-Commerce) – Vor- und Nachteile von direktem/indirektem Absatz – eigene/fremde Absatzorgane – Break-even-Analyse – Supply Chain Management – Transportwesen – Verkehrsorganisation – Lagerorganisation – Incoterms® etc.

Ergänzende Übungen

1 In der Tabelle finden Sie in Abhängigkeit zur Zielgruppe erste Vorgaben zur Produkt-, Preis- und Kommunikationspolitik. Stellen Sie Überlegungen an, welche Maßnahmen Sie in der Distributionspolitik grundsätzlich einbinden könnten, um den Marketing-Mix stimmig zu ergänzen.

Zielgruppe	Produktpolitik	Distributionspolitik

– Praxen von
  – Ärzten
  – Physiotherapeuten
– Krankenhäuser
– ggf. Kanzleien
– …
	Sitzbank Tubis
	Preispolitik
	– Listenverkaufspreis: 2 895,00 €
	– Neukundenrabatte
	– Volumenrabatte
	– Skonto
	– Verlängertes Zahlungsziel
	– …
	Kommunikationspolitik
	– Anzeigen in Fachzeitschriften
	– Flyer, Prospekte
	– Direktmailings: Newsletter Wurfsendungen
	– …	

2 Der Leiter des Vertriebs, Herr Kraus, klagt über „stagnierende Ex-Factories“. Erklären Sie, was damit gemeint ist, und listen Sie in Dreierteams wenigstens drei Argumente auf, die u. a. mit Blick auf den Distributionsgrad ursächlich sein könnten.

3 Beschreiben Sie die Grafik, analysieren und interpretieren Sie die Inhalte und leiten Sie zwei Kernaussagen ab, die Sie der Grafik entnehmen können.

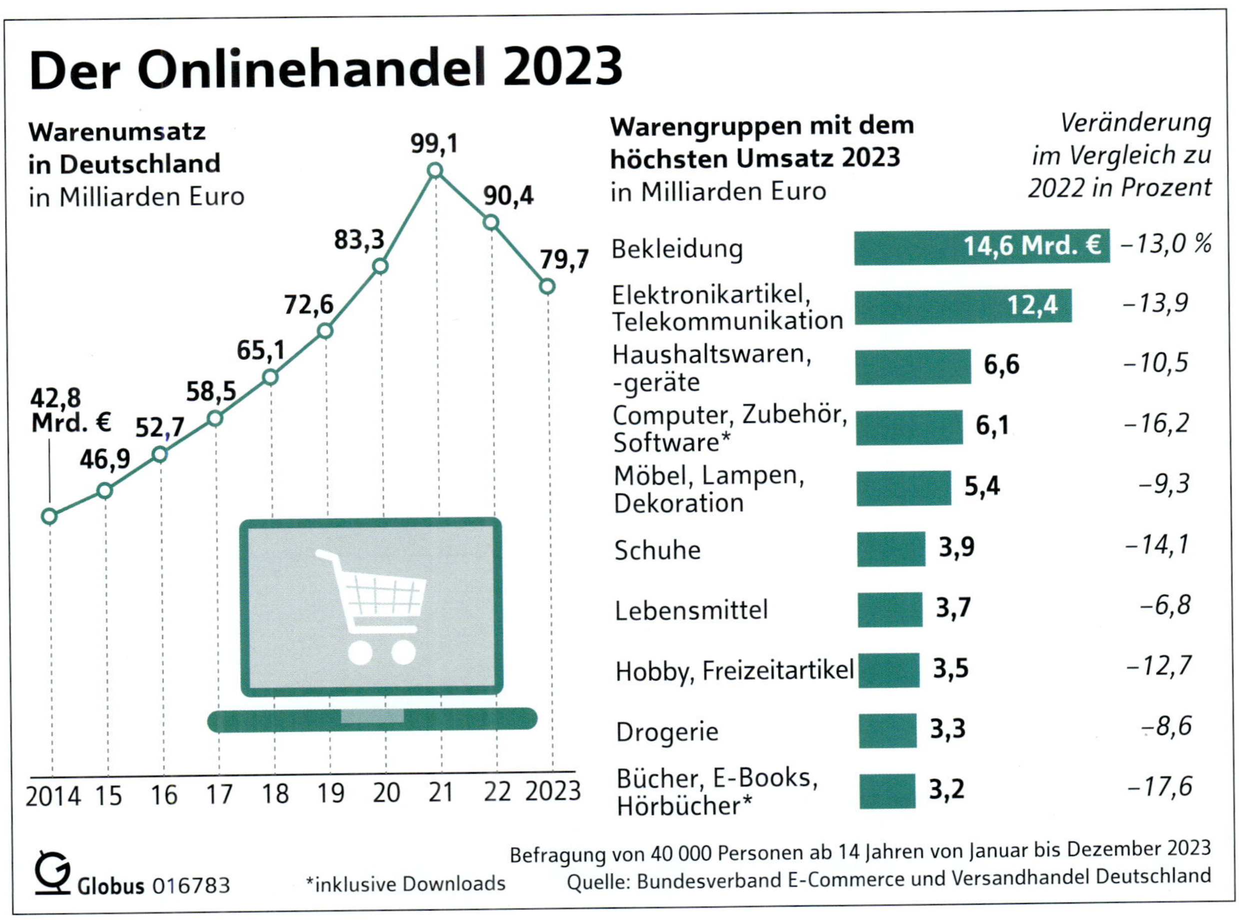

4 Vervollständigen Sie die Tabelle zur Unterscheidung der verschiedenen Absatzmittler. Nennen Sie nur die wesentlichen Vor- und Nachteile.

Merkmal	Außendienst	Filialvertrieb	Franchising	Vertragshandel	Fachhandel	Versandhandel	E-Commerce
direkter/ indirekter Vertrieb							
eigene/ fremde Absatzorgane							
Vertrags-grundlage							
Vorteile für die Sommerfeld Bürosysteme GmbH							
Nachteile für die Sommerfeld Bürosysteme GmbH							
Eignung für die Sommerfeld Bürosysteme GmbH							

5 Ergänzen Sie in der nachfolgenden Darstellung die relevanten Incoterms® und ihre vollständigen Bezeichnungen.

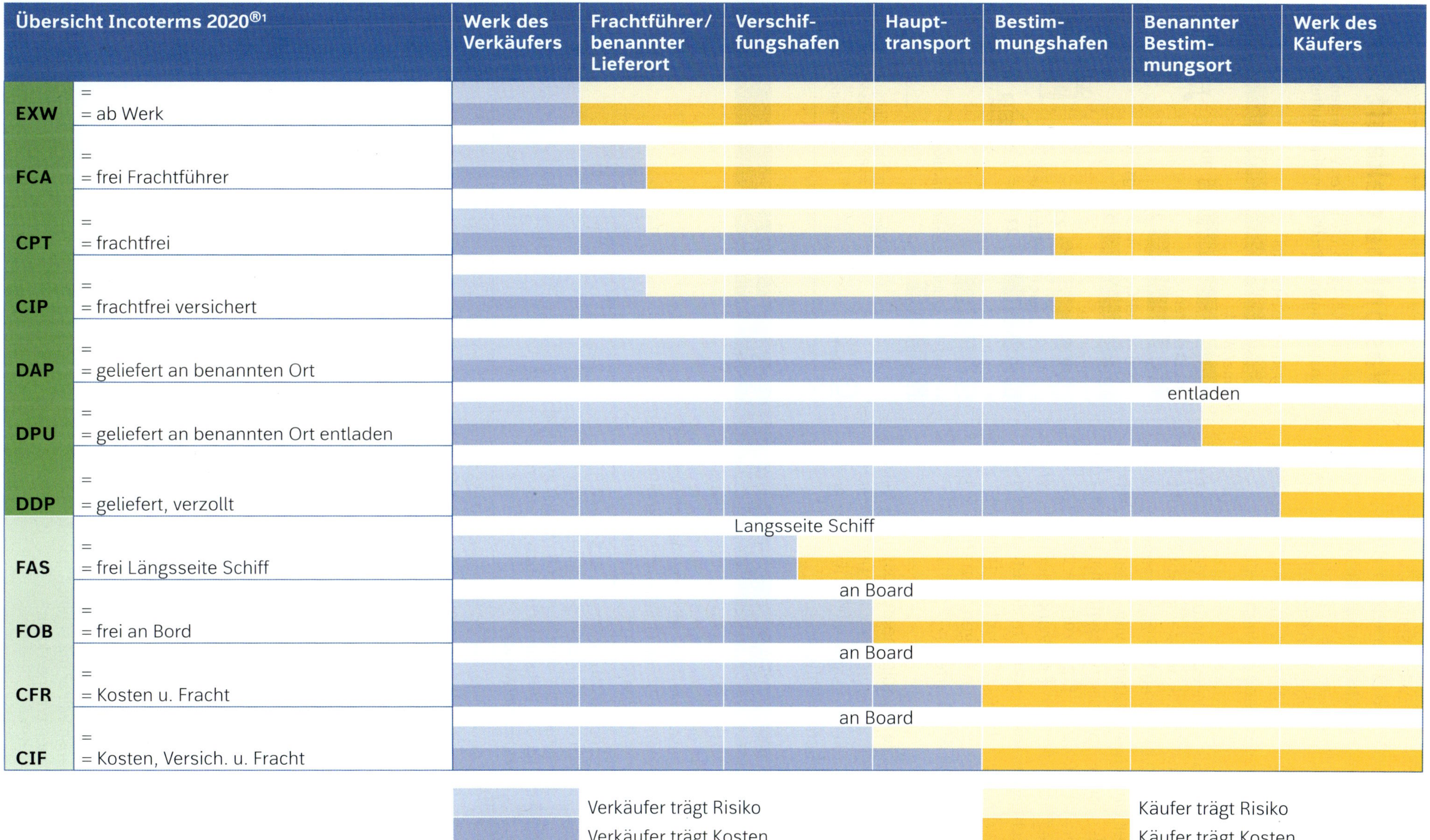

[1] „Incoterms®" ist eine eingetragene Marke der Internationalen Handelskammer (ICC). Incoterms®2020 ist einschließlich aller seiner Teile urheberrechtlich geschützt. Die ICC ist Inhaberin der Urheberrechte an den Incoterms®2020. Bei den vorliegenden Ausführungen handelt es sich um inhaltliche Interpretationen zu den von der ICC herausgegebenen Lieferbedingungen durch die Autoren. Diese sind für den Inhalt, Formulierungen und Grafiken in dieser Veröffentlichung verantwortlich. Für die Nutzung der Incoterms® in einem Vertrag empfiehlt sich die Bezugnahme auf den Originaltext des Regelwerks. Dieser kann über ICC Germany unter www.iccgermany.de und www.incoterms2020.de bezogen werden.

6 Werten Sie die nebenstehende Darstellung mit Blick auf die Sommerfeld Bürosysteme GmbH aus. Entscheiden Sie, ob die aktuellen Distributionskanäle der Sommerfeld Bürosysteme GmbH über den Großhandel und den stationären Fachhandel in gewohnter Form beibehalten werden können.

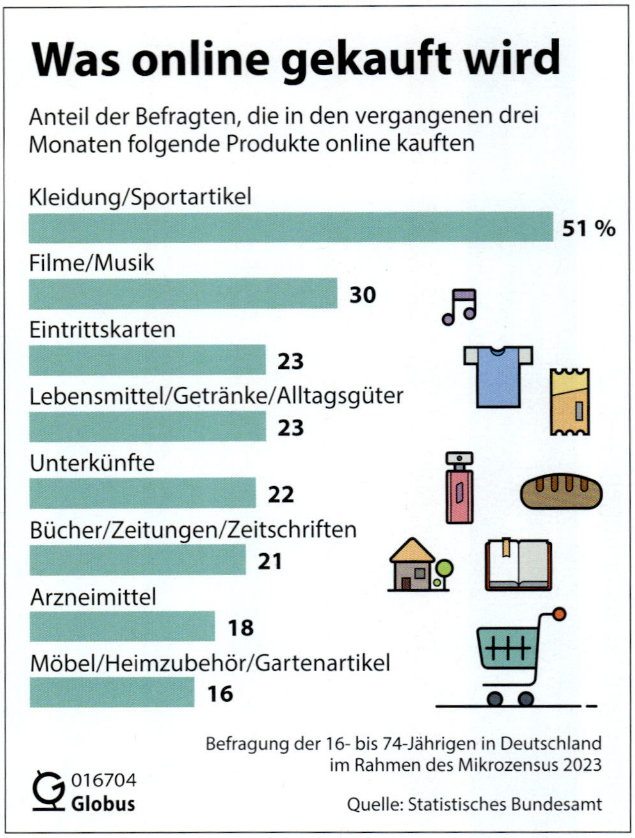

7 Bereiten Sie zur Wiederholung der Inhalte der Distributionspolitik in Kleingruppen acht Tabukarten vor. Teilen Sie zu diesem Zweck jeder ein DIN-A4-Blatt in vier Teile. Notieren Sie als Überschrift einen Begriff, der später erraten werden soll. Ergänzen Sie darunter fünf Begriffe, die zur Erklärung der Überschrift nicht verwendet werden dürfen. Geben Sie Ihre Karten Ihrer Lehrkraft ab. (Hinweis: Stecken Sie sich einen engen Zeitrahmen: max. 10 Min. für acht Karten!)

8 Bewerten Sie die folgenden Aussagen mit einem „R", wenn sie richtig sind, und mit einem „F", wenn die Aussage falsch ist. Korrigieren Sie alle falschen Antworten.

	Aussage	R/F	Korrektur
1	Die Absatzorganisation lässt sich intern wie extern strukturieren, wobei die externe Absatzorganisation wiederum in eigene oder fremde Absatzwege sowie direkte oder indirekte Absatzorgane differenziert werden kann.		
2	Die gängigen Abkürzungen B2B sowie B2C stehen für „Business-to-Business" bzw. „Business-to-Consumer" und wurden ursprünglich für das Industriegüter- bzw. Konsumgütermarketing verwendet.		
3	Das Besondere am Onlinehandel ist, dass die Initiative zum Kauf immer vom Käufer ausgeht und anders als im stationären Handel die Bezahlung der Warenübergabe meist vorgelagert ist.		
4	Der Handlungsreisende arbeitet im Namen des Arbeitgebers auf eigene Rechnung.		
5	Ein Kommissionär vermittelt auf Basis eines Kommissionsvertrages Kaufverträge zwischen dem Endverbraucher und dem Hersteller.		
6	Der Versandhandel kann sowohl zum direkten als auch indirekten Absatz gezählt werden, genauso wie er mit eigenen oder fremden Organen erfolgen kann.		

	Aussage	R/F	Korrektur
7	Ein Unterschied zwischen Franchising und Vertragshandel besteht darin, dass Franchisenehmer immer nur Produkte exklusiv von einem Hersteller anbieten dürfen, während Vertragshändler immer die Produkte mehrerer Hersteller anbieten.		
8	Die Kosten für Logistik sind dann minimal, wenn die Gesamtkosten aus Lagerkosten und Transportkosten minimal sind.		
9	Die Incoterms® regeln Liefer-, Transport-, Zahlungs- und Versicherungsbedingen im Außenhandel.		
10	Die Incoterms® sind gesetzliche Regeln, die international Anwendung finden.		

Lernsituation 49: Servicepolitik: Qualität durch Zusatzleistungen steigern

Ausgangssituation: Das Zünglein an der Waage – sich mit individuellen Serviceleistungen vom Wettbewerb abheben

Emilia Schaub ist ganz aufgeregt, sie soll der Deutschen Bank als Stammkunden ein umfangreiches Paket an Serviceleistungen schnüren. Erst vor drei Jahren wurden die Konferenzräume der Hauptstelle der Deutschen Bank mit neuen Büromöbeln von der Sommerfeld Bürosysteme GmbH ausgestattet und jetzt sollen zahlreiche Filialen ebenfalls neu bestückt werden. Lediglich die Schäfer & Co KG ist noch als Wettbewerber in der engeren Auswahl und deren Angebot an Konferenzstühlen, Systemtischen, Flipcharts und Pinnwänden ist überschaubar und auch qualitativ nicht auf gleichwertigem Niveau. Da sollte es doch klappen, mithilfe von geeigneten Serviceleistungen einen Folgeauftrag an Land zu ziehen. Jetzt bleibt für Emilia noch die Frage offen, was geeignete, adressatengerechte Serviceleistungen sind und welches Budget für diesen Zweck im Hinterkopf berücksichtigt werden soll.

Arbeitsaufträge

1 Fassen Sie die Ausgangslage kurz zusammen und erläutern Sie, warum neben der Wahl der Serviceleistungen das Budget für die Serviceleistungen berücksichtigt werden soll.

2 Informieren Sie sich darüber, wie man Serviceleistungen von Dienstleistungen oder einem Kundendienst abgrenzen kann. Gehen Sie hierbei nicht nur auf finanzielle Aspekte ein, sondern nehmen Sie auch Stellung dazu, welche Art von Leistungen in den drei Kategorien angeboten werden können.

3 Finden Sie sich zu fünft in Gruppen zu einem Brainwriting zusammen und befolgen Sie folgende Arbeitsschritte, um Vorschläge für Serviceleistungen zu finden, die Sie der Deutschen Bank in Verbindung mit dem Verkauf einer kompletten Konferenzraumausstattung anbieten würden:

1. Zeichnen Sie jeder auf einem Blatt im Querformat eine Tabelle mit fünf Spalten.
2. Notieren Sie dann in der ersten Zeile fünf Vorschläge für Serviceleistungen. Seien Sie kreativ und bremsen Sie Ihre Ideen nicht aus – schreiben Sie mutig alles auf Ihr Blatt.
3. Geben Sie Ihr Blatt dann im Uhrzeigersinn weiter und übernehmen Sie das Blatt Ihres Vorgängers bzw. ihrer Vorgängerin.
4. Lesen Sie nun die Ideen Ihres Vorgängers bzw. Ihrer Vorgängerin und nutzen Sie die Vorschläge als Impuls für Ihre neuen Ideen. Ergänzen Sie Ihre Gedanken so spontan wie möglich in einer zweiten Zeile.
5. Schieben Sie Ihr Blatt dann wieder weiter und wiederholen Sie den Prozess der Ideenanregung. Notieren Sie Ihre Gedanken in der dritten Zeile.
6. Setzen Sie diese Schiebetechnik so lange fort, bis Sie das Gefühl haben, dass dabei keine neuen Ideen generiert werden können.
7. Legen Sie dann alle Ihre Blätter in die Mitte des Tisches und selektieren Sie brauchbare Ideen für Serviceleistungen aus dem gesamten Kreativpool heraus.
8. Diskutieren Sie Ihr Ergebnis kritisch und einigen Sie sich auf wenigstens drei Vorschläge als Endresultat. Behalten Sie hierbei einen realistischen Finanzrahmen im Hinterkopf.

Beachten Sie: Sie haben gerade eine gängige Methode zur Ideenfindung durchlaufen, das sogenannte Brainwriting. Auf diesem Weg können durch Brainstorming zig neue Impulse erzeugt werden, die mit Sicherheit zu einer brauchbaren Lösung führen!

4 Beim vergangenen Projekt mit der Deutschen Bank wurden in Absprache mit Herrn Sommer folgende Serviceleistungen angeboten:

- kostenlose Eintrittskarten für die Möbelmesse IMM,
- Pflegeprodukte für Tische und Stühle,
- Erstbestückung der Flipcharts mit Papier und Stiften,
- Magnete für die Pinnwände als Give-aways mit dem Logo der Sommerfeld Bürosysteme GmbH,
- Einrichtungsberatung
- Übernahme der Transportversicherungen
- sechs Jahre Garantie auf Sitzmöbel
- Vorzugspreise bei der Teilnahme am Möbelrecycling,
- Erstausstattung der Konferenzräume mit Büromaterial und Namensschildchen
- Gemeinschaftswerbung in Finanzzeitschriften,
- Vermittlung eines Moderationstrainings,
- Teilnahme an Gewinnspielen etc.
- Außerdem wurden jährliche Reparatur- und Reinigungsdienste als Dienstleistungen zu einem Pauschalpreis von 400,00 € pro Jahr ergänzt.

a) Bewerten Sie jede einzelne Maßnahme, indem Sie sie auf Machbarkeit und Kostenaspekte hin untersuchen.

b) Entscheiden Sie, welche der genannten Serviceleistungen diesmal ggf. doch kostenpflichtig angeboten werden sollten, und vergleichen Sie die Vorschläge von Herrn Sommer mit Ihren eigenen Ergebnissen aus der Aufgabe 3.

5 Wenn Serviceleistungen für den Kunden offiziell kostenlos sind, vorher aber in der Preiskalkulation aufgeschlagen werden, dann hat der Kunde doch tatsächlich keinen Vorteil. Bewerten Sie die Vorgehensweise aus Sicht des Marketings und führen Sie wesentliche Gründe an, warum es durchaus hilfreich sein kann, den Preis eines Gutes mit Serviceleistungen zu verschleiern.

6 Überlegen Sie, wo Sie die Methode des Brainwritings in Ihrem beruflichen oder privaten Umfeld sinnvoll nutzen könnten und was Sie im Vergleich zu Ihrem ersten Versuch in der Aufgabe 3 künftig ändern würden.

7 Ergänzen Sie in Ihrer Lernkartei die folgenden Begriffe:

> Serviceleistung – Dienstleistung – Kundendienst – Arten von Serviceleistungen

Ergänzende Übungen

1 In der nachfolgenden Tabelle finden Sie in Abhängigkeit zur Zielgruppe erste Vorgaben zur Produkt-, Preis-, Kommunikations- und Distributionspolitik. Stellen Sie Überlegungen an, welche Maßnahmen Sie in der Servicepolitik grundsätzlich einbinden könnten, um den Marketing-Mix stimmig zu ergänzen.

<table>
<tr><th>Zielgruppe</th><th>Produktpolitik</th><th>Servicepolitik</th></tr>
<tr><td rowspan="7">kleine bis mittelständige Personaldienstleister aus dem Ruhrgebiet mit bis zu 20 Beschäftigten mit Ausrichtung auf die Vermittlung von Jungakademikern</td><td>komplette Produktlinie „Konferenz“ zur Ausstattung von Besprechungszimmern mit Bewerbern</td><td rowspan="7"></td></tr>
<tr><td>Preispolitik</td></tr>
<tr><td>– 4 % Neukundenrabatt
– verlängertes Zahlungsziel
– Möglichkeit zur Finanzierung (Leasing)</td></tr>
<tr><td>Kommunikationspolitik</td></tr>
<tr><td>eher klassisch:
Direktmailings, Newsletter, Anzeigen in Printmedien, Prospekte, Flyer, Telefonmarketing etc.</td></tr>
<tr><td>Distributionspolitik</td></tr>
<tr><td>– Vertreterbesuche
– Fachhandel</td></tr>
</table>

2 Finden Sie sich in Vierergruppen zusammen und überlegen Sie sich in Anlehnung an Aufgabe 1 für eine beliebige Zielgruppe einen eigenen Marketing-Mix, ausgehend von einer Produktidee bis hin zu passenden Serviceleistungen. Alternativ können Sie auch einen beliebigen, bereits bestehenden Marketing-Mix von einem Ihnen bekannten Anbieter systematisch erfassen, analysieren und ggf. ergänzen. Tragen Sie Ihre Erkenntnisse im Plenum vor.

Zielgruppe:

Produktpolitik	
Preispolitik	
Kommunikations-politik	
Distributions-politik	
Servicepolitik	

3 Nehmen Sie Stellung zu der Aussage „Auf der Welt gibt es nichts umsonst“.

4 Bewerten Sie die Aussagen in der folgenden Tabelle mit einem „R“, wenn sie richtig sind, und mit einem „F“, wenn die Aussage falsch ist. Korrigieren Sie die falschen Aussagen.

	Aussage	R/F	Korrektur
1	Serviceleistungen können produktbezogen oder produktunabhängig sein.		
2	In der Wirtschaft ist es möglich, Serviceleistung unabhängig vom Kaufakt anzubieten.		

	Aussage	R/F	Korrektur
3	Dienstleistungen sind kostenpflichtig, Serviceleistungen sind kostenlos, Kundendienst kann beides sein.		
4	Dienstleistungen sind immateriell, Serviceleistungen sind materiell, Kundendienst kann beides sein.		
5	Serviceleistungen eignen sich, um Verkäufermärkte hinsichtlich der Preise zu verwässern und dem Markt Transparenz zu entziehen.		

Lernsituation 50: Marketingstrategien: Die Portfolio-Matrix für Marketingentscheidungen nutzen

Ausgangssituation: Me-too! Oder: Nachahmen ist keine Schande! Die Portfolio-Matrix als Basis für Sortimentsentwicklung

Leon Heller fällt beim Aussortieren alter Marketingunterlagen eine Portfolio-Matrix in die Hände.

Portfolio-Matrix

Verteilung der strategischen Geschäftseinheiten

Stand: 12. Januar 20(0)

Sommerfeld Bürosysteme GmbH
Ein ökologisch orientiertes Unternehmen mit Zukunft

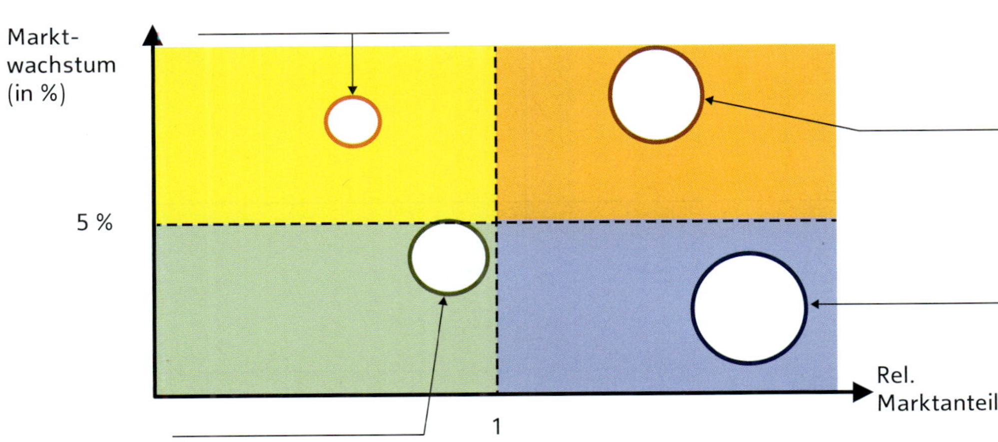

Strategische Geschäftseinheit	Umsatzvolumen (in Mio. €)	Marktwachstum (in %)	Rel. Marktanteil
Warten und Empfang	8,4		
Am Schreibtisch	12,5	7	
Konferenz	16,2	3	1,8
Pause, Speisen, Aufenthalt	9,3	4	

„Interessant", denkt er sich, „wie mag die Lage der Sommerfeld Bürosysteme GmbH wohl heute aussehen? Und welche Schlüsse zieht man aus solch einer Abbildung? Welche strategischen Geschäftseinheiten stecken hinter den einzelnen Kreisen? Schade, dass die Beschriftung unleserlich geworden ist und einige Daten nur noch schwer zu erkennen sind. Aber vielleicht können die Kollegen ja weiterhelfen!" Er nimmt sich vor, in der Mittagspause seinen Kollegen Udo Möller, der schon lange im Marketing arbeitet und für den Schwerpunkt Objektplanung verantwortlich ist, um Rat zu fragen. Eilig macht sich Leon Heller eine Kopie von den Daten und steckt sie sich in die Hosentasche. „Wer weiß, vielleicht kann ich so zu den geforderten Vorschlägen zur Erweiterung der Produktpalette beitragen, um die mich Herr Sommer gebeten hatte." Leon ist hoch motiviert und geht in die Pause.

ARBEITSAUFTRÄGE

1 Erläutern Sie die Ausgangssituation und überlegen Sie, was die ursprünglichen Motive von Leon Heller gewesen sein könnten, sich die Portfolio-Matrix genauer ansehen zu wollen. Wozu könnte ihn Herr Sommer aufgefordert haben?

2 Setzen Sie sich gemeinsam zu dritt mit der Grafik und den Daten der Portfolio-Matrix auseinander.

a) Legen Sie einen Arbeitsablauf fest, welche Schritten Sie nacheinander einhalten wollen, um am Ende aus der Grafik Aussagen zu einer sinnvollen Veränderung der Produktpalette der Sommerfeld Bürosysteme GmbH ableiten zu können.

b) Folgen Sie zu dritt Ihrem festgelegten Arbeitsablauf. Berücksichtigen Sie hierbei, dass die Grafik und der Datenpool vollständig beschriften sein sollten. Interpretieren Sie die Grafik und stellen Sie positive wie negative Aspekte gegenüber.

Positive Aspekte	Negative Aspekte

c) Leiten Sie aus Ihrer Gegenüberstellung Entscheidungen zu einer Erfolg versprechenden Veränderung des Absatzprogramms ab und machen Sie dabei Vorschläge

- zur Bereinigung,
- zur Erweiterung und
- zum Austausch.

3 Ergänzen Sie Ihre Lernkartei! Sinnvolle Begriffe wären hier:

Portfolio-Matrix – Normstrategien – relativer Marktanteil – Marktvolumen – Marktwachstum – Cash Cows – Stars - Question-Marks – Poor Dogs

Ergänzende Übungen

1 Notieren Sie eine typische Normstrategie, die beschreibt, wie man ein „Question Mark" zu einem „Star" entwickeln kann.

2 Aus dem Vertrieb wurden die folgenden vier Vorschläge zur Verbesserung des Produktportfolios der Sommerfeld Bürosysteme GmbH eingebracht. Bewerten Sie die Vorschläge.

1. Vermehrt in die strategische Geschäftseinheit „Konferenz" investieren, da hier die höchsten Umsätze erzielt werden und die Produkte von den Verbrauchern gut angenommen werden.
2. Stuhl *Kendo* (aus der Einheit „Pause, Speisen, Aufenthalt") unverzüglich vom Markt nehmen, da weder Umsatz noch Marktanteile noch Marktpotenziale darauf hindeuten, dass sich der Abwärtstrend für diesen Stuhl stoppen lässt.
3. Zunehmend Varianten für die Produkte des Segments „Am Schreibtisch" entwickeln, um die vielversprechende Marktlage noch besser ausnutzen zu können.
4. Die Produktfamilie „Warten und Empfang" sollte mittelfristig aus dem Programm gestrichen werden, weil die Marktanteile im Vergleich zum Wettbewerb eindeutig zu gering sind.

3 Stellen Sie gemeinsam mit Ihrem Nachbarn kritische Überlegungen zu dem Modell der Portfolio-Matrix an und überlegen Sie, warum die Übertragung der Erkenntnisse in der Realität ggf. doch nicht so einfach erfolgen kann.

Lernsituation 51: Marketingstrategien: Den Produktlebenszyklus als Basis für Marketingentscheidungen nutzen

Ausgangssituation: Die neue Geschäftseinheit Relax und Life-Balance wird mit Produktneuheiten belebt

Leon Heller ist völlig sprachlos als er im Pausenraum Emilia Schaub in einem nagelneuen Massagesessel entspannen sieht und vier weitere Kolleginnen und Kollegen auf Barhockern an einer Art Tresen sitzen. Neugierig geht er zu Emilia und fragt „Was ist denn hier los? Hat jemand im Lotto gewonnen oder machen wir mittlerweile so viel Gewinn, dass das Personal mit Massagen und einer Bar verwöhnt wird?" Emilia lacht und erklärt Leon die Zusammenhänge.

Sandra Braun Leiterin des Marketings für Produktinnovation und Entwicklung, hat Emilia bereits eingeweiht und berichtet, dass die Geschäftsleitung der Sommerfeld Bürosysteme GmbH über einige Produktneuerungen nachdenkt. Gerade die aufstrebende „Generation Z" ist daran interessiert, den Beruf mit einer gesunden Life-Balance zu kombinieren, Anspannung und Entspannung sollen stets im Gleichgewicht sein. Um dieser attraktiven Zielgruppe in Zukunft gerecht zu werden, möchte die Sommerfeld

Bürosysteme GmbH den Trend aufgreifen und entsprechende Sitzmöbel in das Sortiment einbinden. Für den Bereich „Pause, Speisen, Aufenthalt" wird aktuell ein Barhocker gestaltet und mit langfristiger Perspektive wird ebenfalls die Entwicklung eines Massagesessels ins Auge gefasst.

„Und das Beste ist", meint Emilia, „wir Azubis dürfen helfen, die Markteinführung dieser Produkte vorzubereiten. Das wird zwar eine Menge Arbeit und Überstunden mit sich bringen, aber wir können gleichzeitig Massagesessel ausprobieren und das auch noch als Arbeitszeit verbuchen. Irgendwie cool, oder?"

ARBEITSAUFTRÄGE

1 a) Skizzieren Sie für die Barhocker und die Massageliege die fehlenden Umsatz- und Gewinnkurven für den Produktlebenszyklus (auf Basis beliebiger Prognosewerte). Achten Sie bei Ihrer Skizze darauf, dass die wesentlichen Unterschiede zwischen den beiden Produktlebenszyklen deutlich werden.

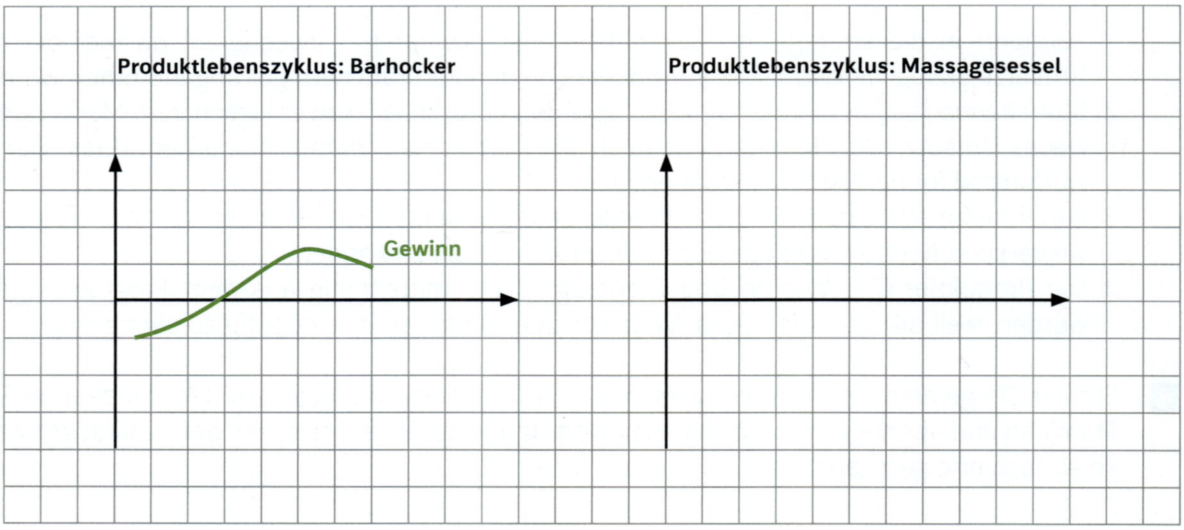

b) Listen Sie alle Unterschiede auf, die Sie bei der Darstellung beachtet haben, und begründen Sie Ihre Entscheidung.

c) Beschriften Sie die Achsen und Kurve.

d) Trennen Sie die Phasen im Produktlebenszyklus mit gestrichelten Linien ab und bezeichnen Sie anschließend die einzelnen Phasen.

e) Ergänzen Sie in der Tabelle, woran man den Übergang von einer Phase in die nächste erkennen kann.

Phase	Abgrenzung der Phase
Forschung & Entwicklung	
Markteinführung	
Wachstum	

Phase	Abgrenzung der Phase
Reife	
Sättigung	
Degeneration	

2 Ergänzen Sie Ihre Lernkartei. Sinnvolle Begriffe wären hier:

Produktlebenszyklus – 6 Phasen – Abgrenzung der Phasen – Vorteile und Gefahren des Modells

Ergänzende Übungen

1 Grenzen Sie die Portfolio-Matrix vom Modell des Produktlebenszyklus im Hinblick auf die gegebenen Kriterien ab.

Kriterien	Produktlebenszyklus	Portfolio-Matrix
Betrachtungsgegenstand		
Betrachtungszeit		
Woraus leitet man ein strategisches Vorgehen ab?		
Messgrößen		
Visualisierung		
Ist ein Vergleich mit dem Wettbewerb möglich?		

Kriterien	Produktlebenszyklus	Portfolio-Matrix
Wird der Bezug zum eigenen Sortiment deutlich?		
Wie groß ist der Aufwand beim Erfassen der Daten u. Anlegen der Visualisierung?		
Modellkritik		

2 Herr Sommer hat von der sogenannten Positionierungsstrategie erfahren. Hierbei erstellt man mittels eines Achsenkreuzes vier Felder. Die Achsen werden mit Merkmalen beschriftet, die zueinander gegenläufig sind, z. B. „preiswert" vs. „hochpreisig". Dann legt man die Positionen aller Wettbewerber in dem Achsenkreuz fest und versucht Nischen zu entdecken, in denen wenig oder kein Wettbewerb herrscht. In diesem Segment könnte sich ein Industrieunternehmen positionieren und sein Alleinstellungsmerkmal betonen.

a) Entwerfen Sie für die Sommerfeld Bürosysteme GmbH eine geeignete Positionierungsstrategie anhand der Merkmale „Preis" und „Umweltorientierung". Zeichnen Sie die folgenden Wettbewerber ein und ergänzen Sie die Sommerfeld Bürosysteme GmbH. Soweit Sie die genannten Möbelanbieter nicht kennen, recherchieren Sie zunächst im Internet und informieren Sie sich über ihr Profil.

> Ikea – Hülsta – Möbelwerk Svoboda – Rolf Benz – Der Möbelking – Freie Holzwerkstatt – Schäfer & Co KG – Feld OHG – Otto Rompf – ABE KG

Positionierungsstrategie

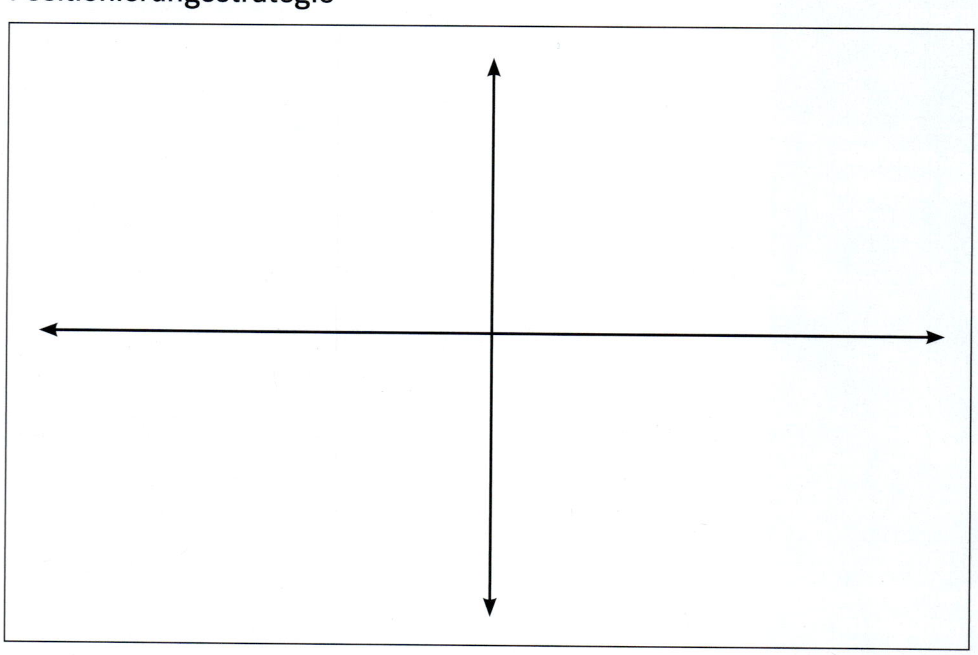

b) Leiten Sie aus dieser Darstellung Erkenntnisse ab.

Lernsituation 52: Das Absatzcontrolling unterstützen

Ausgangssituation: Waren die Marketingmaßnahmen erfolgreich?

Hartmut Sommer ist gerade von einer anstrengenden Geschäftsreise zurückkehrt. Noch ein wenig müde setzt er sich an seinen Schreibtisch. Wie jeden Monat hat der Absatz-Controller, Herr Bast, ihm die neuesten Umsatzzahlen und die wichtigsten Kostenpositionen für die unterschiedlichen Produktgruppen zusammengestellt und auf den Tisch gelegt. „Irgendwie ist mir das alles zu wenig aussagekräftig, das müsste mal vernünftig aufbereitet werden. Wir sollten geeignete Relationen bilden, indem wir Kennzahlen für den Absatzbereich nutzen. Wie sollen wir sonst unsere Marketingmaßnahmen vernünftig steuern und deren Wirksamkeit kontrollieren?", murmelt er vor sich hin. Sogleich bittet er Herrn Bast in sein Büro und spricht ihn auf diese Problematik an. Herr Bast meint: „Keine Sorge, Herr Sommer, wir arbeiten an diesem Problem und optimieren gerade das Absatzcontrolling. Wir nutzen jetzt nicht mehr nur die Kosten- und Leistungsrechnung, sondern verschiedene weitere Informationsquellen und berechnen daraus Kennzahlen. Frau Schaub errechnet gerade die neuesten Kennzahlen für den Monat April."

Absatzcontrolling Sommerfeld Bürosysteme GmbH		**Monat:**	**April**
Produktgruppen gesamt	**in Tsd. €**	**Produktgruppe „Warten und Empfang"**	**in Tsd. €**
Auftragseingang Ist	4 000,00	Auftragseingang Ist	1 090,00
Auftragseingang Plan	4 100,00	Auftragseingang Plan	1 085,00
Umsatz	3 900,00	Umsatz	1 080,00
Jahresumsatz	45 000,00	Jahresumsatz	11 200,00
Umsatz Branche	190 000,00	Umsatz Branche	25 000,00
Auftragsbestand	11 500,00	Auftragsbestand	3 000,00
Vertriebskosten	230,00	Vertriebskosten	80,00
Umsatz stärkste Konkurrenz	9 430,00	Umsatz stärkste Konkurrenz	2 450,00
Exporte	760,00	Exporte	250,00
Aufwand Außendienst	40,00	Aufwand Außendienst	20,00
Potenzieller Umsatz	4 400,00	Potenzieller Umsatz	1 100,00
Umsatz Stammkunden	3 200,00	Umsatz Stammkunden	750,00
	Anzahl		**Anzahl**
Kunden	150	Kunden	70
Anbietende (Branche)	65	Anbietende (Branche)	35

ARBEITSAUFTRÄGE

1 Beschreiben Sie Aufgaben und mögliche Informationsquellen des Absatzcontrollings.

2 Nehmen Sie mithilfe der unten stehenden Tabelle die statistische Auswertung für den Monat April vor und berechnen Sie die Kennzahlen.

3 Interpretieren Sie die Kennzahlen im Zeitvergleich und verfassen Sie einen Bericht an Herrn Sommer.

Statistische Auswertung für den Monat April

	Produktgruppen gesamt		Produktgruppe „Warten und Empfang“	
Kennzahl	**Berichtsmonat**	**Vormonat**	**Berichtsmonat**	**Vormonat**
Auftragseingangsquote		96,92 %		97,17 %
Umsatzmarktanteil		1,98 %		3,94 %
Auftragsreichweite		25,33 %		25,89 %
Vertriebskostenquote		6,00 %		6,63 %
Aufwand Außendienst		1,01 %		1,02 %
Markterschließungsgrad		85,23 %		90,74 %
Exportanteil		19,87 %		25,00 %
Umsatzanteil Stammkunden		84,00 %		70,41 %
Relativer Marktanteil		0,40		0,39
Durchschnittl. Monatsumsatz je Kunde (Tsd. €)		25,34		15,08
Durchschnittl. Branchenumsatz je Unternehmen (Tsd. €)		2 915,38		711,43

Lernsituation 53: Chancen und Risiken des Außenhandels erkennen

Ausgangssituation: Wie sichern wir uns ab?

Die Verkaufsleiter der Sommerfeld Bürosysteme GmbH, Peter Kraus, führt zurzeit Verhandlungen mit dem Kunden Salta Ltd. in Santa Fe, Costa Rica, einem Großhändler von Büromöbeln. Dieser möchte den neuen Bürokomplex eines mittelamerikanischen Industrieunternehmens mit den Möbeln der Sommerfeld Bürosysteme GmbH ausstatten und erwartet ein entsprechendes Angebot. Der mögliche Großauftrag ist Thema in der heutigen Sitzung mit dem Geschäftsführer Hartmut Sommer und dem Produktionsleiter Horst Weselberg.

Peter Kraus: „Kommen wir zum nächsten Tagesordnungspunkt. Ich verhandle im Moment mit dem neuen Geschäftsführer unseres Kunden Salta Ltd. in San José, Costa Rica. Ich hatte mit dem Kunden in der Vergangenheit noch keinen Kontakt, aber er scheint für uns sehr interessant zu sein. Es geht um die Ausstattung eines Bürokomplexes im Wert von 485 000,00 Dollar.“

Hartmut Sommer: „Mit Salta Ltd. haben wir früher mal schlechte Erfahrungen gemacht. Vor ein paar Jahren haben wir einen Auftrag nur unvollständig bezahlt bekommen. Die unberechtigte Begründung lautete, die gelieferten Möbel hätten Produktionsmängel. Vor zwei Jahren sind dann die von Salta Ltd. bestellten Möbel weder im Bestimmungshafen abgeholt, geschweige denn bezahlt worden. Wir haben damals die Möbel an einen anderen Großhändler in Costa Rica weit unter Wert verkaufen müssen. Auf einen langwierigen und kostspieligen Gerichtsprozess haben wir verzichtet, das hätte nichts gebracht."

Peter Kraus: „Ja, mein Gesprächspartner hat deutlich gemacht, dass die Geschäftsführung gewechselt hat und frühere Probleme heute nicht mehr existieren. Er scheint mir einen seriösen Eindruck zu machen und der Auftrag verspricht einen ordentlichen Gewinn. Außerdem würden wir so wieder einen Fuß in die Tür nach Mittelamerika kriegen."

Horst Weselberg: „Zudem sind unsere Produktionskapazitäten im nächsten Monat nicht annähernd ausgelastet, wir könnten den Auftrag schon gut gebrauchen."

Hartmut Sommer: „Aber ein mulmiges Gefühl habe ich dennoch. Den Auftrag übernehmen wir nur dann, wenn wir uns gegen mögliche Risiken so gut wie möglich abgesichert haben."

ARBEITSAUFTRÄGE

1 Schildern Sie die Probleme, die in der Ausgangssituation deutlich werden.

2 Beschreiben Sie die besonderen Risiken, die mit diesem Auslandsgeschäft verbunden sind, und machen Sie Vorschläge, wie Sie diese Risiken minimieren oder gar ausschalten können.

3 Herr Sommer schlägt vor, die Zahlung entweder durch ein Dokumentenakkreditiv oder durch Dokumenteninkasso abzusichern. Erläutern Sie kurz die beiden Instrumente.

4 Treffen Sie eine begründete Entscheidung für eine Form der Zahlungsabsicherung.

Lernsituation 54: In der Fremdsprache Englisch kommunizieren: making small talk and polite conversation

Ausgangssituation: At the trade fair

Die Sommerfeld Bürosysteme GmbH hat einen Stand auf der Internationalen Möbelmesse in Köln gebucht. Fünf Tage lang werden Geschäftskunden aus der ganzen Welt erwartet und auch Emilia Schaub ist für die Standbetreuung eingeteilt. Sie wiederholt im Kopf noch einmal typische englische Ausdrücke als die erste Kundin auf sie zukommt und sagt: „Good morning, I'm Elisabeth McAllister from the Scottish company McAllister & Sons Ltd." antwortet Emilia: "Hello, Elisabeth! I'm Emilia from Sommerfeld Bürosysteme GmbH. How are you?"

ARBEITSAUFTRÄGE

1 Wie beurteilen Sie die Reaktion von Emilia Schaub? Unterbreiten Sie eine alternative, vielleicht besser geeignete Antwort und notieren Sie diese. Orientieren Sie sich dabei an den Hinweisen in Ihrem Lehrbuch.

2 Nachdem Ms. McAllister von Emilia begrüßt wurde, erinnert sich Emilia daran, wie wichtig der Small Talk zu Beginn eines Gesprächs ist. Notieren Sie mögliche Fragen, die sie Ms McAllister stellen könnte. Orientieren Sie sich dabei an den Hinweisen in Ihrem Lehrbuch.

3 Im Laufe des Gesprächs kommt Ms. McAllister auf den Kern ihres Anliegens. „Do you think it would be possible to speak to Peter Kraus?“ Leider wird Peter Kraus erst ab morgen am Messestand zu sprechen sein, da er heute noch einen wichtigen Termin bei einem Kunden in München wahrnimmt. Formulieren Sie unter Zuhilfenahme der *useful phrases* auf der nachfolgenden Seite eine mögliche Antwort.

4 Bevor sich Emilia Schaub von Ms. McAllister verabschiedet, bietet sie ihr etwas zu trinken an und macht noch ein bisschen Small Talk. Formulieren Sie unter Zuhilfenahme der *useful phrases* auf der nachfolgenden Seite eine entsprechende Verabschiedung.

5 Entwickeln Sie in einem Zweierteam auf Basis der Aufgaben 1 bis 4 einen möglichen Dialog zwischen Emilia Schaub und Elisabeth McAllister.

Some useful phrases	
I'm very sorry, but he/she is not here today.	Es tut mir sehr leid, aber er/sie ist heute nicht hier.
He/She will be here tomorrow.	Er/Sie wird morgen hier sein.
Can I take a message ...?	Kann ich ihm/ihr etwas ausrichten?
He/She will get back to you as soon as possible.	Er/Sie wird sich so schnell wie möglich bei Ihnen melden.
Would you like something to drink?	Möchten Sie etwas trinken?
How do you take your coffee?	Wie trinken Sie Ihren Kaffee?
Do you take milk or sugar?	Nehmen Sie Milch oder Zucker?
How long are you staying in Germany/Cologne?	Wie lange bleiben Sie noch in Deutschland/Köln?
Are you planning to do some sightseeing?	Werden Sie sich noch einige Sehenswürdigkeiten anschauen?
Maybe you'll find the time to visit the Cologne Cathedral.	Vielleicht finden Sie ja Zeit, um den Kölner Dom zu besichtigen.
Goodbye!	Auf Wiedersehen!
Bye!	Tschüss!
See you tomorrow!	Bis morgen!

Kompetenzcheck: Aufgaben zur Wiederholung und zur Prüfungsvorbereitung

Aufgabe 1

Auf dem jährlichen Kreativ-Workshop der Sommerfeld Bürosysteme GmbH hat sich die Idee herauskristallisiert, eventuell mit einer neuen Produktlinie im Markt der Gartenmöbel einzusteigen. Voraussetzung für eine solide Marketingstrategie ist, sich einen Überblick über den Absatzmarkt zu verschaffen. Ergänzen Sie in der Tabelle die fehlenden Marktteilnehmer und finden Sie aus Sicht der Sommerfeld Bürosysteme GmbH jeweils ein fiktives Beispiel.

Marktteilnehmer	Beispiel
1. Hersteller	Sommerfeld Bürosysteme GmbH
2. Endverbraucher	Zielgruppe 1 – ist später näher zu spezifizieren
3.	
4.	
5.	
6.	
7.	

Aufgabe 2

Im Mittelpunkt jeder Marketingstrategie stehen immer die Kunden. Die Sommerfeld Bürosysteme GmbH überlegt deshalb, welche Zielgruppe sie bei der Einführung der neuen Sonnenliege ins Auge fassen soll und wie folglich das Produktdesign gestaltet werden könnte. Die zwei Abbildungen sprechen unterschiedliche Zielgruppen an. Unterscheiden Sie die beiden Zielgruppen anhand von zwei soziodemografischen und zwei psychografischen Merkmalen.

Soziodemografische Merkmale		
Psychografische Merkmale		

Aufgabe 3

Übersetzen Sie die Abkürzung CRM und führen Sie zwei Vorteile an, warum CRM für die Sommerfeld Bürosysteme GmbH unerlässlich ist.

Aufgabe 4

Mit der SWOT-Analyse ist ein Unternehmen in der Lage, die eigene Marktposition gegenüber dem Wettbewerb anhand von vier Merkmalen festzulegen. Ergänzen Sie in der Tabelle für die Sommerfeld Bürosysteme GmbH Beispiele im Vergleich zu den Büromöbeln von Ikea. Wo liegen die Stärken, Schwächen, Chancen und Risiken.

Strength	**Weaknesses**
Opportuninies	**Threats**

Aufgabe 5
Verbinden Sie die Fachbegriffe mit den passenden Definitionen und ergänzen Sie für die verbleibenden Fachbegriffe eigenständig die fehlenden Definitionen.

Marktbeobachtung	Absatzmenge x Absatzpreis in Euro
Absatz	
Marktanteil (Menge)	Beobachtet die Entwicklung eines Marktes im Zeitablauf (z. B. Panelforschung etc.).
Marktvolumen	Versucht auf Basis von Marktbeobachtung und Marktanalysen die zukünftige Marktsituation vorherzusagen (z. B. Trendforschung).
Marktforschung	Maximale Aufnahmefähigkeit eines Marktes für ein Produkt, also die Gesamtzahl aller möglichen Käufe der Personen, die als Abnehmer infrage kommen, gemessen in Geld- oder Mengeneinheiten.
Markterkundung	
Umsatz	Ermittelt die Marktstruktur einmalig zu einem bestimmten Stichtag (z. B. Experiment, Test, Befragung, Beobachtung etc.).
Marktpotenzial	Systematisches Sammeln von Daten auf einen speziellen Zweck gerichtet.
Marktanalyse	Der tatsächliche erfolgte Absatz bzw. Umsatz auf einem Markt, also alle Verkäufe des eigenen Unternehmens und der Konkurrenz.
Marktprognose	Der prozentuale (relative) Anteil des Absatzes bzw. Umsatzes eines Unternehmens am vorhandenen Gesamtmarktvolumen. $\text{Marktanteil (Menge)} = \frac{\text{Absatzvolumen} \cdot 100}{\text{Marktvolumen (Menge)}}$
Marktanteil (Wert)	

Aufgabe 6
In der Produktpolitik sollen zeitnah Entscheidungen getroffen werden. Kreieren Sie für eine Sonnenliege zwei Vorschläge für einen Markennamen und orientieren Sie sich dabei am Sprachvorrat oder finden Sie eine Wortschöpfung. Legen Sie außerdem für die Verkaufsverpackung drei Kriterien aus Sicht der Sommerfeld Bürosysteme GmbH fest. Entscheiden Sie sich schließlich für drei Varianten der Sonnenliege und erläutern Sie, wie sich mit Einführung der Sonnenliege das Sortiment hinsichtlich der Tiefe und der Breite verändert.

Aufgabe 7
Entscheiden Sie, ob Sonnenliegen als neue Produktlinie für die Sommerfeld Bürosysteme eine Differenzierung, Diversifikation, ein Relaunch oder eine Modifikation darstellen. Vervollständigen Sie die Definitionen.

Differenzierung: Wachstumsstrategie durch die Erweiterung des Absatzprogramms, indem auf ______________________ Marktsegmenten/Käufersegmenten ______________________ Produktsegmente ergänzt werden.

Diversifikation: Wachstumsstrategie durch die Ausweitung des Absatzprogramms, indem auf ____________ Marktsegmenten ____________ Produktsegmente ergänzt werden. Diese Strategie gilt deshalb als riskant, weil ____________

____

____

Relaunch: Veränderung des bestehenden Absatzprogramms durch den ____________ eines Produktes, das durch ein anderes ____________ wird. Das alte Produkt wird ____________ angeboten.

Modifikation: Veränderung des bestehenden Absatzprogramms durch ____________ eines Produktes. Das alte Produkt wird dabei nicht zwingend vom Markt genommen. Mithilfe einer Modifikation kann eine zusätzliche ____________ eines Produktes entstehen, meistens erfolgt aber ein ____________.

Aufgabe 8

Die Sommerfeld Bürosysteme GmbH strebt eine Zeit- und Konkurrenzorientierte Preispolitik an. Der Preis für eine Liege des Hauptwettbewerbers und zugleich Premiumanbieters Kettler Freizeitmöbel GmbH beträgt aktuell 549,90 €. Dieser Preis soll unterboten werden. Die Selbstkosten der Sommerfeld Bürosysteme GmbH betragen voraussichtlich 412,00 €. Üblicherweise erhält der Einzelhandel 3 % Rabatt und 2 % Skonto.

Geben Sie an, wie hoch die Gewinnspanne der Sommerfeld Bürosysteme GmbH maximal sein darf. Ergänzen Sie zunächst das Kalkulationsschema und berechnen Sie dann den Spielraum für den Gewinn. Legen Sie am Ende eine Preisstrategie fest, mit der Sie dem Wettbewerb im Zeitverlauf begegnen würden, und erläutern Sie, wie Sie strategisch vorgehen würden.

Schema	€	%
= Selbstkosten		
= Listenverkaufspreis		

Aufgabe 9

Grundsätzlich ist es klug, Verkaufspreise ausgehend von den Selbstkosten zu kalkulieren. Nennen Sie drei Gründe, warum rein kostenorientierte Preisvorgaben ggf. doch nicht auf dem Absatzmarkt angewendet werden können.

Aufgabe 10
Die Sommerfeld Bürosysteme GmbH strebt an, Kunden von Wettbewerbern zu gewinnen. Nennen Sie vier Vorschläge, wie die Sommerfeld Bürosysteme GmbH Kunden gewinnen könnte, für die der Preis nicht das kaufentscheidende Kriterium ist.

Aufgabe 11
In der Kommunikationspolitik wird für die Sonnenliege ein Mix aus traditionellen und modernen Elemente angestrebt. Beschreiben Sie, welche Aktivitäten Sie aus wenigstens drei traditionellen Elementen der Kommunikationspolitik auswählen würden, und begründen Sie Ihre Antwort. Darüber hinaus hat die Geschäftsleitung entschieden, dass weder Affiliate-Marketing noch Influencer-Marketing angewendet werden soll. Entscheiden Sie auf dieser Basis, welche drei Elemente Sie aus dem Online-Marketing wählen würden. Schlagen Sie konkrete Maßnahmen vor.

Aufgabe 12
Erläutern Sie die folgende Grafik und nehmen Sie Stellung, ob Affiliate-Marketing aus Ihrer Sicht eine kluge Möglichkeit wäre, die Kommunikationspolitik der Sommerfeld Bürosysteme GmbH zu ergänzen

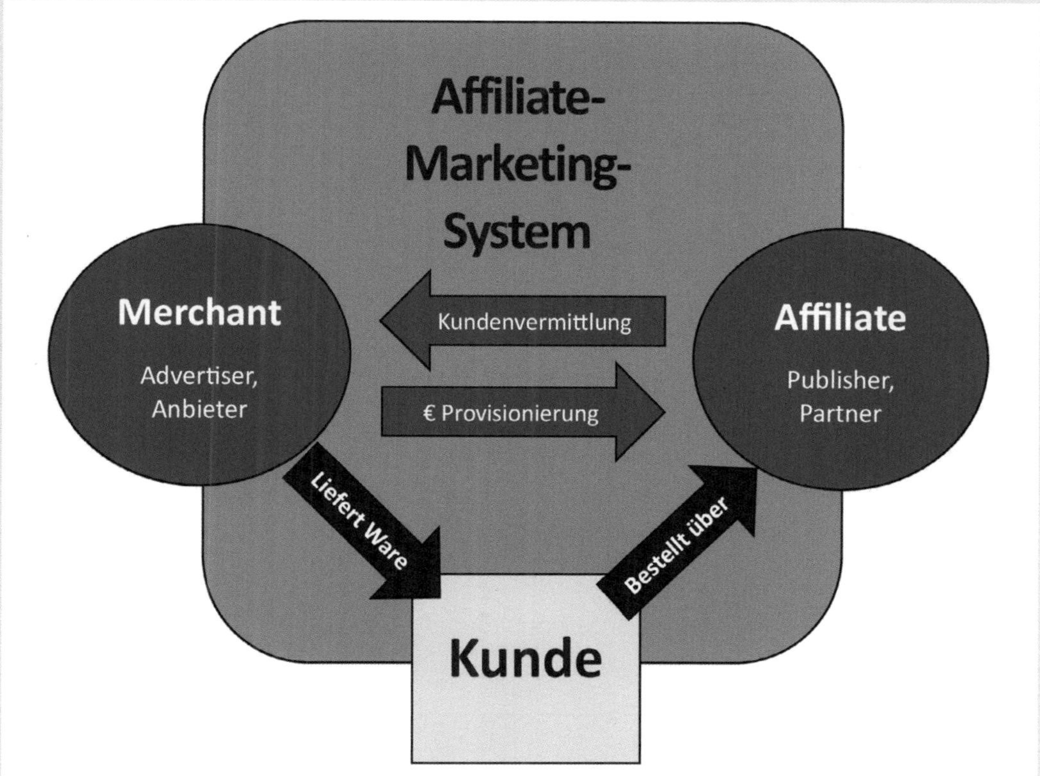

Aufgabe 13
Die Distribution der neuen Sonnenliegen soll im ersten Jahr erstmals ausschließlich über einen Onlineshop erfolgen. So soll getestet werden, ob für die Sonnenliege die nötige Nachfrage für ein breites Vertriebsnetz gegeben ist. Ordnen Sie einen Onlineshop in die Absatzorganisation der Sommerfeld Bürosysteme GmbH ein. Benennen Sie acht Mindestbestandteile die ein eigener Onlineshop erfüllen sollte und welche Gestaltungskriterien unbedingt Berücksichtigung finden sollten.

Aufgabe 14
Für die neue Sonnenliege wird angedacht, im Onlineshop auch digitale Serviceleistungen zu ergänzen. An den Onlineshop soll ein Chatbot angebunden werden. Schlagen Sie Themen vor, für die ein Chatbot zum Einsatz kommen könnte.

Aufgabe 15
Die Chemiewerke AG teilt sich den Markt für ein Gut mit zwei weiteren Anbietern; die folgende Tabelle zeigt die Marktentwicklung.

		Anbieter A		Anbieter B		Chemiewerke AG	
Jahr	Gesamtabsatz (t)	Preis/t (€)	Marktanteil (%)	Preis/t (€)	Marktanteil (%)	Preis/t (€)	Marktanteil (%)
20(0)	175	4200,00	51	4300,00	35	4400,00	14
20(+1)	229	3800,00	50	3900,00	34	3950,00	16
20(+2)	261	3200,00	46	3300,00	32	3350,00	22
20(+3)	283	3150,00	48	3200,00	30	3150,00	22
20(+4)	285	3050,00	50	3150,00	26	3100,00	24
20(+5)	284	3000,00	48	3100,00	26	3000,00	

a) Ermitteln Sie für das Jahr 20(+5)

aa) den prozentualen Marktanteil der Chemiewerke AG.

ab) den Absatz der Chemiewerke AG.

ac) den Umsatz der Chemiewerke AG.

b) Erläutern Sie die Entwicklung

ba) des Gesamtmarktes im Hinblick auf den Lebenszyklus dieses Gutes.

bb) der Chemiewerke AG im Hinblick auf ihren Marktanteil.

c) Die Chemiewerke AG hat einen Einsatzstoff entwickelt, der technische und ökologische Vorteile gegenüber dem bisherigen Produkt hat. Die Selbstkosten würden bei ca. 3000,00 €/t liegen, wobei die Kalkulation auf einer Jahresproduktion von mindestens 85 t basiert. Führen Sie drei Marktinformationen an, welche die Chemiewerke AG vor Einführung des neuen Produkts mithilfe der Marktforschung einholen sollte.

d) Bei der Einführung des neuen Produkts stellt sich für die Chemiewerke AG die Frage nach einer optimalen Preisstrategie. Führen Sie jeweils zwei Gründe an, die für eine

da) Strategie der Niedrigpreispolitik sprechen.

db) Strategie der Hochpreispolitik sprechen.

Aufgabe 16

Die Natural Care AG hat sich auf die Produktion und den Vertrieb pflanzlicher, nicht verschreibungspflichtiger Arzneimittel spezialisiert. Das Produktprogramm umfasst die rezeptfreien Produktgruppen A (Stärkungsmittel) und B (Erkältungsmittel).

Übersicht über die Umsätze der Natural Care AG in TEUR

	Vertriebskanal								
	Apotheke		Reformhaus		Drogeriemarkt		Gesamt		Umsatz veränderung
Jahr / Produktgruppe	20(0)	20(+1)	20(0)	20(+1)	20(0)	20(+1)	20(0)	20(+1)	
A	2100	2050	21000	22500	4350	4500	27450	29050	+ 5,83 %
B	26720	22200	2300	2020	1200	1230	30220	25450	–15,78 %

a) Ermitteln Sie den prozentualen Anteil der über Apotheken vertriebenen
aa) Produktgruppe A,
ab) Produktgruppe B
am Gesamtumsatz der jeweiligen Produktgruppe im Jahr 20(+1).

b) Ermitteln Sie die prozentuale Veränderung des Umsatzes über Drogeriemärkte für die
ba) Produktgruppe A.
bb) Produktgruppe B.

c) Erläutern Sie den Unterschied zwischen direkter und indirekter Werbung und treffen Sie eine begründete Entscheidung, für welche der beiden genannten Arten sich die Natural Care AG entscheiden sollte.

d) Erläutern Sie jeweils an einem konkretem Beispiel, wie die Natural Care AG
da) Public Relations,
db) Sales Promotions,
dc) Product Placement
betreiben könnte und nennen Sie jeweils ein konkretes Ziel der jeweiligen Maßnahme.

Aufgabe 17

Die Almaron AG plant zukünftig Reisende einzusetzen und diese wie folgt zu entlohnen:

- Monatliches Fixum (Grundgehalt): 800,00 €
- Monatliche Spesenpauschale: 200,00 €
- Provision vom Gesamtumsatz gemäß folgender Staffelung:

Jahresumsatz (€)	Provision vom Gesamtumsatz (%)
bis 400 000,00	1
> 400 000,00 bis 800 000,00	2
> 800 000,00 bis 1 200 000,00	3
> 1 200 000,00 bis 1 600 000,00	4
> 1 600 000,00	5

a) Ermitteln Sie die Gesamtkosten pro Jahr, die ein Reisender verursacht, wenn mit einem Jahresumsatz in Höhe von 950 000,00 € und mit Lohnnebenkosten in Höhe von 35 % auf das Grundgehalt und die Provisionszahlungen kalkuliert werden muss.

b) Erläutern Sie drei Maßnahmen, welche die Industrieunternehmung treffen kann, um den Umsatz des Reisenden zu steigern.

c) Erläutern Sie zwei Vorteile, den der Einsatz von Reisenden im Vergleich zum Einsatz von Handelsvertretern hat.

d) Erläutern Sie zwei Maßnahmen aus dem Bereich der Distributionspolitik, mit deren Hilfe eine auf Ökologie bzw. Umweltfreundlichkeit ausgerichtete Firmenphilosophie bzw. Corporate Identity unterstützt werden könnte.

e) Marktuntersuchungen haben ergeben, dass in der Bevölkerung ein zunehmendes Bedürfnis nach Sicherheit besteht. Die Almaron AG reagiert darauf mit der Einführung eines Infrarot-Bewegungsmelders. In diesem Zusammenhang plant die Almaron AG den Vertrieb mit Elektrikern als Franchise-Partner umzustrukturieren. Erläutern Sie zwei Vorteile dieses Absatzweges aus der Sicht der Almaron AG.

Aufgabe 18

Die Winzereigenossenschaft Götz & Beike eG verkauft im langjährigen Jahresdurchschnitt 12 000 edle Weine zu einem Stückpreis von 39,00 € je Flasche; die Selbstkosten je Stück liegen bei 28,00 €.
Eine Marktuntersuchung hat ergeben, dass bei einem zusätzlichen Werbeaufwand von 95 000,00 €/Jahr folgende Alternativen zur Verfügung stünden:

- Alternative 1: Der Preis könnte um 6,00 € je Stück angehoben werden, ohne Absatzeinbußen hinnehmen zu müssen.
- Alternative 2: Bei gleichem Preis ließe sich der Absatz um 10 % steigern.

a) Begründen Sie rechnerisch, ob die Winzereigenossenschaft Götz & Beike eG sich bei zusätzlicher Werbung für Alternative 1 oder Alternative 2 entscheiden sollte oder ob es sinnvoller wäre, sich gegen zusätzlichen Werbeaufwand zu entscheiden.

b) Unabhängig von Ihrem Ergebnis aus a) entscheidet sich die Winzereigenossenschaft Götz & Beike eG, eine Werbeagentur mit der Durchführung einer Werbekampagne zu beauftragen. Führen Sie sechs Aspekte an, die im Rahmen der Werbeplanung berücksichtigt werden müssen.

c) Bislang vertreibt die Winzereigenossenschaft Götz & Beike eG ihre Weine im Rahmen der Mehrwegdistribution sowohl über den Groß- und Einzelhandel (große Supermarktketten) als auch über den Facheinzelhandel (Weinhandlungen) und über Restaurants und Hotels. Erläutern Sie

ca) zwei Gründe, warum sich das Unternehmen ausschließlich für die beschriebenen indirekten Absatzwege entschieden hat.

cb) zwei Gründe, warum sich das Unternehmen entschieden hat, seine Produkte im Rahmen der Mehrwegdistribution (hier über drei unterschiedliche Vertriebskanäle: Einzelhandel, Facheinzelhandel, Restaurants bzw. Hotels) zu verkaufen.

Aufgabe 19

Die Abteilung „Rechnungswesen" der Radfabrik Eller liefert den folgenden Datenauszug:

Markt-Entwicklung für Damenräder in den letzten vier Monaten (Angaben in €)							
	Radfabrik Eller						Alle Anbieter
Monat	Absatz (x) in Stück	VK-Preis je Stück (pvk)	Umsatz (U)	Gesamtkosten (K)	Gewinn (G)	Marktanteil	Gesamter Branchenumsatz
Aug.	100300	169,00		15239270,00		26,59 %	63745764,00
Sept.	90100	169,00			1423987,00	24,24 %	62820680,00
Okt.	69755		11091045,00		1305068,00		61897093,00
Nov.	50280		7491720,00	6500252,00			60975035,00

a) Ermitteln Sie die im Datenauszug fehlenden Angaben und tragen Sie diese in die Tabelle ein.

b) Ermitteln Sie das Marktwachstum des Gesamtmarktes in den letzten beiden Monaten

c) Ermitteln Sie den relativen Marktanteil der Radfabrik Eller im Monat August, wenn der Marktführer einen Marktanteil von 30 % und ein weiterer Konkurrent einen Marktanteil von 25 % hat.

d) Ermitteln Sie die kurzfristige Preisuntergrenze für den Monat November, wenn der Anteil der fixen Kosten an den Gesamtkosten 42,5 % beträgt.

e) Erläutern Sie einen möglichen Grund, warum der Branchenumsatz insgesamt um knapp 3 000 000,00 € gesunken ist.

____

____

f) Erläutern Sie einen möglichen innerbetrieblichen Grund dafür, dass der Marktanteil der Radfabrik Eller im September (im Vergleich zum August) gesunken ist.

____

____

Aufgabe 20

Die Herstellung einer LED-Leuchte verursacht

- variable Kosten in Höhe von 1,50 € pro Stück,
- fixe Kosten in Höhe von 5 000 000,00 € pro Jahr.

Zu einem Preis von 9,50 € je Stück konnten im Jahr 20(0) 700 000 Stück dieses Markenartikels abgesetzt werden.

a) Ermitteln Sie den Gewinn.

b) Die Verkaufsleitung erwägt nunmehr eine Preissenkung auf 8,90 € je Stück. Ermitteln Sie die Stückzahl, die abgesetzt werden muss, um mindestens 620 000,00 € Gewinn pro Jahr im Bereich dieses Markenartikels zu erzielen.

c) Ermitteln Sie die Preiselastizität der Nachfrage, wenn die unter 9.2 ermittelte Absatzmenge tatsächlich erzielt werden kann.

d) Erläutern Sie drei Argumente, welche gegen die von der Verkaufsleitung erwogene Preissenkung sprechen.

e) Als Verkaufssachbearbeiter/-in stellen Sie fest, dass der Umsatz des oben angegebenen Markenartikels konjunkturbedingt rückläufig ist. Führen Sie drei innerbetriebliche Quellen an, denen solche Informationen entnommen werden können.

f) Erläutern Sie vier absatzpolitische Maßnahmen aus unterschiedlichen Bereichen des Marketing-Mix, mit dem Sie dem Umsatzrückgang begegnen können.

HINWEIS

Die Durchführung einer Werbekampagne wird von der Geschäftsleitung ebenso kategorisch abgelehnt wie eine weitere Preissenkung.

Aufgabe 21

Abgebildet ist der typische Ablauf beim Dokumentenakkreditiv. Benennen Sie die fehlenden Arbeitsschritte.

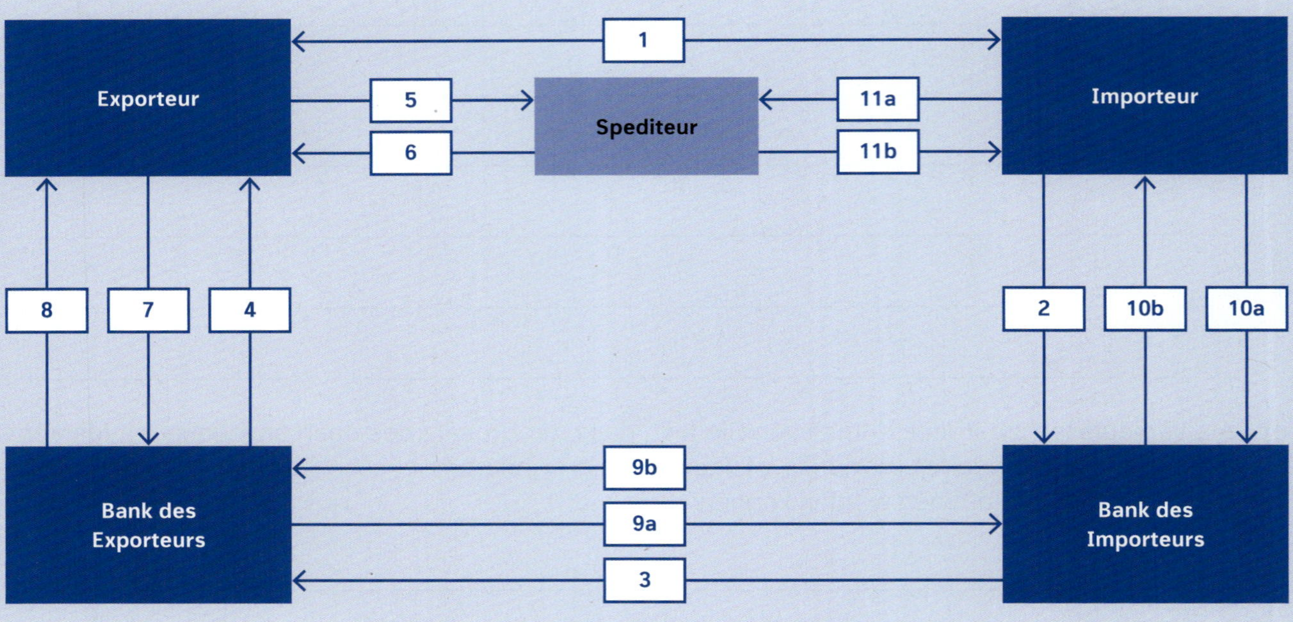

1. ______________________________

2. ______________________________

3. Mitteilung über die Eröffnung des Akkreditivs

4. Ankündigung des Akkreditivs (Angabe der verlangten Dokumente)

5. Warenübergabe nach Überprüfung des Akkreditivs

6. ______________________________

7. Weiterleitung der Dokumente

8. ______________________________

9a. Weiterleitung der Dokumente

9b. Gleichzeitige Zahlung („Zug um Zug“)

10a. Zahlung

10b. Gleichzeitige („Zug um Zug“) Aushändigung der Dokumente

11a. ______________________________

11b. Übergabe der Ware („Zug um Zug“)

Aufgabe 22

Herr Bast ist für das Absatzcontrolling der Sommerfeld Bürodesign GmbH zuständig und hat für den Monat Mai die folgenden Zahlen zusammengestellt:

Umsatz Sommerfeld Bürosysteme GmbH:	3800000,00 €
Umsatz Branche:	208000000,00 €
Umsatz stärkste Konkurrenz:	9800000,00 €
Anzahl Kunden:	150 Kunden

Berechnen Sie den

a) Umsatzmarktanteil

b) relativen Markanteil

c) durchschnittlichen Umsatz pro Kunde

Bildquellenverzeichnis

Foto Stephan – Behrla Nöhrbaß GbR, Köln: 52.1, 61.2, 64.1, 72.1, 73.2, 85.1, 98.1, 147.1, 150.1, 160.1, 161.1, 170.1, 203.1, 208.1, 213.1.
fotolia.com, New York: amornism 189.4; bezidroglio 174.1; drizzd 164.1; Erhan Ergin 189.3; Gähme, Ulf 106.1; janny2 104.1; Kheng Guan Toh 160.2; Melisback 128.1; nataliasheinkin 189.2; PhotoSG 99.1; Rainer Worms 8.1; Sanders, Gina 92.1; XtravaganT 182.1.
Getty Images (RF), München: mikimad 1.1, 1.2.
Heinrich-Böll-Stiftung e. V., Berlin: Grafik: Bartz/Stockmar, CC BY 4.0 73.1.
iStockphoto.com, Calgary: dit26978 218.2; Komarova, Darya 218.1; metamorworks 15.1; sundatoon 44.1.
Jouve Germany GmbH & Co. KG, München: 25.1, 26.1, 178.1, 178.2, 179.1, 184.1, 186.1, 189.1, 197.1, 207.1, 207.2.
Microsoft Deutschland GmbH, München: 45.1, 221.1.
OKS Group, Delhi: 19.1, 20.1, 33.1, 34.1, 46.1, 62.1, 63.1, 63.2, 74.1, 75.1, 75.2.
Picture-Alliance GmbH, Frankfurt a.M.: dpa-infografik GmbH 199.1, 202.1.
punktgenau gmbh, Bühl: 151.1.
Shutterstock.com, New York: LightField Studios 209.1; photopixel 163.1; Sensvector 11.1; SofiaV 69.1; Trueffelpix 61.1.
stock.adobe.com, Dublin: Florian Küttler/Westend61 Titel, Titel, Titel; Golbert, Artur 195.1; industrieblick 124.1; Miha Creative Titel, Titel, Titel; nsdpower 1.3, 1.4; Pfluegl, Franz 102.1; stockphotograf 118.1; sylv1rob1 90.1; uwimages 126.1.
Wilkening + Hahne GmbH & Co.KG, Bad Münder: Yonda, Design: neunzig° design 18.1.